读懂

中国粮食

李文明 著

人民日报出版社
北京

图书在版编目（CIP）数据

读懂中国粮食 / 李文明著． — 北京：人民日报出版社，2021.10
ISBN 978-7-5115-7125-0

Ⅰ.①读… Ⅱ.①李… Ⅲ.①粮食问题－研究－中国 Ⅳ.①F326.11

中国版本图书馆 CIP 数据核字（2021）第 188725 号

书　　名：	**读懂中国粮食** DUDONG ZHONGGUO LIANGSHI
著　　者：	李文明
出 版 人：	刘华新
责任编辑：	曹　腾　季　玮
版式设计：	九章文化
出版发行：	人民日报出版社
社　　址：	北京金台西路 2 号
邮政编码：	100733
发行热线：	(010) 65369509　65369527　65369846　65363528
邮购热线：	(010) 65369530　65363527
编辑热线：	(010) 65369523
网　　址：	www.peopledailypress.com
经　　销：	新华书店
印　　刷：	大厂回族自治县彩虹印刷有限公司
法律顾问：	北京科宇律师事务所　010-83622312
开　　本：	710mm×1000mm　1/16
字　　数：	301 千字
印　　张：	21
版次印次：	2022 年 1 月第 1 版　2022 年 1 月第 1 次印刷
书　　号：	ISBN 978-7-5115-7125-0
定　　价：	59.00 元

序一　大国粮食的永恒课题

中国自古就是农业立国，"江山社稷"之说，表明了从帝王到老百姓心目中，土地和粮食的重要地位。"社"原指土地神，社火就是祭拜土地神的。"稷"原是对小米的称呼，主要代指谷神。这是中华民族最重要的原始崇拜。《孟子》里讲到诸侯有三宝：一曰地，二曰粮，三曰人。经过几千年的变化，土地、粮食和农民这三件事对中国来说，依然是永恒的课题。

粮食安全是实现经济发展、社会稳定和国家安全的重要基础。历史上，中国灾害饥荒频仍，改朝换代时战乱不断。中国人千百年来"民以食为天"的信条，包含着对吃饭问题极为深刻的理解与认知，是从无数残酷的历史经历中提炼出来的。从殷商末年到西周初年、东汉末年到西晋、唐末到北宋初年的三次小冰河时期，中国人口都锐减4/5以上，明末到清初的第四次小冰河时期，人口也减少了约一半。各类史书和地方志中出现"赤地千里，饿殍遍野，人相食"的记录并不鲜见，令人不忍卒读。

历史证明，解决中国人的吃饭问题绝非易事，这在任何时候都是对执政者的最大考验。从这个角度讲，粮食安全问题始终是中国的头等大事，也是今天执政的中国共产党人的使命担当。粮食供给充裕，全面建成小康社会，是中华民族多少代人的梦想，而在今天，这个梦想已经成为现实。

新中国成立以来，党和政府始终把解决人民的吃饭问题作为治国安邦的首要任务。70多年来，在中国共产党领导下，经过艰苦奋斗和不懈努力，我们依靠自己的力量实现了粮食基本自给，牢牢端稳了14亿中国人的饭碗，实现了由"吃不饱"到"吃得饱"，并且"吃得好"的历史性转变。

可以说，我们成功地解决了吃饭问题，粮食安全取得了举世瞩目的伟大成就。

改革开放以来，我国粮食产量经历过多次波动。粮食产量滑坡很容易，但要再拉回来，需要费九牛二虎之力。改革开放初期，1979年到1984年我国粮食连续6年增产，一举解决了粮食不够吃的问题，但从1985年起，我国粮食产量连续多年波动；1998年我国的粮食产量达到了当时的历史最高峰10246亿斤，但从1999年起连续减产，到2003年我国粮食产量只有8614亿斤，5年时间足足减掉了1632亿斤，比两个粮食大省的总产量还多。

这些年，我国粮食生产在高基数上不断实现历史性跨越，粮食总产量连续6年稳定在1.3万亿斤以上，实现了历史性的"十七连丰"。连年丰产丰收的局面来之不易，这是在积极应对自然灾害频发、资源约束趋紧、生产成本攀升等诸多挑战的形势下取得的。去年以来，我们应对新冠肺炎疫情，经受住了又一次大考。粮食和重要农副产品产得出、供得上，为应变局、开新局提供了重要基础支撑。习近平总书记指出"这次新冠肺炎疫情如此严重，但我国社会始终保持稳定，粮食和重要农副产品稳定供给功不可没。"

党的十八大以来，以习近平同志为核心的党中央把粮食安全作为治国理政的头等大事，擘画了实施"以我为主、立足国内、确保产能、适度进口、科技支撑"的国家粮食安全战略，提出了确保"谷物基本自给、口粮绝对安全"的新粮食安全观，走出了一条中国特色粮食安全之路。党中央提出扎实做好"六稳"工作，落实"六保"任务，明确强调保粮食安全。习近平总书记反复强调，中国人的饭碗任何时候都要牢牢端在自己手上，我们的饭碗应该主要装中国粮。悠悠万事，吃饭为大，粮食安全是国之大者。习近平总书记在2020年12月召开的中央农村工作会议上指出，"要牢牢把住粮食安全主动权"。这都充分表明，粮食安全在统筹发展与安全战略全局中的极端重要地位。中国坚持立足国内保障粮食基本自给的方针，实行最严格的耕地保护制度，实施"藏粮于地、藏粮于技"战略，粮食生产能力不断增强，更高层次、更高质量、更有效率、更可持续的粮食安全保障体系逐步建立，国家粮食安全保障更加有力。

习近平总书记指出，民族要复兴，乡村必振兴。党的十九大报告提出，实施乡村振兴战略。从脱贫攻坚转向全面推进乡村振兴，这是三农工作重心的历史性转移，必须充分地发挥好乡村独特的功能。乡村主要的独特功能体现在三个方面：一是确保粮食和重要农产品供给，二是提供生态屏障和生态产品，三是传承优秀传统文化。这些功能是城市所没有的，而又是在国家现代化进程中不可或缺的。在这三大功能中，确保重要农产品特别是粮食供给，是实施乡村振兴战略的首要任务。

今后一个时期，我国人口规模仍将有所增长，对粮食消费需求是刚性的。人民生活水平提高，消费水平提升，饮食结构变化，也在引致粮食间接消费持续增加。粮食问题并非"高枕无忧"，农业基础仍不稳固，调动农民种粮和地方抓粮两个积极性的长效机制尚未破题，任何时候都不能轻言粮食过关了。

保障粮食安全，关键在于落实藏粮于地、藏粮于技战略。2020年底召开的中央经济工作会议强调，要"解决好种子和耕地问题"。转基因育种是一个科学技术问题。现在最大的问题是，我国社会上对转基因的讨论过于情感化。有些反对转基因育种的观点，不是从科学的角度来证明它的危害性，而是从阴谋论、意识形态的角度来作理解和解释。我国对此的政策是非常清晰的。第一，转基因是生物育种，是当今生命科学的前沿，作为一个农业大国，不能在这里没有一席之地。第二，批准上市的转基因食品，必须经过极为严格的审查，确保安全才可以上市。第三，要确保公众有足够的知情权和选择权，转基因食用农产品和含有转基因物质的加工食品必须标识。所以，中央明确提出要坚持农业科技自立自强，开展种源"卡脖子"技术攻关，要尊重科学、严格监管，有序推进生物育种产业化应用。

"大国小农"是我们的基本国情农情。中国人口占世界近1/5，但耕地不足全球1/10，是典型的人均耕地资源稀缺的国家。全国18亿亩耕地红线面积，只占国土面积的1/8左右。很多人不清楚，现在的18亿亩耕地是一个什么状况？这里面，水田和水浇地加起来只有10亿亩。剩下的都是

"望天地",有雨就收,没雨拉倒。现在的关键是,那10亿亩水田和水浇地生产了全国70%的粮食和90%的经济作物,决不能再减少。但也正是这些地,最容易被房地产和工业开发占用,因为都是平整的好地。那些山地和丘陵,因为开发成本高,反而很少有人去占用。所以说,18亿亩耕地红线没有讨论的余地,也没有讨价还价的余地,是14亿人赖以吃饭的家底。中央多次强调,要牢牢守住18亿亩耕地红线,坚决遏制耕地"非农化"、防止"非粮化",规范耕地占补平衡。

近年来,粮食价格出现一定程度的上涨,社会上有不同的观点。现在,全球流动性充裕,种粮成本包括农资、人工和地租都在上涨,粮食价格水涨船高也有其合理性,消费者要有宽容心态。政策调控对市场粮价也要有一定的容忍区间。当然,对于背离农产品供求基本面的非理性价格上涨,必须强化市场预期管理,严厉打击非法囤积居奇等投机炒作行为,维护正常交易秩序。从目前粮食生产和库存情况看,供给是有保障的。居民消费中食品的开支比较大,基础粮食价格的上涨会对整个CPI产生较大的影响。政府比较关注粮价对CPI的影响,会把粮价控制在一个合理的幅度之内,让消费者能承受,经营者能弥补其成本上涨,并能有相应利润。

解决粮食问题要有战略思维和全球眼光,更加充分地利用国际国内两个市场、两种资源。我国人多、地少、水缺,资源禀赋并不足以满足居民食物消费不断增长的需求。从实际情况看,我国农产品总供求已经出现农业发展增长速度赶不上需求增长速度的局面,农产品的进口数量也在不断增加。目前进口的农产品,按照我国目前农业生产实际水平,大约相当于在境外利用了10亿亩农作物播种面积。目前我国全年农作物总播种面积约25亿亩,而满足国内农产品的需求,实际需要35亿亩左右的农作物播种面积,大约有28%的缺口。

粮食安全立足国内,不是闭关锁国,而是要统筹内外,适度扩大紧缺农产品进口,加快农业走出去步伐,构建新时代对外农业贸易开放新格局。统筹两个市场两种资源,前提是要与国内生产和农民增收需要相协调,实现粮食安全、产业安全和农民生计安全,守住不伤及国内的产业安全、不伤及农民的生计安全的底线。关键是要确保进口适度、适当、可靠，拓宽食物来源多元化渠道，构建更高层次、更高质量、持续高效的国家粮食安全保障体系。

"丰年不忘灾年"，"温饱不忘饥寒"。党中央、国务院高度重视厉行节约和反对粮食浪费。习近平总书记多次作出重要指示，强调要厉行节约、反对浪费，注重解决粮食在收储、销售、加工过程中的损耗。尽管我国粮食生产连年丰收，对粮食安全还是始终要有危机意识，要坚决制止餐饮浪费行为，切实培养节约习惯，在全社会营造浪费可耻、节约为荣的氛围。自古以来，崇尚勤俭节约一直是中华民族的传统美德与优良家风。在资源和环境双重约束下，粮食节约和减损，就相当于在供给侧绿色增产，开发了"无形粮田"。从需求侧，高度重视解决粮食安全问题有较大的潜力，是保障国家粮食安全战略的长期任务。

当今世界正经历百年未有之大变局，国际环境错综复杂，不稳定性不确定性日益增加。越是面对风险挑战，越要稳住农业，越要确保粮食和重要副食品安全。只有坚持立足国内、办好自己的事，坚决稳住农业基本盘，以国内粮食稳产保供的确定性应对外部环境的不确定性，才能真正做到手中有粮、心中不慌。

深刻理解中国农业问题，尤其是读懂中国粮食问题，着实不是件容易的事。李文明同志近二十年来，一直在三农领域工作，"廿年如一日"，心系农业、情系粮食，只问耕耘、不问收获。尤其是，作者到中央农办工作之后，专注跟踪研究我国粮食政策、农业贸易和金融保险问题。这二十多年来，国内外粮食供求发生阶段性变化，农产品贸易格局在深刻调整，农业保险也在跨越发展，但大国粮食这一永恒的课题没有变，基础性重要地位没有变。作者在该书中，从古往今来的粮食说开来，深度分析了粮食安全的三个层级划分，全景式阐述了生产根基、市场化方向、天下粮仓和统筹内外战略，对未来我国食物需求的一般性规律和前景作出展望，并进一步探讨了新发展阶段迈向粮食强国的政策走向。

三农是长久的事业，粮食是永恒的课题，没有止境。作者"廿年磨一剑"，用心总结思考，倾力探索前沿，将所学所思所悟浓缩于这部总结之作。应当说，呈现在读者面前的粮食读本，是值得一读的。全书内容丰富，逻辑清晰，深入浅出，论述严谨，既是一部较为深度前瞻的"研究粮食安全"的专业著作，也是一部较为立体系统的"读懂中国粮食"的通俗读本。希望作者不忘初心，在今后的研究中不断砥砺前行，探索耕耘，开启新篇，为我国农业农村发展和粮食安全继续贡献力量，更好发挥作用。

陈锡文

2021 年 5 月 27 日

序二 中国的粮食安全战略

李文明的新作即将出版，请我阅提意见并作序。提修改意见我照办了，主要是两条，建议书中对中国农业特别是粮食的国际竞争力，以及中国未来粮食消费需求变化，再多做一些分析。至于作序，颇费思忖。正好，我最近写了一篇《中国的粮食安全战略》。我想，要读懂中国粮食，要紧的莫过于了解中国的粮食安全战略，不如以此为序，或可起点导读的作用。

粮食安全与能源安全、金融安全，并称国家三大安全。其实，与能源安全、金融安全相比，粮食安全更具有不可替代性。人多地少水更少，是中国的基本国情，作为一个迈向现代化的社会主义国家，确保国家粮食安全就更为重要，是治国安邦的头等大事。建国以来，特别是改革开放以来，我们在长期的实践中坚持走中国特色粮食安全之路，形成了一整套保障国家粮食安全的理念、战略、政策和做法，确立了"以我为主、立足国内、确保产能、适度进口、科技支撑"的国家粮食安全战略。如何理解和把握？我以为有以下几个要点。

第一，始终坚持以我为主、立足国内的粮食安全方针。中国是世界上最大的粮食生产国和消费国，尽管农业资源禀赋欠佳，人均农业资源相对匮乏，但解决十几亿人口的吃饭问题不能寄希望于国际市场。正如习近平总书记指出的，"一个国家只有立足粮食基本自给，才能掌握粮食安全主动权，进而才能掌握经济社会发展这个大局"，这是战略考量。而且从国际市场看，中国农产品贸易具有"大国效应"，一旦大量从国际市场采购粮食，势必引起国际粮价大幅上涨，影响我国与一些缺粮国家和发展中国家的关系。那么，立足国内有没有潜力呢？回答是肯定的。我国小麦、水稻、玉米的单产水平分别是单产排在前 10 位国家平均水平的 60%、71% 和 67%，粮食增产仍有潜力可挖。党的十八大以后，中央还进一步明确了确保国家粮食安全的优先序，要求做到谷物基本自给，口粮绝对安全。

第二，坚持不懈提高粮食综合生产能力。主要是靠三条。一是藏粮于地。前提是守住 18 亿亩耕地红线，划定永久基本农田，同时加强旱涝保收高标准农田建设。最近 17 年来，我国粮食连年丰收，打破了以往"两增一减一平"的怪圈，主要得益于基础设施保障能力不断增强。二是藏粮于技。2020 年比 1978 年，我国粮食播种面积减少 5700 万亩，但产量却翻了一番多，主要靠单产的提高；提高单产，又主要靠良种良法，靠科技进步。今后，我们仍然要坚持走科技兴农、内涵发展的路子。三是优化区域布局。不同农产品在不同区域具有不同的比较优势，优化农业生产力布局，是降低农业生产成本、提高农业生产效率的重要途径。

第三，坚持保护和调动种粮抓粮积极性。主要是"三个积极性"。一是调动农民种粮积极性。家庭承包制的确立，本身就是最大的激励机制。进入新世纪以来，继取消农业税后，国家逐步建立和完善对农业的支持保护体系，加大对农业的投入，实施生产者补贴，建立最低价收购制度，加强服务体系建设，进一步保护和调动了农民生产积极性。二是调动农业科技人员积极性。党的十八大以来，国家出台了一系列激励农业科研人员创新的举措，推进事业单位改革，实行人员聘用制度；搭建科研成果交易平台，开展科研成果权益分享改革试点；在强化公益性职能的同时，放活经营性服务，允许科研人员和技术推广人员自主创业、持股兼职，调动了科研人员的积极性。三是调动地方政府抓粮的积极性。20 世纪 90 年代中期，我国即建立粮食省长负责制。为了解决"产粮大县、经济小县、财政穷县"问题，中央财政从 2005 年开始实施产粮大县奖励政策，加大财政转移支付力度，同时取消产粮大县粮食风险金、公益性基础设施建设项目地方配套，探索建立对粮食主产区利益补偿机制。

第四，健全粮食储备制度，畅通粮食市场流通。一是在储备方面，管好用好"天下粮仓"，这对于调节丰欠、平抑物价、保证市场供应具有不可替代的重要作用。二是在市场流通方面，我国粮食流通经历了从统购统销、调拨包干到多渠道流通，再到粮食购销市场化的历史性转变，目前从粮食购销到加工转化，基本实现了市场调节。三是在市场体系建设方面，我国建立了从现货市场到期货市场、从批发市场到线上交易、市场类型齐全、交易方式多样的市场体系和四通八达的粮食物流体系，粮食流通、储备、加工的装备水平、技术水平不断提高。

第五，充分利用"两个市场、两种资源"。为了弥补国内资源短缺、缓解资源环境压力、调剂品种和丰欠余缺，我国从国际市场适度进口农产品是必要的，也有利于我们腾出宝贵的农业资源，集中力量确保谷物基本自给和口粮绝对安全。除了把握好进出口的总量和节奏外，还要积极稳妥推进农业走出去。自2007年中央一号文件第一次提出农业走出去以来，特别是2013年习近平总书记提出"一带一路"倡议以来，我国农业走出去步伐明显加快，海外农业合作、投资、并购日趋活跃，合作领域从种养业拓展到农业全产业链。

当前，我们讨论国家粮食安全问题具有特殊的重要意义。一是我国外部环境复杂严峻，美国对我国全面打压阻遏升级，世界百年未有之大变局加速演进，我们必须做好应对严峻挑战和复杂局面的充分准备；二是我国已经开启向第二个百年奋斗目标前进的新征程，现代化建设正处在关键时期，我们既要深化供给侧结构性改革，又要做好"六保""六稳"工作，比任何时候都要更加注意处理好发展与安全的关系；三是经过多年的粮食丰产之后，我国粮食供求出现一些阶段性的变化，结构性矛盾日显突出，倾向性、苗头性问题开始显现，需要我们给予高度关注。

最近一段时间以来，由于新冠肺炎疫情的冲击、美国对我国全面打压阻遏、国内玉米价格上扬、夏粮收购进度偏慢，再加上个别人误读制止餐饮浪费，社会各界对粮食安全问题格外关注。那么，当前粮食安全状况如何？总的判断可以讲两句话，一句话是总量基本平衡，另一句话是结构性矛盾突出。分品种看，小麦、稻谷作为口粮，产需平衡有余，保证市场供应是没有问题的。我们说粮食供求结构性矛盾突出，眼下主要是指玉米。从去年以来，玉米的供求关系从此前的相对过剩转为短缺之后,市场价格上涨得较快,甚至超过了小麦价格。但是,当前做好玉米的保供稳价工作是有基础、有条件的。2021年全国玉米播种面积增加到近6.4亿亩,产量有望增加200亿斤,再加上适度进口玉米,以及国家有关部门着手控制玉米燃料乙醇等深加工产能扩张,恢复玉米供求平衡是可以预期的,近期玉米价格已经开始企稳。

展望未来一个时期,实现谷物基本自给、口粮绝对安全、保障重要农产品有效供给的战略目标,既面临风险和挑战,也具备基础和条件。粮食安全的根基是能力安全。面对未来的风险挑战,只要我们坚定不移地提升国内粮食综合生产能力、必要的粮食储备能力以及对国际资源的掌控能力,我们就可以牢牢把握粮食安全的主动权。

2013年,我受聘为国务院参事。在担任国务院参事期间,曾多次带队就粮棉油糖等大宗农产品的生产,以及价格形成机制和收储制度改革等,到农业大省实地调研。当时,李文明同志在国务院参事室工作,具体联络我们农村组的国务院参事,几乎每次都参加了我们的调研,也参与了报告的起草。我发现,李文明虽仅而立之年,却已经有了较丰富的知识储备,加上他勤奋踏实、善于思考、肯于钻研的专业素养,以及相当不错的写作能力,当时就给我留下了深刻的印象。后来,他去了新的单位,还是农口部门,所以每每还保持着工作上的联系。直到这次送来新的书稿,我对他又有了新的认识。坦率地讲,通俗易懂地讲好中国粮食问题不太容易,这是需要专业和广博的"T"字型知识结构的,既要有对国情农情粮情的专业认知,又要博采古今、融通中外,还要把历史的逻辑深入浅出地表达出来,是非下一番功夫难以成就的。我要祝贺李文明,他的新作很好地处理了专业与通俗的关系,不失为一部很有可读性的专著。我也很愿意向读者,特别是年轻读者推介这本书,这对了解或研究中国粮食问题,确有裨益。

国家发展改革委原副主任 朴鹰

2021年7月28日

目录
CONTENTS

第一章　古往今来的粮食

第一节　饭碗里的变化……4
——老百姓餐桌日益丰盛

第二节　中国特色的粮食……8
——历史视野下的演进变迁

第三节　大食物观……13
——保障粮食和重要副食品供应安全

第二章　粮食安全"三部曲"

第一节　粮食安全的缘起……21
——世界粮食危机的回响

第二节　供求总量的平衡……28
——宏观层面的底线思维

第三节　结构配置的优化……37
——粮食供应链的脆弱性

第四节　消费需求的满足……48
——粮食安全"最后一公里"

第三章　大国粮食生产根基

第一节　粮食高位增产 59
　　　　——实现历史性"十七连丰"

第二节　藏粮于地战略 68
　　　　——根本在耕地:"像保护大熊猫一样保护耕地"

第三节　藏粮于技战略 78
　　　　——出路在科技:"让农业插上科技的翅膀"

第四节　种粮比较效益 92
　　　　——动力在政策:调动和保护好"两个积极性"

第五节　未来"谁来种粮"时代之问 105
　　　　——活力在主体:适度规模和新型农业经营体系

第六节　农业大灾风险分散机制 114
　　　　——织密兜牢粮食生产稳定发展"安全网"

第四章　市场化改革大方向

第一节　农产品统购统销制度 137
　　　　——粮票:粮食短缺时代的产物和饥饿记忆

第二节　粮食购销制度"解冻"演变 147
　　　　——改革开放以来全国粮食供求形势明显缓解

第三节　粮食流通体制改革艰难曲折 153
　　　　——从购销"双轨"运行到全面放开购销市场

第四节　粮食价格形成机制和收储制度改革 163
　　　　——农业供给侧结构性改革深入推进

第五章 "天下粮仓"大国重器

第一节 重储足食思想的历史演进 ……………………………… 180
——从"平粜""平籴"到"常平仓"思想

第二节 粮食储备规模和结构 …………………………………… 188
——"守底线"动态适应消费格局变化

第三节 粮食市场调控功能的发挥 ……………………………… 194
——紧急情形"调得动、用得上"

第六章 "统筹内外"安全战略

第一节 国际国内"双循环"格局 ……………………………… 210
——"以我为主、立足国内、适度进口"战略

第二节 大国农产品贸易伙伴 …………………………………… 223
——构建互利共赢农业贸易关系

第三节 "大豆王国"和贸易大国 ……………………………… 228
——全球大豆贸易的百年沧桑巨变

第四节 农业"走出去"和大粮商 ……………………………… 244
——统筹国际国内两个市场两种资源

第五节 "确定性"和"不确定性" …………………………… 251
——多元替代"不把鸡蛋放在一个篮子里"

第七章 食物需求前景

第一节 粮食过关了吗? …………………………………………… 260
——供求"紧平衡"将是长期态势

第二节　食物消费演进趋势……………………………………266
　　　　——需求规模和结构的历史性变化
第三节　崇农爱粮节约减损……………………………………278
　　　　——"丰年不忘歉年""温饱不忘饥寒"

第八章　粮食强国之路

第一节　粮食安全信息系统……………………………………288
　　　　——联合国粮农组织和美国的经验
第二节　粮食监测预警体系……………………………………293
　　　　——市场预期管理
第三节　贸易大国的话语权……………………………………299
　　　　——迈向粮食强国的必由之路

参考文献……………………………………………………………307
后　记………………………………………………………………317

第一章

古往今来的粮食

第一章 古往今来的粮食

古代中国以农立国,崇尚农业、重农抑商、鼓励农耕。传统经济思想主基调就是"农本商末"观念,历朝历代设坛祭祀先农,建立"劝农"制度,皇帝下地扶犁亲耕籍田,诏令司农官巡行各地劝课农桑。乡村社会延续传统农耕文化和耕读传家思想,行军打仗也讲"兵马未动、粮草先行"。这些都体现了古往今来对粮食问题重要性的深刻认识。《论语·颜渊》讲"足食,足兵,民信之",先贤孔子强调了粮食在为政治国中的重要地位。《汉书·郦食其传》讲"王者以民为天,而民以食为天",这是对"民以食为天"之说的最早记载。《管子·国蓄》讲"五谷食米,民之司命也",《管子·牧民》讲"仓廪实则知礼节,衣食足则知荣辱",都强调了粮食是老百姓的命根子,在社会治理中具有基础性地位。《汉书·食货志第四》开篇提出《洪范》八政①,一曰食(农业生产),二曰货(商品流通)……,把粮食问题摆在国家八项重要政务的首位。在大历史中,保障粮食安全是一个永恒的课题,解决好吃饭问题始终是治国理政的头等大事,确保粮食和重要副食品有效供给,仍将是全面推进乡村振兴加快农业农村现代化的首要任务。

---

① 《洪范》是先秦文献《尚书》中的一篇文章,提到"农用八政",即古代管理国家的八种主要政务,其中"一曰食(管理民食),二曰货(管理财货),三曰祀(管理祭祀),四曰司空(管理居民),五曰司徒(管理教育),六曰司寇(治理盗贼),七曰宾(管理朝觐),八曰师(管理军事)",将粮食问题置于《洪范》八政之首。

第一节　饭碗里的变化

——老百姓餐桌日益丰盛

前些年，纪录片《舌尖上的中国》走红大江南北，吸引无数观众见证中国人餐桌美食的丰盛殷实，让人味蕾绽放、垂涎不止，勾起了对故乡味道的童年记忆。看着笋挖出来，火腿吊起来，揭开蒸笼冒着蒸汽白花花的馒头，热气腾腾飘香油亮的米饭，摔打在案板上脆响的拉面……民间主食"南米北面"丰富多样，北有糜子黄馍馍、兰州牛肉拉面、西安羊肉泡馍，南有嘉兴肉粽、宁波水磨年糕，过生日吃"长寿面"，除夕夜吃团圆"饺子"……这不只是一部关于美食的纪录片，也从风土人情、传统文化、经济社会和民生政治多个维度，折射出古往今来中国人和食物的厚重关系。穿越时空，中国人"饭碗"里盛的食物，历经岁月长河之演进变迁，但始终贯穿着老百姓"丰衣足食"、满足口腹之欲的朴素愿望，集中展现出博大精深的饮食文化以及悠久的历史文化和独特的风俗习惯，深刻蕴含着"民以食为天""农为邦本"和"食为政首"的治国理政的哲学思维。由此，进一步引起人们对历史文化积淀的追根溯源，以及对未来超越美食的深邃思考。

民为国基，谷为民命，粮食事关国运民生。让老百姓"仓廪实""衣食足"，是困扰中华民族几千年最朴素最现实的历史性难题。新中国成立以前，老百姓过着饥寒交迫的生活，全国数千万人靠逃荒要饭为生，人们流离失所、衣不蔽体、食不果腹，历史上多次发生大饥荒，饿殍遍野、惨绝人寰的悲惨景象并非罕见。新中国成立初期，全国人口达到5亿人左右，死亡率仍高达20‰，人口平均预期寿命仅为35岁（目前已提高到77.3岁），足见饥荒年代粮食等基本物资极度匮乏，食品营养严重不足，人民生活处于极度贫困之中。

在当时食物短缺的时代,常有"糠菜半年粮"之说,一年到头,有半年时间只能吃糠咽菜维持基本生存。新中国成立之后,毛泽东同志曾多次倡导"深挖洞、广积粮、不称霸",但当时农业生产力水平低下,困难时期的粮食根本不够吃,政府也曾提出"低标准,瓜菜代①"的口号,号召人们以瓜菜代替口粮共渡难关。至今,这已成为老一辈的集体历史回忆和宝贵精神财富,是生活在当下中国的年轻一代所未经历和难以想象的。甚至有些人认为,"吃饱穿暖"只不过是自然而然的事情,对粮食问题背后的政治性和社会性认知,更是缺乏大历史观和底线思维。越是在物质极大丰富的现代社会,这种对"短缺""贫苦"的历史记忆,就越发显得珍贵,其对治国理政的警示意义以及对年轻一代的教育价值,也更加朴素而深刻。

新中国成立以来,党和政府始终把解决人民的吃饭问题作为治国安邦的首要任务。经过艰苦奋斗和不懈努力,我们依靠自己的力量实现了粮食基本自给,用不足全球 1/10 的耕地、1/15 的淡水资源,养活了世界近 1/5 的人口,牢牢端稳了 14 亿中国人的饭碗。可以说,我们成功地解决了吃饭问题,粮食安全取得了举世瞩目的伟大成就。

与新中国成立初期相比,2019 年我国人口总量增加了近 8.6 亿人、1.6 倍,粮食总产量增加了 11013.4 亿斤、4.9 倍,粮食生产增幅明显高于人口增幅,极大满足了人们日益增长的粮食消费需求。全国人均粮食占有量已经达到 474.2 公斤,比 1949 年新中国成立时的 208.9 公斤增长了 127%,比改革开放之初的 316.6 公斤提高了近 50%,已稳定高于世界平均水平,超过了人均 400 公斤的国际谷物安全标准线。根据联合国粮农组织数据,从 1978 年到 2017 年,我国人均每天食物热量消耗从 2080 千卡增加到 3194 千卡,增长了 53.6%,人均每天蛋白质供应量从 51.44 克增加到

---

① 瓜菜代,指南瓜、蔬菜和代食品,如小球藻之类,当时用来充饥,以解决粮食供应短缺问题。1960 年 7 月 9 日,《人民日报》发表了题为《大种瓜菜》的社论,号召大种瓜菜、大晒干菜、大腌咸菜。同年 11 月 14 日,中共中央发出紧急指示,决定开展大规模"代食品"运动,并提出通过"瓜菜代"克服困难,渡过饥荒。

101.35克，接近翻了一番，人均每天脂肪供应量从28.37克增加到97.58克，增长了2.4倍，这三项指标均已高于世界平均水平。

在短缺经济时期，为解决吃饱饭问题，我们长期致力于发展粮食生产，新中国成立后相当长一段时间，强调"以粮为纲"，在粮食流通领域不得不实行"统购统销"、"票证"定量供给，城乡居民长期处于温饱边缘。当时粮食底子薄、供应紧张，夏收之后吃到秋粮上市，秋收之后再吃到来年，维持到夏粮再接上，只能处于吃"节接粮"的状态，一旦遇到灾害年份就容易断粮。改革开放以来，以粮食生产为主的种植业经济开始转向多种经营和农林牧渔业全面发展，农业内部生产结构优化调整，农村集贸市场和鲜活农产品购销也逐步放开。

1993年，北京市正式宣布取消粮票后，其他省份也相继取消，粮票正式退出历史舞台。2013年是我国取消粮票20周年，习近平总书记在当年底召开的中央农村工作会议上回忆道，"对我这个年龄的人来说，使用粮票就像是昨天的事情。我们这一代人或多或少都有吃不饱、饿肚子的记忆"，从三年自然灾害时期"七分饱"，到"文化大革命"期间"三个月没见过一滴油星子"，意味深长地讲"这种穷日子我们都是经历过的"。① 后来，这篇重要讲话被收录至《十八大以来重要文献选编》并公开出版，成为习近平总书记关于三农工作论述中最经典文献之一。这一段饱含深情的讲话，凝结了几代人对吃饭问题的历史记忆，体现着朴素的乡土情结和为民情怀。这一段具有深意的讲话，更是对历史经验教训和国内外复杂严峻形势的深刻洞察，闪耀着治国理政的历史思维和底线思维，意在告诫全党要牢记历史，不忘初心，记得来时的路，什么时候都不能轻言粮食过关了，要把中国人的饭碗牢牢端在自己手上，饭碗里主要装中国粮。

党的十八大以来，我们推进农业供给侧结构性改革，加快农业高质量发展，适应消费需求的绿色优质农产品有效供给能力明显提升。目前，我

---

① 《在中央农村工作会议上的讲话（2013年12月23日）》，载《十八大以来重要文献选编》（上），中央文献出版社2014年版。

国肉、蛋、菜、果、鱼等重要农产品产量也稳居世界第一，畜产品人均占有量超过世界平均水平，禽蛋人均占有量超过发达国家水平。可以说，"米袋子""油瓶子""菜篮子""果盘子""肉铺子"供应充足，应有尽有。

经过长期努力，我国城乡居民已经告别了食不果腹、凭票供应、长期短缺的历史，生活质量和营养水平显著提升，实现了由"吃不饱"到"吃得饱"进而转向"吃得好"的历史性转变，并正在努力实现"吃得好"、吃得营养、吃得健康。全国居民膳食质量普遍提高，动物性食物摄入量增加，优质蛋白摄入量增加，来源于动物性食物蛋白质的比例从 1992 年的 18.9% 增加到 2015 年的 35.2%[①]。改革开放以来，我国人均粮食直接消费出现下降，全国居民 2019 年人均粮食消费减少至 130.1 公斤。其中，农村居民人均粮食消费为 154.8 公斤，比 1978 年的 247.8 公斤减少了近 4 成。与人均直接消费口粮减少相对应，肉蛋奶和水产品等粮食转化而来的动物性食品消费快速增长，实际上这相当于消费了更多的粮食，蔬菜、瓜果等非粮食食物消费也在增加。2019 年，全国居民人均消费食用油 9.5 公斤、蔬菜及食用菌 98.6 公斤、肉类 26.9 公斤、禽类 10.8 公斤、水产品 13.6 公斤、蛋类 10.7 公斤、奶类 12.5 公斤、干鲜瓜果类 56.4 公斤、食糖 1.3 公斤，人们食物消费更加多样、更加营养健康。

一般农村家庭的一日三餐"饭碗"也极大丰富，肉蛋菜等消费大致与城镇居民相当，水产品和奶类消费快速增加。目前，农村居民人均食用油和食糖消费高于城镇居民，猪牛羊肉、禽蛋类、蔬菜及食用菌消费已达到城镇居民的 80%~90%，奶类、水产品和干鲜瓜果类消费分别接近 50%、60% 和 70%。与 1978 年相比，农村居民 2019 年人均消费食用油达到 9.8 公斤、增加近 4 倍，肉类 24.7 公斤、增加 3 倍多，禽类 10.0 公斤、增加约 39 倍，水产品 9.6 公斤、增加 10 倍多，蛋类 9.6 公斤、增加约 11 倍。据国家卫健委监测数据显示，中国居民平均每标准人日能量摄入量 2172 千卡，蛋白质 65 克，脂肪 80 克，碳水化合物 301 克，城乡居民膳食能量和营养供给充足，越来越多样化的食物品种摆上了寻常百姓餐桌。

---

① 中国营养学会：《中国居民膳食指南科学研究报告》，2021 年 2 月。

第二节　中国特色的粮食
——历史视野下的演进变迁

溯至远古时代，当人类从树上走向地面，我们的祖先在漫长的狩猎采集食物的岁月里，逐渐学会了用火和制造使用工具。自新石器时代开始，逐步驯化和培育野生动植物，食物采集与种植此消彼长，狩猎经济也过渡为畜牧经济，出现了早期的农业，这无疑是人类迄今最重要的发明。

中国是世界农业起源地之一，农耕文明源远流长，曾长期居于世界领先地位，在悠久历史中传承延续且从未间断。古代"粮食"历经数千年的演进变迁，在漫漫岁月长河中体现着鲜明的时代特征。

"粮""食"在中国古代是两个字。许慎《说文解字》讲到"行道曰粮"，"粮"是行路携带的干粮、行军作战的军粮；"止居曰食"，"食"是指居家食用的米饭等食物。《孟子》讲到诸侯有三宝"一曰地，二曰粮，三曰人"。"粮食"一词起源于先秦史籍，《左传·襄公八年》记载"楚师辽远，粮食将尽，必将速归"。古代"粮食"多代称为"五谷"，春秋战国时期最早出现了"五谷"的称谓，也有"六谷""八谷""九谷""百谷"之称。《论语·微子》记载"四体不勤，五谷不分"，《管子·国蓄篇》讲"五谷食米，民之司命也"，《墨子·七患》讲"凡五谷者，民之所仰也，君之所以为养也"。中国农村春节对联沿用"五谷丰登""六畜兴旺"，人们至今常说"人食五谷杂粮"。实际上，"五谷"种类之说不一，通常指稻（大米）、黍（黄米）、稷（粟：小米）、麦（小麦）、菽（大豆）。《诗经·小雅》中粮食的排序是黍、稷、稻。《三字经》讲"稻粱菽，麦黍稷。此六谷，人所食"。

经考古发现，中国农业起源可以追溯至公元前1万年以前，大致与西亚农业起源处于同一历史时期。中国人最早培育了粟（小米）和水稻（大米）为世界所公认，我国最早的粮食生产也基本上是"北粟南稻"分布格局。在北方的黄河流域，普遍生长的狗尾草和野生黍是粟和黍的野生祖本，并逐渐开始种植。1976年，河北武安磁山遗址发现大量窖穴中堆积粮食粟灰，并出土脱粒磨盘和石斧、石镰等工具，证明中国种植粟的时间距今约有8000年的历史，这是世界上迄今为止发现最早的粟，该遗址也被确立为"世界粟的发祥地"。此外，在河南、陕西、山西、青海、甘肃等地多处也发现了粟籽，在新石器时代黄河流域就大量发展粟的种植。

在南方的长江流域，人们发现了野生稻祖本，原栽培的稻谷是从野生稻经过长期自然选择和人工培育逐步进化而来的。1973年，浙江余姚河姆渡遗址出土了距今7000年左右的稻谷、稻壳、稻叶和稻秆，以及大量耕作农具。当然，稻作农业的起源应该更早，至少可追溯到1万年以前。考古工作者在湖南发现了1万年以上的炭化稻谷，在江西也发现了距今12000年的稻作遗存，有力证明了长江流域是世界稻作农业最早的起源地之一。此外，在江苏无锡、湖北武昌、安徽肥东、河南渑池等市县的新石器时代遗址中也都发现了稻粒或稻壳。这说明中国不但南方广大地区早已种稻，北方栽培水稻也有四五千年的历史了。近几十年来，我国科学家不断培育出杂交水稻高产新品种，并广泛种植。

夏商周时期，中国的粮食品种有黍、稷、稻、小麦、大麦、菽、麻等七种。当时粮食以黍、稷为大宗，其中尤以稷在谷类中位居最高，稷也被称为"五谷之长""百谷之长"，黍、稷距今有5000年历史。《论语·宪问》讲到"禹稷躬稼而有天下"，"稷"即后稷，相传为周朝的始祖，是能教民种植百谷的司农官，也被尊称为农神、耕神、谷神。我国古代君主始祭"社稷"，"社"指土地神，"稷"也就是谷神"后稷"。"江山社稷"之说，足以表明土地和粮食在帝王到百姓心目中至高无上的地位。

大豆（菽）原产于中国，《诗经·小雅》就有"中原有菽，庶民采之"诗句。《史记》记载，在轩辕黄帝时期，中国就已经开始种植大豆。大豆距今已有五千多年的栽培历史。现在世界各国的大豆，基本都是直接或间接从我国传去的。欧美各国大约是19世纪后期才开始从中国引种，到1936年，全球9成以上的大豆产量仍集中分布在中国。及至20世纪30年代以后，大豆才逐渐遍及世界各地。至今，国外对大豆的称呼，如英文（soy）、法文、德文、荷兰文、拉丁文等，也都保留着古代中国大豆"菽"（shu）的读音。我国的豆腐制作技术约是20世纪初传到欧美，生产豆腐、豆腐乳、豆芽菜等豆制品，被称为"20世纪全世界之大工艺"，豆腐成了世界性食品[①]。

  秦汉时期，主要粮食品种有粟、稻、小麦、大麦、黍、大豆。过去认为，小麦起源于西亚的野生小麦，后来通过西域传入我国黄河中下游地区。据考古发现，1955年在安徽省的亳县钓鱼台新石器时代遗址中发现大量的炭化小麦籽粒，它是中国最古老最完整的普通小麦化石标本，证明在4500年前，中国黄河、淮河流域就已有小麦栽培。后来，在甘肃民乐东灰山又发现了小麦、大麦、粟、黍等作物的炭化籽粒，将我国种植小麦的历史提前到5000多年前。这些考古发现引发了对小麦起源于中国还是从西方国家引进的考究，甚至改变了传统上对中国农业发展史的认识。受关中推广小麦种植加之石磨推广影响，麦子磨成面粉带来饮食消费的进步，带动小麦在粮食中的地位开始上升。至隋唐五代，水稻在南方迅速发展，当时的三大粮食作物为稻、粟、麦。至宋元时期，稻麦两熟制逐步形成，双季稻得到推广，粮食分为七品：一曰粟，二曰稻，三曰麦，四曰黍，五曰稷，六曰菽，七曰杂子。其中水稻在明代以后进一步发展，进而有"湖广熟，天下足"之说。随着小麦种植逐渐扩展到中原地区，后来逐渐取代了黄河流域的黍和粟的地位，打破了长期以来"北粟南稻"的种植格局，并转向"北麦南稻"，小麦和水稻并称为我国最主要的两大口粮作物。

  自明朝时期，玉米、甘薯和马铃薯开始从国外引进，并逐渐成为重要粮食作物，有人称之为我国第二个"粮食生产革命"。玉米源于美洲墨西哥和秘鲁等地区，如"秘鲁"即因当地盛产玉米而得名，在古印第安语中

[①] 中国农业博物馆：《五千年农耕的智慧：中国古代农业科技知识》，中国农业出版社2018年版。

意为"玉米之仓"。1492年，哥伦布首航美洲，把玉米带到西欧。自明朝时期，玉米经丝绸之路和南洋传入我国，距今有400～600多年的历史。玉米适应性强且产量高，在明末就被广泛用于应对灾害和饥荒。数百年来，中国人民根据各地的自然条件，不断改良玉米品种，培育出许多高产稳产的新品种。甘薯起源于中美洲地区，自明朝时期传入我国，距今有400多年的历史，在历史上也成为度荒解饥的重要粮食品种。

清末民初以来，我国东北地区可谓"漫山遍野大豆高粱"，农业种植结构以高粱、谷子、大豆、小麦等为主，这四种粮食作物面积占8～9成。谷子的播种面积和产量不断减少。如今这一场景已渐成记忆，高粱、谷子和小麦几乎退出种植，大豆种植也日渐式微，进而逐步演进为以玉米、稻谷为主的农业种植结构，这两种粮食作物面积占7～8成，大豆种植面积已不足两成。可以说，现在的东北地区已经由过去的"漫山遍野大豆高粱"转变为"放眼望去玉米稻谷"，形成鲜明对比的"画面感"。

新中国成立以来，粮食的概念也在不断发展变化。在很长一段时期，我国粮食一般包括六大主要品种：稻谷、小麦、玉米、高粱、谷子、大豆。在粮食紧缺的年代，为实现低标准的粮食供给，把豆类和薯类也纳入粮食范畴。改革开放以来，粮食生产和消费结构也发生了明显变化。1978年，粮食种植面积排序为：稻谷、小麦、玉米、薯类、大豆。2007年以来发展为：玉米、稻谷、小麦、大豆、薯类，玉米逐渐成为第一大粮食作物，而薯类生产出现萎缩趋势。发展至今，我们一般将稻谷、小麦、玉米称为三大主粮，其中稻谷和小麦被称为口粮，而谷子、高粱、大麦等其他作物通常被称为杂粮。从粮食消费上看，一般将稻谷、小麦、玉米、大豆作为四大粮食品种。

纵观"粮食"演变的历史，可以发现，由于水稻、小麦的推广以及玉米等高产作物的引进，高粱、谷子等品种的种植逐步萎缩，粮食消费也有从高级粮食品种逐渐取代低级品种，并从粮食直接消费转向动物类转化粮食消费的一般性规律。粟、小麦、稻米在古时被视为较高档的食品，多限于富有阶层食用，一般农民食用较少。

粮食是一个传统的、约定俗成的概念，尚未有规范的学理定义，其内涵随着经济社会发展、农业生产条件和人们消费水平变化而逐渐演变。

中国传统的粮食概念有狭义和广义两种。狭义的粮食概念主要指谷物类，是禾本科粮食作物的籽实，主要有小麦、稻谷、玉米、高粱、大麦、燕麦、谷子等，也包括属于蓼科的荞麦。我国狭义的粮食概念与联合国粮农组织（FAO）的粮食概念基本一致，其粮食概念就是指谷物（Grains），包括小麦、稻谷、粗粮，其中的粗粮又包括玉米、高粱、大麦等。这也是国际通行的粮食概念。

我国广义的粮食概念包括谷物类、豆类和薯类，这与国际通行概念有所不同。《现代汉语词典》就是采用了广义的粮食概念：供食用的谷物、豆类和薯类的统称。豆类是豆科作物的种籽，如大豆、绿豆、蚕豆、豌豆、小豆、豇豆等。薯类包括甘薯、马铃薯等生物的块根块茎以及用以制成的薯干等。国家统计局从1953年开始，在实行农产品统购统销制度背景下，采用了广义的粮食概念，按收获季节包括夏粮、早稻和秋粮，按作物品种包括谷物、豆类和薯类。其对粮食产量的计算方法为，谷物按脱粒后的原粮计算，豆类按去豆荚后的干豆计算，薯类（包括甘薯和马铃薯，不包括芋头和木薯）1963年以前按每公斤鲜薯折1公斤粮食计算，从1964年开始改为按5公斤鲜薯折1公斤粮食计算。城市郊区作为蔬菜的薯类（如马铃薯等）按鲜品计算，并且不作粮食统计。1989年以前全国粮食产量数据主要靠全面报表取得，1989年开始使用抽样调查数据，其主要通过"科学抽样"和"实割实测"获得。我国粮食产量调查的对象包括农业生产经营单位（产量约占全国5%，通过统计报表收集）和农业生产经营户（产量约占全国95%，采用抽样方法调查）。其中，对农业生产经营户，国家统计局在全国抽选了约850个国家调查县和9000多个样本村48万农户的6万多个地块，分别在夏粮、早稻和秋粮的播种季节，对稻谷、小麦、玉米等主要粮食作物抽样调查，推算获得省级播种面积数据。然后，在抽取的面积调查范围内，选择5000多个样本村近3万个地块，抽样采用实割实测的方法推算出省级单位面积产量数据，再通过"播种面积 × 单位面积产量"测算获得粮食产量。从20世纪90年代开始，为了推动与国际接轨，国家统计局在发布粮食总产量时将谷物单列，既明确了"谷物"和"粮食"的关系，也便于国际比较分析。

第三节 大食物观

——保障粮食和重要副食品供应安全

悠悠万事,吃饭为大。党的十八大以来,以习近平同志为核心的党中央高度重视粮食安全,始终把解决好吃饭问题作为治国理政的头等大事,实施"以我为主、立足国内、确保产能、适度进口、科技支撑"的国家粮食安全战略,提出"确保谷物基本自给、口粮绝对安全"的新粮食安全观,实现粮食连年丰收、库存充裕、供应充足、市场稳定,粮食安全形势持续向好,为国民经济平稳运行、社会和谐稳定提供了坚实支撑。

20世纪80年代初,我国农业专家提出了"大粮食"概念,主张要充分利用山林、水面、草原等丰富资源,广辟食物来源,凡是能吃并能为人体提供所需要营养的物质都是"粮食"。大粮食的概念类似于国际上流行的食物或营养的概念。在这一概念下,粮食的外延不仅包括谷物类、豆类和薯类,还包括其他一切能维持人体生命、保证肌体发育、补充营养消耗的各种动植物产品、养料和滋补品。联合国粮农组织生产年鉴所列食物(food)包括八类:一是谷物类,二是块根和块茎作物类,三是豆类,四是油籽、油果和油仁作物,五是蔬菜和瓜类,六是糖料作物,七是水果、浆果,八是家畜、家禽、畜产品。大粮食概念与联合国粮农组织的食物(food)概念是一致的,体现出粮食概念是变化和发展的特点,顺应人们食物消费升级的规律,提供了由"单一化粮食"向"大食物"观转变的思路,也开辟了资源紧缺型国家保障食物有效供给、促进营养均衡发展的渠道。

这些年来，粮食供需结构性问题更加突出，区域布局、品种结构、流通格局和消费结构也都发生了深刻变化。随着粮食产销格局变化，各地粮食流通"大进大出"，形成了全国统一大市场，全国粮食商品率超过70%，比2005年翻了一番多。农户存粮数量总体减少，由"存稻谷小麦"转向"买大米面粉"或加工制成品。各地积极发展"粮头食尾""农头工尾"，饲料和加工用粮随着全国产业布局调整，不同区域之间粮食流通均趋于活跃，更多通过过腹养殖和加工增值转化成畜禽肉类和加工产品。很多地方原粮调入增加，同时调出转化粮食，如大米、面粉及其制成品以及豆粕、肉类等下游产品也相应增加。

2020年以来，突发新冠肺炎疫情全球大流行，对粮食生产加工、物流中转、终端配送等造成一定影响，受部分国家限制粮食出口等因素影响，引发国内对粮食安全的关注和担忧，也给我国粮食安全带来多年未有的压力和考验。在这种形势下，就要稳定保障粮食生产这个根基，突出"口粮"（绝对安全）、"谷物"（基本自给）等重点品种，统筹"米袋子"和"菜篮子"、原料供应和加工产品稳价保供，稳定粮食加工和饲料养殖企业有效供给，保障老百姓超市货架有米有面、肉蛋奶充足供应、消费者随买随有，确保粮食供给"最后一公里"不出问题，保障粮食和重要副食品供应安全。2020年，习近平总书记对全国春季农业生产工作作出重要指示强调，"越是面对风险挑战，越要稳住农业，越要确保粮食和重要副食品安全"，并在看望参加政协会议的经济界委员时深刻指出，"这次新冠肺炎疫情如此严重，但我国社会始终保持稳定，粮食和重要农副产品稳定供给功不可没"。

党中央对保障"粮食和重要副食品"供应安全的提法，是一个新的概念。随着城镇化、人口增长和生活水平的提高，人们对粮食尤其是肉蛋奶等动物性食品消费明显增加，这一提法是对城乡居民食物消费需求转型升级趋势的深刻把握，也深化了端牢端稳14亿中国人饭碗的内涵要义，将成为推动农业农村现代化的底线要求和首要任务。这对保障"粮食安全"提出了更高的要求，实际上强调要保障"食物安全"，涵盖的范围更宽了,涉及的环节更多了,保障的链条也更长了。也就是说,既要牢牢守住谷物基本自给、口粮绝对安全的底线,也要保障大豆、肉类、糖料、蔬菜等重要农产品安全;既要保障原粮和大宗产品原料供给,也要保障米、面、油等成品粮油和制成品的稳定供应,统筹确保粮食和重要副食品供应安全。

第二章

粮食安全"三部曲"

纵观人类发展历史，粮食问题始终贯穿经济社会生产与发展的全过程。粮食危机是一场全人类共同面临的"输不起的战争"。粮食安全与能源安全、金融安全并称为全球三大经济安全，粮食安全战略成为国家安全战略的重要组成部分，越来越成为社会各界共识。

伴随人口增加、工业化城市化发展、粮食能源化趋势显现，不稳定性不确定性因素明显增加，世界粮食供需形势正在发生历史性新变化。随着气候变化影响加大、资源约束趋紧、科技革命深化等，世界粮食生产也面临着新的形势。第二次世界大战以后，世界经济社会进入了一个相对稳定的时期，随着土地制度变革、科技进步的加快，世界粮食生产进入了一个快速发展的时期。但是，世界人口也在快速增长，人口和资源禀赋分布错配、不均衡，受外部因素冲击，粮食供应链脆弱性更加突出，欠发达国家低收入群体食物获取权还不充分，处于饥饿和营养不良状态的人口规模仍然庞大。

粮食安全是全球性的重大课题，实现联合国2030年"零饥饿"目标面临着严峻挑战[①]。在当今很多人眼里，"吃饭"只不过是一个自然而然的简单问题。环顾世界，饥饿的幽灵仍如影随形，相当一部分人"吃不饱饭"，买不到或买不起所需要的粮食，更奢谈营养、健康。尽管国际社会为保障全人类的粮食安全作出了坚持不懈的努力，但现实的粮食安全状况却不容乐观。2011年至2013年，占全球人口总数12%的8.42亿人口长期遭受饥饿，56

---

① 2015年9月，联合国在成立70周年之际召开发展峰会，制定了新的全球可持续发展目标，通过了《变革我们的世界：2030年可持续发展议程》。该议程提出，"到2030年，消除饥饿，确保所有人特别是穷人和弱势群体包括婴儿，全年都有安全、营养和充足的食物"。"到2030年，消除一切形式的营养不良，包括到2025年实现5岁以下儿童发育迟缓和消瘦问题相关国际目标，解决青春期少女、孕妇、哺乳期妇女和老年人的营养需求"。

个国家食物短缺现象严重。据联合国粮农组织（FAO）2020年7月发布的《世界粮食安全和营养状况》，预计当年全球饥饿人数新增1.32亿人，达到8.22亿人，超过全球75.8亿人的10%。据估计，全球超过20亿人缺乏必需的微量营养，超过1.44亿儿童发育不良，超过30亿人支付不起健康饮食。也就是说，当前全球大约每9个人中就有1个人还在挨饿，温饱问题依旧没有得到根本解决。2020年9月，联合国粮农组织再次发布报告称，全球急需粮食外部援助的国家上升到45个，如果叠加区域性粮食减产，可能导致50年来最严重的全球性粮食危机。如果不采取任何措施，2030年全球饥饿人口将继续增加，达到8.4亿人，基本上又回归到20年前的粮食安全水平，根本无法实现联合国设定的2030年实现"零饥饿"目标。

第一节 粮食安全的缘起
——世界粮食危机的回响

全球周期性的粮食危机总是不期而至,人类对粮食问题的认识不断深化。古今中外,莫不以粮食安全为天大的事。"民以食为天","手中有粮、心中不慌",在任何时候都是颠扑不破的真理。

长期研究发现,世界粮食危机呈现周期性规律,每个世纪约出现三次,大致每隔30年左右会爆发一次,农产品市场价格走势大致遵循"10年牛市、20年熊市、30年一轮"的规律。世界银行通过对近一个世纪以来的经济危机进行系统研究,认为自第一次世界大战以来出现过四次"商品繁荣期",分别是1915—1917年、1950—1957年、1973—1974年、2003—2008年,这些周期性变化伴随着共同的特征,包括重大冲突和地缘政治不确定性、通货膨胀、大规模基础设施建设投资等方面,主要涉及金属、农产品、石油等大宗商品[①]。

早在19世纪中叶,爱尔兰大饥荒导致人口锐减近四分之一,大量贫苦人口饿死和病死,饥荒期间超过100万人移民海外,达到前所未有的规模。20世纪30年代,乌克兰大饥荒造成250~400万人死亡,对当时的苏维埃政权形成严重威胁。20世纪40年代,第二次世界大战期间,印度饥荒受英国囤粮影响,导致300万人死亡。20世纪60年代,美国出于军事战略和贸易考虑,在印度三四亿饥饿人口于死亡线上挣扎之际,以停止1000万吨粮

---

① World Bank(2009). Global Economic Prospects 2009: Commodities at the Crossroads. Washington, World Bank: 140.

食援助为要挟逼迫印度贬值卢比。大国粮食受制于人，耐人寻味。

第二次世界大战以来，粮食问题并没有因为生产发展的长足进步而得以终结，反而粮食危机爆发程度更加严重，影响也更加深远。20世纪70年代，联合国粮农组织首次提出了粮食安全（Food Security）概念，当时的大背景是全球范围内粮食供需形势异常严峻。1972—1974年，全球连续出现恶劣天气和自然灾害，主要国家粮食产量大幅下降，世界大范围粮食歉收，加之冷战后各国粮食储备下降，世界粮食库存量、贸易量和援助量锐减，粮食供求矛盾异常突出，由此引发第二次世界大战以来最为严重的全球粮食危机。据统计，世界粮食库存量占消费的比重由18%下降到了14%，仅可维持全球51天的消费，国际粮食市场价格上涨了2倍多。广大发展中国家因无钱购买粮食或缺少国际粮食援助，在这一轮世界性粮食危机中受影响最大，尤其是撒哈拉沙漠以南非洲国家人口非正常死亡率急剧上升。

正是基于这一背景，1974年11月，联合国粮农组织在第一次世界粮食首脑会议上提出了粮食安全的概念，即"保证任何人在任何时候，都能得到为了生存和健康所需要的足够食物"。在这次大会上，联合国粮农组织还提出了世界粮食最低安全系数，即当年末谷物库存量至少相当于次年消费量的17%～18%，其中6%为后备储备，11%～12%为周转库存（相当于两个月的口粮消费）。如果一个国家粮食库存量占消费量的比重低于17%，则被视为处于不安全状态；如果低于14%，则处于紧急状态。可以说，这一轮全球粮食危机爆发的主要成因是粮食产量、储备和贸易量的骤降，导致供给数量出现问题。因此，当时对粮食安全概念的定义，也是突出强调了粮食供给数量问题。

世界银行的统计资料显示，1982—1984年撒哈拉以南非洲国家发生严重旱灾，波及36个国家，近半数的人口受到威胁。在灾情最严重的1984年，谷物比灾前的1981年减产14%，农作物大量歉收、牧草干枯，造成牲畜大批死亡，因饥饿死于这次旱灾的人口达到上百万，直接受到饥荒威胁的人口达3000多万。1983年4月，联合国粮农组织总干事爱德华·萨乌马对粮食安全的概念作了第二次界定,即粮食安全的最终目标应该是确保所有人在任何时候既能买得起又能买得到他们所需要的基本食物。1996年11月,第二次世界粮食首脑会议通过了《罗马宣言》,联合国粮农组织对粮食安全概念作出了第三次表述,即粮食安全是指所有人在任何时候都能够在物质和经济上获得足够、安全和富有营养的食物,来满足其积极和健康生活的膳食需要和食物喜好。这一粮食安全概念,已经不仅局限于粮食供给数量问题,食品质量和营养问题成为粮食安全的重要组成部分,缺少任何一个因素,都将可能诱发粮食不安全问题。

联合国粮农组织关于粮食安全概念的界定,经过多次修改完善,对粮食危机爆发的解释力逐步增强,对粮食安全核心要义的把握也越来越深刻。目前,粮食安全概念已逐渐为世界各国普遍认可,主要涵盖以下四个方面。一是粮食供给能力,衡量一国政府和市场可提供足够数量和合格质量的粮食供给的能力,这取决于国内生产、进口能力(包括粮食援助)和库存。二是粮食获取能力,衡量消费群体是否拥有足够的资源(权利)获取适当的富有营养的食品,这取决于粮食流通体系,以及家庭购买力、食品价格、交通、市场和基础设施等。三是粮食供应链的稳定性,衡量粮食供给与需求能否有效对接,主要取决于天气条件、市场价格变化、自然和人为灾害以及政治、经济等其他问题。四是粮食利用和食品安全,主要取决于适当的饮食实践、食品质量安全、清洁用水、卫生和公共健康标准,充分利用食物能力、营养需求达标情况。

21世纪以来,新一轮全球粮食危机(2007—2008年)再次爆发,其主要原因在于,市场恐慌、油价上涨拉动燃料乙醇用途粮食需求增长,引起食品价格暴涨、区域供求失衡,甚至引发部分国家社会动荡导致政权更替。2007年以来,国际粮食形势异常严峻,世界粮食短缺、粮食价格剧烈波动、极端性天气灾害频繁发生,十多个传统粮食出口国纷纷限制甚至禁止粮食出口,越来越引起国际社会的广泛关注。2005年至2007年世界粮价普遍暴涨一倍甚至两倍,2008年上涨势头更加迅猛,许多缺粮的低收入发展中国家面临严重的政治和经济问题。联合国粮农组织(FAO)和国际货币基金组织（IMF）等国际机构宣布全球有 30 多个国家面临饥荒，许多人面临死亡的威胁。联合国粮食计划署和国际粮食基金会宣布可用于援助饥荒国家的资金面临耗竭的危机。墨西哥、印尼、意大利等国民众上街游行示威抗议粮价上涨，美国部分地区民众不满超市限量购买粮食，索马里、阿富汗、苏丹、刚果（金）等国因此出现社会动荡，巴基斯坦因部分粮食品种短缺导致社会骚乱，海地总理因粮食危机引发的社会动荡而被迫下台。由于多年来世界粮食生产量低于消费量，不足的供给不断消耗着粮食库存，全球世界粮食储备曾一度下降到 30 年来的最低水平，跌至 16.4%，最低时仅可维持 54 天，已低于联合国粮农组织规定的 17% 警戒线。

2020 年以来，全球谷物产量处于历史高位，粮食供给总体充裕，但全球新冠肺炎疫情蔓延，对国际农产品市场的影响持续引发关注。应当说，这一轮国际粮食危机苗头性倾向引爆的背景，与之前 1972—1974 年、2007—2008 年这两轮全球粮食危机，是有着本质区别的。从供给端来看，全球谷物市场供应是相对充足的。据联合国粮农组织（FAO）估计，2019—2020 年度全球谷物产量 27.11 亿吨，2020—2021 年度增加到 27.69 亿吨，再创历史最高记录。2020—2021 年度全球大豆产量达到 3.81 亿吨，同比增加 5.2%，大豆贸易量增至 1.70 亿吨，同比增加 3.3%。2020—2021 年度全球小麦产量达到 7.70 亿吨，接近 2019—2020 年度（7.75 亿吨）的历史峰值水平；全球玉米产量达到 11.91 亿吨，创历史记录。2020—2021 年度末，全球谷物库存量达到 8.09 亿吨，库存消费比保持在 28.1% 的合理水平。

受新冠肺炎疫情扩散、地缘政治、全球经济增长乏力等多重因素影响，以美国股市为代表的全球股市暴跌，国际原油期货价格跌至 30 美元/桶以下（2020 年 4 月一度跌至 21.04 美元/桶）的历史性低点，带动燃料乙醇加工用途玉米及相关农产品价格下滑。截至 2020 年 3 月 18 日，全球大多数农产品价格跌至历史低位，美国大豆期货价格跌至 830 美分/蒲式耳（约折 306 美元/吨）、玉米跌至 350 美分/蒲式耳（约折 138 美元/吨）、小麦跌至 500 美分/蒲式耳（约折 190 美元/吨）以下，分别较年初高点低

15%、10%、17%。尽管当前全球粮食市场供给充裕，但疫情引发的国际市场恐慌加剧、预期悲观，以及天气和病虫害因素导致的局部地区减产影响，东非和西南亚地区沙漠蝗灾情较重，加剧了粮食供需阶段性和结构性矛盾。小麦、大米、大豆及豆油等农产品价格一度出现较大幅度上涨，截至 2020 年 3 月 27 日，美国大豆期货价格比 3 月 18 日涨幅达到 7.7%、豆粕涨 9.4%、小麦涨 14.9%、玉米涨 3%。

在对全球粮食危机恐慌情绪和悲观预期的笼罩下，世界部分国家和地区一度采取限制粮食出口措施。截至 2020 年 1 月，沙漠蝗在东非及西亚罕见爆发，肯尼亚、索马里、印度、巴基斯坦等 10 多个国家受灾严重。据联合国粮农组织监测，肯尼亚 100 多万亩作物受到危害，是 70 年来最严重的一年，巴基斯坦估计 2020 年受沙漠蝗影响造成粮食减产 30% 以上，印度有 555 万亩农田受灾。联合国粮农组织发出蝗灾危险级红色预警，警告沙漠蝗可能进一步爆发。截至 2020 年 3 月 31 日，全球疫情波及 203 个国家地区，近 70 万人感染新冠肺炎，人流中断、物流停滞、市场恐慌对世界经济和农产品贸易的影响，面临的不确定性陡然增加。据联合国粮农组织报告显示，疫情已经影响到至少 44 个需要外部粮食援助的国家，而全世界只有约 5% 的国家能够实现粮食自给自足，粮食出口量较大的国家只有十余个。部分国家开始采取"自保"措施限制粮食出口，如俄罗斯开启谷物出口临时禁令，哈萨克斯坦禁止小麦、胡萝卜、糖和马铃薯出口，塞尔维亚停止葵花油出口，越南暂停签署新的大米出口合同，印度和泰国大米出口装运受限，埃及阶段性停止各种豆类产品出口，阿根廷豆粕出口受到影响，巴西大豆对华出口第一大港口装运不确定性，引发对大国农产品正常贸易的担忧。截至 2020 年 4 月，美国大型肉类加工企业史密斯菲尔德食品公司、嘉吉公司、泰森食品公司、JBS 美国公司等，由于出现员工感染新冠肺炎病毒，已经关闭北美地区大约 20 家屠宰厂和加工厂，引发市场对食品供应出现短缺风险的担忧。

如不果断采取措施，随着疫情波及范围扩大，将有可能出现物流中断、港口停摆、供货能力不足等问题，并引发区域性甚至全球粮食市场价格大涨的风险，尤其是在部分国家限制出口、抢购囤粮以及物流不畅情况下，将可能加剧国际市场粮食价格波动和恐慌情绪，若疫情较为严重的国家也相继设置出口禁令，局部地区粮食安全状况必将进一步恶化，不排除由区域性粮食危机演变为新一轮世界范围的粮食危机。

在这一背景下，二十国集团（G20）于2020年4月召开农业部长应对新冠肺炎特别会议。中方提出，人类是命运共同体，越是在灾难面前越应同舟共济，越是面对风险挑战越应稳住农业，并发出稳定全球农产品贸易和减少贸易限制，保持粮食和重要农产品国际物流畅通，加强多边合作，维护农产品贸易秩序和市场稳定，共同为全球抗疫作出农业应有贡献的积极倡议。随着全球新冠肺炎疫情持续蔓延，世界粮食贸易链供应链受到冲击，2020年9月，二十国集团（G20）再次召开农业和水利部长会议，再次呼吁携手维护国际粮食安全和农业稳定。中方提出倡议，要共同提升全球粮食生产能力，共同加强全球农业投资贸易，取消粮食和重要农产品出口限制，畅通国际物流，共同推动减少粮食损失浪费。通过国际社会的积极努力和国内及早的研判应对，在新冠肺炎疫情突如其来的冲击下，稳定了全球粮食供应链，在国内国际贸易往来加大的情况下，把国际疫情的输入性影响降到最低限度。

当今世界，人类经济社会活动的非农化趋势不断强化，人们的生活消费方式也日益多元化，粮食经济在GDP中的比重趋于下降，对于米面油等植物性粮食之外的食物消费需求不断增加。尽管如此，粮食的不可替代性永远不会改变，对肉蛋奶等动物性转化类的间接粮食消费需求在未来很长一段时期还会持续增加，对食物消费的绿色优质和营养健康需求将会越来越高。粮食安全的公共属性永远不会改变，而且对于其在政治问题和社会问题上的启示越来越深刻，农业的基础地位尤其是粮食和重要农副产品的基础地位也永远不会改变。农业越来越成为经济社会发展的压舱石，特别是在新发展阶段和新发展格局中将更加凸显。

拨开云雾，透过近几轮全球粮食危机的爆发规律，我们发现，影响世界粮食安全的因素已经不是简单的供给总量问题，而是多维度、全链条、系统性的供给安全问题。无论是宏观层面供给总量的骤减，抑或是中观层面供应链的中断，甚至是微观层面获取能力的缺失，都将可能诱致演变成为区域性乃至世界性的粮食危机。

实现国家粮食安全这个宏大而又具体的目标，既需要宽视野进行全面审视，也需要分层级进行战略定位，总体上可将粮食安全划分成宏观层面粮食安全（一级粮食安全）、中观层面粮食安全（二级粮食安全）和微观层面粮食安全（三级粮食安全）。这三个层级的粮食安全是相辅相成、有机联系、互为一体的。宏观层面的粮食安全在某种程度上决定着中观层面的粮食安全，中观层面的粮食安全在某种程度上又决定着微观层面的粮食安全，表现出一定的梯度性，反映出保障国家粮食安全的"差序格局"。

只有一个国家粮食供应充足时，通过科学合理的配置，局部地区和部分品种的粮食消费才能得到相应满足，进而该时期的家庭、企业等微观个体才有可能实现粮食安全。但是，宏观粮食安全并不能保证中观层面的粮食安全，尽管在供需总量上达到了平衡，但由于布局结构失衡或供应链条不畅等，也会导致局部地区或部分品种的粮食短缺，这就容易造成中观层面的粮食安全问题。进而言之，中观层面的粮食安全也不等于微观层面的粮食安全，即使区域布局优化、品种结构协调、中间环节畅通，但由于不同微观主体的粮食获取能力存在较大的差异性，如分配不均导致的收入差距过大以及食物获取权难以得到保障等，往往也会使得某些贫困家庭或低收入群体食物短缺，这就造成了微观层面的粮食安全问题。因此，消除宏观和中观层面粮食不安全风险，是消除微观层面粮食不安全风险的基础和前提。反过来讲，当国家整体获取粮食能力不足时，就不可能保障各区域的正常粮食供应，更无法保障每一个家庭和个人的粮食安全。

因此，必须坚持系统观念，深刻把握粮食安全不同层级的内在联系，树立底线思维，牢牢抓住粮食生产这个根基，持续优化布局结构，打造稳定可靠的供应链，保障低收入群体基本生活，完善粮食供需双向调控机制，加强社会预期管理，如此方能真正实现全局的粮食安全。

第二节 供求总量的平衡
——宏观层面的底线思维

从粮食安全的宏观层面来看，无论是通过国内自给或是部分进口，都要实现国内粮食供求平衡目标，确保在粮食供给总量上能够满足日益增长的消费需求，全力保障好粮食供应"最先一公里"。我们可将其视为第一层级粮食安全，涉及整个国家，实质上是一个长期性、全局性、总量性问题。宏观层面的供需总量基本平衡，是保障粮食安全最底线的要求，也是不发生粮食危机的先决条件。犹如硬币的两面，如果供应总量出现了"硬缺口"，短期内必然有部分群体消费满足不了，这种缺口投射到市场上，就会引起价格上涨和需求管制，进而消极抑制部分正常需求。

我们可以假设一种极端情形，来虚拟宏观层面粮食安全（第一层级粮食安全）场景。在全球范围内，极端气候如冰雪、洪涝、干旱等严重灾害持续发生，动植物疫病、人类瘟疫大规模爆发流行，迅速蔓延肆虐，世界经济低迷不振并向长期衰退演变，失业人数持续增加，越来越多国家出现骚乱暴动并陷入多重危机。大国之间的政治博弈频繁升级，局部军事冲突多点爆发并诱致新一轮大规模世界战争，国际治理体系开始瓦解，多国难民流离失所，陷入剧烈社会动荡之中，更多国家宣布进入战时状态。随着经济、政治、社会多种因素叠加放大，天灾、瘟疫、战争交替发酵，人类社会一切回到生存问题，解决最底线的吃饭问题成为头号任务。农作物受天气影响，出现大面积歉收，粮食产量骤减，农业再生产短期内难以恢复，粮食成为各国争抢的战略物资。主要粮食大国纷纷限制粮食出口，增加国内储备，以保障本国当前和未来的粮食供应，主观壁垒森严、客观流通瘫痪，致使农产品贸易陷入大面积中断状态。越是在发生粮食危机时，人们对于粮食短缺越会产生普遍恐慌和粮价暴涨的心理预期，首先挑战的就是本国政府的能力和威信。各国出于稳定国内粮食市场和经济社会稳定发展的考虑，往往会调整惯常的粮食贸易政策，例如采取限制出口等措施，缩减粮食贸易份额，从而使得原本粮食贸易比重就较低的情况进一步恶化。全球主要物流通道受战争影响被切断，港口码头运输节点严重受阻，整个供应链产业链开始出现断裂，潜在风险暴露无遗。主要粮食出口国原本过剩部分粮食，也纷纷开始捂紧自己的"粮袋子"，主要转为维持国内当前自给和长期消费，没有粮食可供出口。粮食基本自给国供给全面吃紧，而原本大量进口粮食的国家，过度依赖国外弥补缺口，在全球大饥荒中"有钱也买不到粮食"，短期国内生产又难以恢复，导致国内供给捉襟见肘，供求出现硬缺口，食品价格飙升，沦为全球粮食危机的前沿阵地。由此，一系列主客观因素累积、循环往复、连锁传导，大范围的粮食安全问题凸显，并趋向集中爆发大规模的世界性粮食危机，一场"无声的海啸"严重影响缺粮国经济社会发展甚至政权稳定，进而引发整个全球范围内的大危机。

当然，这仅仅是一种极端的假设情况，是整个人类最不愿看到的悲剧场景。在这种极端情形下，如果调控得力，可能会压缩部分不合理的边际需求（如燃料乙醇需求、深加工需求甚至饲料消费需求），若调控失当，则可能出现普通民众承担不起过高的消费，缺乏最基本的直接口粮保障，而陷入食物危机，这样势必冲击一个国家的粮食安全。

粮食安全一直是近代国际政治博弈的热点之一。美国前国务卿基辛格曾在国家安全研究备忘录中向总统建言：如果控制了石油，就控制了所有国家；如果控制了粮食，就控制了所有人；如果控制了货币，就控制了整个世界。20世纪60年代，美国一直把粮食交易作为一件秘密武器，用来反对时任古巴总理卡斯特罗。联合国粮农组织官员也曾表示，非洲粮食危机在很大程度上是由西方粮食援助导致的，若不从单纯的粮食援助中走出来，转向粮食生产能力的发展，就永远不可能实现自身的粮食安全。目前，世界上已有近20个国家将公民获取粮食的权利列入国家的宪法，从根本法上承认公民享有免受饥饿的权利，也足见粮食安全的政治和社会属性烙印。

如果把全球大宗粮食贸易的运输路线图看作一张网，那么一些特定的海峡、港口、部分国家的内陆运输通道，就是这张网上的一些最关键的节点和线条，成了全球粮食安全最"致命"的要害。据英国查塔姆研究所2017年6月发布的报告称，通过系统分析国际粮食贸易和运输路线，发现全球存在14个关键节点或交通要冲，如遇重大变故，可能对世界粮食安全形成毁灭性打击。这些关键流通节点所在地区，如出现政治波动、气象灾害、战争或恐怖袭击，都可能导致国际粮食贸易运输阻塞或物流中断，直接后果是交货延误、合同违约、腐坏变质，加剧局部地区或全球粮食市场的价格波动，进而导致粮食危机或饥荒。

在过去近20年间，全球90%以上的"阻塞点"因政治等因素，遭遇过临时管制或限流，甚至完全关闭。该报告研究发现，这些关键的"阻塞点"大致分为三类：第一类是海洋通道，包括巴拿马运河、马六甲海峡、苏伊士运河、霍尔木兹海峡、土耳其海峡等八个；第二类是沿海设施，包括黑海港口和美国墨西哥湾港口等三个；第三类是内陆交通，包括美国内陆航道和巴西公路网等三个。全球54%的大豆、谷物和化肥贸易，至少要途经一个海洋"阻塞点"，而10%不存在"替代通道"，只能通过一个以上的"阻塞点"来中转，才能走完整个运输路线。其中，马六甲海峡连接西方和亚洲国家，是海上粮食贸易的咽喉要道，全球1/4以上的大豆贸易经由这一海峡，从主要粮食出口国运抵中国和东南亚国家，以满足巨大的动物饲料需求。据统计，马六甲海峡与其他航运通道相比事故更多，是苏伊士运河的3倍、巴拿马运河的4倍。全球1/5的小麦出口途经土耳其海峡。俄罗斯和乌克兰通往黑海的铁路承担运输了全球出口贸易中12%的小麦。巴西南部沿海的四个港口承担了全球近1/4的大豆出口。

随着全球日益增长的粮食和农资需求，粮食和化肥贸易规模越来越大、依赖度越来越高，使得这些"阻塞点"承受着越来越大的压力。尤其是在政治局势、武装冲突、气候变化中，这些"阻塞点"令全球粮食贸易危机四伏，容易破坏港口、仓库、公路等基础设施，并产生连锁反应，对全球粮食市场产生极其复杂的影响。这都将加剧发生供应链中断的风险，使得进口国的脆弱性进一步凸显。据研究模拟，美国和巴西是全球最主要的大豆出口国，与2005年"卡特里娜飓风"相当的灾害将导致美国墨西哥湾港口运行停摆，与2013年极端暴雨天气相近的灾害将迫使巴西交通中断，如果这两场灾害几乎在同一时段发生，将直接影响全球近一半的大豆出口贸易。若叠加类似2010年黑海遭遇的破纪录"热浪"，可能会导致全球约64%的大豆运输、贸易停滞或延误。

2021年3月发生的"苏伊士运河大堵塞"再次成为全球关注的焦点，"长赐"号巨轮搁浅卡住运河"咽喉"，世界主要海运"大通道"瞬间变成了全球经济循环"大堵点"，凸显了国际贸易要道乃至全球供应链体系的脆弱性。

苏伊士运河是沟通亚非与欧洲最直接的水上通道，也是全球最繁忙、最重要的运河之一，全长190公里，河道最宽处仅有345米，而目前世界上的集装箱巨轮长度达到400米左右，加之灾害多发等影响，由此发生堵塞的潜在风险长期存在。据统计，目前全球25%的集装箱运输通经苏伊士运河，亚欧海运集装箱贸易比例更是达到100%。从经济角度看，在全球贸易大进大出的背景下，尽管通行货船有替代方案，可以选择绕行非洲南端的好望角，但需要付出较高的时间成本，也凸显出苏伊士运河对全球航运的重要性。这起苏伊士运河堵塞事件，引发市场人士对国际原油和大宗商品价格暴涨以及相关产业链平稳运行的担忧，也给再保险行业造成巨大损失，使得从事海运保险的金融机构承受巨大压力。据德国保险巨头安联集团测算，苏伊士运河堵塞或致全球贸易每周损失达到60~100亿美元。从政治军事角度看，据外媒分析，美军"艾森豪威尔"号航空母舰当时在地中海进行演习，战斗群在演习后，一般会经由苏伊士运河前往红海进入中东地区，而"艾森豪威尔"号受此次堵塞事件影响，被迫滞留地中海。另外，数百艘货轮滞留也容易成为海盗和恐怖组织攻击的目标，存在派生潜在风险。尽管经历一周多后，苏伊士运河恢复通航，但外媒指出，后续港口恐会出现严重拥堵，整个航运业受到的破坏性影响估计将持续数周甚至数月。除苏伊士运河外，其他巴拿马运河（连接大西洋和太平洋，是亚洲和美国重要贸易通道，水道狭窄，历经数次扩建仍面临经常堵塞局面）、马六甲海峡（沟通太平洋和印度洋，是东亚国家海上生命线，水浅路窄，多发油轮碰撞搁浅和海盗侵扰事件）等关键海运通道的抗风险能力，也应引起警惕和反思。

全球"黄金水道"出现物流停摆事件，再次给世界贸易流向格局敲响警钟。要避免全球供应链对潜在风险点形成过度依赖，不能"把鸡蛋放在一个篮子里"。如果一艘重量级货轮搁浅就可让运河陷入停滞，导致大面积货物运输中断滞留，若叠加遭遇极端天气、战争、恐怖袭击或其他突发事件，海运咽喉遭遇封锁，不仅会增加全球贸易成本，甚至对整个供应链都形成连锁反应，导致经济瘫痪，更为严重的后果不堪设想。据查塔姆研究所研究，自 2010 年以来，苏伊士运河已遭遇 8 次堵塞，其中至少 4 次是由于船只被强风和沙尘暴吹离航道而导致搁浅；巴拿马运河则发生过 5 次事故和临时堵塞。自 2013 年以来，土耳其海峡发生过 6 次事故和临时堵塞。

世界各国面临的风险程度相差甚远，主要取决于经由某个特定"阻塞点"的贸易比例以及寻求"替代路线"的可行性。据查塔姆研究所研究报告指出，很少有国家采取措施降低"阻塞点"风险。世界上粮食进口依存度最高的是中东和北非国家，位于阿拉伯世界的苏伊士运河、霍尔木兹海峡和巴布尔·曼达布海峡所在地域政治局势不稳定，将给这些高度依赖进口国家带来极端粮食危机风险。日本近 3/4 的玉米和小麦进口要通过巴拿马运河，韩国 4/5 的谷物进口要经由一个以上海洋"阻塞点"，其中 1/3 的小麦和玉米进口要取道苏伊士运河、巴布尔·曼达布海峡和马六甲海峡。

在受到"阻塞点"制约的所有国家中，中国是一个例外。尽管中国每年从全球粮食市场上进口大量的大豆和部分谷物，近 87% 的粮食和化肥进口要经过一个以上的海洋"阻塞点"，对马六甲海峡和巴拿马运河的依存度较大，但已洞悉潜在风险，超前布局打造全球供应链，拓宽多元化的运输路线，积极提升风险应对能力。中国进口的粮食和化肥必须经由"无可替代"的"阻塞点"比例仅为4%，也就是说，96%的粮食和化肥进口渠道和运输路线是有多种选择的。如，进口贸易取道横跨南美的铁路系统，缓解了对巴拿马运河的依赖程度，"一带一路"倡议跨越多个大陆和许多大型基础设施建设项目，涵盖铁路、公路、水路和港口等投资规划，包括黑海及其周边地区的港口和内陆铁路，以及巴西等海外国家的基础设施。

由此，需要建立全球性应对运输中断潜在风险机制，建设国际粮食安全走廊，促进粮食生产方式和储存方式多样化，采取多样的运输路线，强化国际规则与合作，加大基础设施投资力度。

回溯第二次世界大战以来的全球粮食危机，都没有出现实质性的粮食供求缺口，也就是说，世界粮食供给总量总体上可以满足整体的消费需求。但在整个供求关系基本平衡的情况下，之所以还会爆发全球性粮食危机，主要原因在于局部地区粮食减产，或者受到外部不确定性因素冲击，社会预期随之发生改变，不合理需求骤然拉高，供应链脆弱性凸显，短期内供需不能有效对接，导致区域性粮食供需矛盾演变为全球性粮食危机。

在漫长的人类历史上，世界人口增长一直非常缓慢。17世纪以来，世界人口增长才有所加快。19世纪初（1830年），世界人口就达到10亿，100年后（1930年）人口数量翻了一番达到了20亿，此后世界人口增长的速度加快，每增加10亿的时间不断缩短。20世纪是世界人口增长最快、最多的世纪，在短短一个世纪的时间里，人口增加了45亿，相当于20世纪初世界人口总量的3倍。在20世纪的最后40年，基本上每隔12～14年，全世界的人口就会增长10亿。进入21世纪以来，世界人口在高基数水平上继续增长，人口增速逐渐放缓。世界人口从1950年25亿增加到2011年的70亿，在61年的时间里人口增加了45亿，增长177.3%，连续跨越了30亿（1960年）、40亿（1974年）、50亿（1987年）、60亿（1999年）、70亿（2011年）5个重大台阶。据联合国发布的《2019年世界人口展望》报告，未来30年世界人口将持续增加20亿，到2050年将增加到97亿，到21世纪末世界人口将达到110亿。联合国报告也指出,世界新增人口大部分会出生在贫瘠地区,他们将使饥饿、贫穷和环境问题雪上加霜。"如果我们无法控制增长幅度,地球自然生态系统将会崩裂,人类将面临灭顶之灾。"

全球大饥荒在游牧与农业文明时期,总是呈周期性爆发,粮食危机的阴霾至今仍然挥之不去。人类对解决吃饭问题一直存在两种对立的粮食观,即盲目乐观主义和悲观主义。粮食"悲观论"的典型代表是马尔萨斯的人口论。18世纪末19世纪初,马尔萨斯曾指出人口增长和粮食生产的增长必须保持平衡是一个自然规律。当人口增长超过粮食增长时,自然规律就会发挥作用,通过外界抑制(如战争、瘟疫)或内部抑制(如晚婚晚育、不婚不育),强制性地实现人口和粮食增长之间的平衡。随着科学技术的不断进步,世界粮食产量不断增长,而人口规模虽然不断膨胀,但增长速度似乎得到一定的控制。马尔萨斯的预言在迄今两个世纪的历史中并没有得到证实,人类没有落入"马尔萨斯陷阱"。我们知道,这一立论依据是没有技术进步,如果技术进步达到一定程度,粮食生产增长有可能会突破算术级增长的趋势。粮食"乐观论"者却认为,粮食作为一种可再生的资源,不同于石油等矿产资源,加上科技进步,粮食可以源源不断地生产出来。那么,人类是否会彻底摆脱"马尔萨斯陷阱"的困扰,永远高枕无忧呢?人类有理由对自己的前景持乐观态度,世界粮食生产科技取得了长远的发展。但应该保持清醒,在耕地和淡水资源的制约下,技术进步的速度也并没有达到理想的预期,近几十年来粮食生产依然只是实现着缓慢的增长,加之受气候灾害等影响,特别是极端性天气灾害更趋频繁发生,粮食生产还面临着较大的波动风险,世界粮食生产总体上也还是维持"靠天吃饭"的局面。如果世界粮食安全不是长期性的问题,那么严重关注这一问题就是多余的。然而,事实并非如此。回顾漫长的历史,展望遥远的未来,在技术进步没有从根本上弥补对耕地、水等生产要素的掠夺性耕作以及灾害影响之前,都不能妄下结论。

近一个世纪以来,世界人口在庞大基数上持续高速增长,带来粮食消费需求的高位大幅攀升，对解决全球饥饿带来严峻挑战，加之粮食消费需求的升级，"不但要吃饱，还要吃好"，在解决徘徊在饥饿边缘人口温饱问题的同时，还要满足已解决温饱人口对肉、蛋、奶的日常生活需求，随之带来对饲料转化粮的大量需求。特别是近年来，发展生物质能源作为替代能源在全球范围内迅速崛起，工业用粮大幅增长，导致粮食消费需求结构更加复杂恶化。美国作为目前全球第一大燃料乙醇生产国，建有200多座生物燃料乙醇工厂，1980年产量只有52万吨，2017—2020年产量已经超过4700万吨，燃料乙醇每年消耗玉米1.3～1.4亿吨，大致相当于中国玉米饲料消费量的3/4以上。这些年，美国玉米产量3.5～3.8亿吨，其中超过35%～40%被加工为燃料乙醇，然后在交通工具中"烧掉"。世界银行一份报告称，给一辆SUV的油箱加满生物燃料所需的粮食大约相当于一个人一年的口粮。在全球范围内，汽车与饲料争粮甚至与人争粮的问题将长期存在。短期内，国际资本的投机炒作，推动不合理需求剧增，导致粮价大幅上涨，贫困人口的粮食消费负担加重，饥饿人口规模大量增加。上述因素使得粮食总量在供给紧张的情况下，进一步加剧了世界粮食供给和消费的失衡。目前世界上还有40个国家存在粮食供应缺口，甚至出现大范围粮食获取困难或者局部严重粮食不安全情况。

实际上，世界范围内的粮食危机是一个周期性的过程，悲观论和乐观论一直伴随着歉收和丰产而交替处于主导地位。20世纪40年代后，世界经济进入一个相对稳定的时期，粮食生产也进入了一个快速发展的时期，粮食多年供大于求，悲观主义逐渐被盲目乐观情绪所取代。20世纪70年代初，连续两年气候异常造成全球性粮食歉收，加上苏联大量抢购粮食，出现了世界性粮食危机，乐观情绪在严峻的形势面前荡然消失，1972年罗马俱乐部发表的《增长的极限》报告，对粮食生产的限制、人口的无限制增长将导致大规模的饥荒进一步表示忧虑。1973年至1974年，联合国粮农组织连续召开粮食大会，但是世界粮食形势更趋严重，问题并没有得到解决。1979年联合国粮农组织决定，从1981年开始将每年的10月16日定为"世界粮食日"，以进一步唤起世界各国对粮食及农业问题的重视。

当然,我们没有必要对粮食安全持完全消极悲观的论调,但是有必要从坏处着眼准备,警醒世人理性客观面对现实,使人们对解决吃饭问题有足够的重视,以对粮食安全的前景包括风险有一个相对清晰的判断,积极主动地应对这一长期性和艰巨性的挑战,从而努力争取最好的结果。

第三节　结构配置的优化
——粮食供应链的脆弱性

从粮食安全的中观层面来看，无论在品种结构还是区域结构上，都要确保粮食供应链稳定可靠，实现生产布局科学合理，品种结构优化配置，流通渠道运转高效，努力打通粮食供需对接"中梗阻"。我们可将其视为第二层级粮食安全，涉及局部地区，实质上是一个局部性、结构性问题。中观层面的粮食安全是实现总体粮食安全的重要内容，也是长期以来容易被忽视的一个领域。历史经验表明，如果粮食供应在区域结构和品种结构上得不到合理有效的配置，从粮食加工到仓储物流再到进口贸易，粮食供应链受外部冲击时凸显脆弱性，导致供非所需或者链条断裂，粮食供需两端无法有效对接，即使在总量上实现供需平衡，也同样会出现粮食安全问题。

我们可以假设一种极端情形，来虚拟中观层面粮食安全（第二层级粮食安全）场景。在一定时期内，一国或多国突发区域性的极端天气和自然灾害，或发生较大规模的社会、政治动荡或局部冲突等，人流中断、物流停滞、市场失灵、民众恐慌接踵而来。农业经营季节性活动无法正常开展，农资供应不畅，劳动投入不足，农作物不能适期播种，难以如期集中收获，主产国意向种植面积和产量不及预期，部分地区粮食大幅减产甚至绝收。主要运输通道受突发灾害影响，短时期内难以打通，化肥、农药、种子等生产资料难以及时保障，农业从生产到收获再到仓储物流、集散运输、港口装运，出现大面积堵点，整个链条受到直接冲击。新一季粮食生产难以形成有效供给，原有的粮食储备从外地或就近调运渠道受到阻碍。局部地区粮食供应告急，出现严重缺粮现象。粮食深加工企业首当其冲，正常经营陷入停滞，饲料用粮开始出现断供，部分畜牧养殖企业难以为继，保障普通民众基本口粮供应成为当务之急。部分区域粮食供求关系急剧失衡，出现大范围粮食安全危机性先兆。尤其是大中城市和粮食主销区，人口密度大、粮食消费规模大，原本该地区的粮食就产不足需，存在很大的粮食缺口，再加上外地的粮食运不进来，供应链条被切断，主要依靠外地粮食供应的局面无疑是雪上加霜。越来越多的国家限制粮食出口，国际农产品贸易通道部分中断，全球粮食安全治理体系失序，局部地区的阶段性缺口演变为社会预期的极大改变，个体心理预期进而演变成群体性的普遍忧虑，民众恐慌情绪陡然增加，出现企业囤粮抢粮待价而沽和家庭存粮大幅增加的局面，非理性需求急剧扩张，导致粮食价格空前暴涨。资本市场有了更大的炒作空间，投机行为推波助澜，通过市场价格传导机制，导致通货膨胀愈演愈烈。从长期看，在市场机制作用下，一国内部粮食生产布局和品种结构已经发生深刻变化，与人口分布、加工业和畜牧养殖业布局不相协调，粮食储备布局和品种结构与消费需求存在较大差异，需要大规模、长距离的粮食交互流通来对接供需、互通有无，这对供应链的稳定性、高效性形成了挑战。一旦出现流通阻滞、链条中断、供应不畅，就容易加剧部分区域和部分品种的供需矛盾，原本紧缺的品种面临进口数量骤减和国际价格大涨的双重输入性影响，进而诱发区域性、结构性的粮食危机。如不果断施策及时应对，将有可能快速向更大范围的粮食危机演进。

在世界不稳定性不确定性明显增加的情况下，粮食供应链的任何一个环节出现问题，或经外部突发因素的冲击，往往都会成为引发粮食危机的燃爆点。经过舆论放大、投机炒作等，加剧世界各国和普通民众的恐慌情绪，一旦预期陡然发生改变，就会急剧抬高各国的自保（包括增加国内储备和限制出口）需求、企业的囤粮补库需求、民众的跟风抢购需求，这些非理性需求集合起来，必然极大地扭曲原来常态化的供求关系。在这种极端情形下，粮食安全的主要矛盾就由供给端转向了需求端，即使粮食供给出现细微波动甚至保持充裕，也难以避免粮食危机的发生，尽管畅通供应链，打通"中梗阻"，也无法满足"最后一公里"的有效需求。

在这种极端情形下，必须相机启动应急预案，尽快拓宽不同区域的多元"替代"渠道，集中力量瞄准特定地区"以东补西"保障短时供给，及时释放不同品种的多元"替代"功能，重点针对短缺品种"以多补少"协同弥补缺口，加紧疏通国内加工物流堵点，稳定进口贸易链并开辟国外贸易新通道，重点针对薄弱环节"内外统筹"保障国内需要，多元替代、多管齐下、畅通循环，以对冲粮食供需结构性失衡可能引发的风险，化解供求潜在缺口和隐性矛盾。

"农为邦本，食为政首"，"粮食丰，则天下安"，历朝历代的统治阶层都对粮食问题有着高度的认识。这是被中国几千年历史所证明了的朴素真理，我国社会所经历的急剧而深刻的历史性嬗变，始终都难以绕开农业问题特别是粮食问题。中国历史上灾害之多，区域性的粮食危机频繁发生，世界罕有。"从公元前十八世纪，直到公元二十世纪的今日，将近四千年间，几乎无年无灾，也几乎无年不荒；西欧学者甚至称我国为'饥荒的国度'（The Land of Famine）[1]。"据《史记》载，秦始皇三年"岁饥"，四年"天下疫"，十二年"天下大旱"，十七年"民大饥"，十九年"大饥"。据《汉书》载，"汉兴，接秦之敝，诸侯并起，民失作业而大饥馑。凡米石五千，人相食，死者过半。"自汉朝（公元前206年）起至公元1936年，2000多年里（共2142年）灾害总数就超过5000次（共5150次），平均每4~5个月就会发生一次。及至近代，因生产能力和抗御灾害能力低下，所导致的局部灾荒也几乎没有断过，多发重发的自然灾害更是给多灾多难的中国雪上加霜。

美国驻华大使司徒雷登说过，1949年以前，中国平均每年有300~700万人死于饥饿。1918年大旱席卷了北方六个省，50万人丧生，317个县的庄稼严重受损。1924年和1925年，自然灾害的范围更大，云南在遭受严重地震后又遇洪水，另有六个省的庄稼遭受虫灾，洪水在黄河流域泛滥。1928—1930年，以陕甘为中心的北方八省因旱、蝗、风、雪、水等灾害并发，造成难民5000万左右，死亡人数1000万以上。1931年，长江流域和

---

[1] 邓云特：《中国救荒史》，商务印书馆2011年版。

黄河流域发生特大水灾，受灾人口 1 亿人，死亡 370 万人。在 1934—1935 年，旱灾、水灾、风灾和雹灾造成大范围的破坏。据测算，1934 年稻米收获量低于 1931 年收获量的 34%，大豆几乎下降 36%，小麦下降 7%，农业产值从 1931 年的 244.3 亿元下降至 1934 年的 130.7 亿元（时价）。

在古代，"闭籴""遏籴"等区域间粮食封锁现象并不鲜见，这就加剧了粮食供求的结构性危机。有些地方为优先保障当地粮食供给、稳定市场，"丰年贸易不出境，邻部灾荒不相恤①"，实行粮食封锁"闭籴"策略。在粮食产区"闭籴"的情况下，粮食流通人为阻滞，往往"商旅不通，米价悬异"，相邻灾荒地区通过"平籴"粮食，以达到保障自给、赈饥救灾、平抑价格的目的，大多也是"无米之炊"。

据估算，宋代粮食商品量最高为 258 亿斤，而明清鼎盛时期达到 536.6 亿斤，比宋代增加一倍还多②。各地区之间的粮食流通是否通畅，对粮食安全的重要程度更加凸显。明清时期，有些地方官员也时常假借本地遭灾歉收或补给储备之由，延续实行"遏籴"政策，禁止本地粮食外流。当时朝廷屡颁谕令，要求严惩"遏籴"行为，以保障粮食流通顺畅。康熙屡下诏令严禁囤积粮食，"如有富豪人等将市米囤积者，即令在囤积之处，照时价发籴，不许囤积，违者以光棍例治罪③"。雍正即位后，颁布诏令禁止"遏籴"，"岂有坐视邻封乏食，反行遏籴之理。自今凡邻近郡邑偶遇荒欠，即相拯恤，毋得各分疆界，漠不相关④"。乾隆也认为"以天下之大，疆域之殊，歉于此者或丰于彼，全赖有无相通，缓急共济⑤"。如果粮食大量被囤积居奇，也必然阻碍粮食正常流通。历代帝王都注重粮食地域之间的丰歉余缺调剂，保障粮食有效供给，但粮食流通无论在主观上还是客观上面临的堵点，始终是影响粮食安全的重大问题。

---

① 刘昫：《旧唐书·崔祐甫传》，中华书局 1986 年版。
② 吴慧：《历史上粮食商品率商品量测估》，《中国经济史研究》1998 年第 4 期。
③ 《清康熙实录》卷 238，中华书局 1985 年版。
④ 《清世宗实录》卷 7，中华书局 1985 年版。
⑤ 《清朝文献通考》卷 36，上海古籍出版社 2000 年版。

民国时期的河南大饥荒发生在1942年前后。据当时的国民政府统计，1942年，河南大饥荒造成300万老百姓饿死，另外有300万人逃难到省外。这个数字相当于中国军队在抗战中死伤人数的总和。如此大的民族灾难当时却在国民党政府的新闻封锁下湮没在历史深处。2012年，上映的电影作品《一九四二》，正是以河南遭遇大旱后，千百万民众外出逃荒的历史事件为背景，再次将这场近乎被人们遗忘的灾难凝重地呈现在世人面前。1940年和1941年，河南庄稼歉收，而1942年春小麦因干旱而枯萎，大旱之后又遭遇蝗灾，夏秋两季大部绝收。1942—1943年，中原大旱，冬天发生了全面的饥荒，遍及全省110个县，逃离家园者无数，全省减少一半人口。因为日军破坏、蒋介石炸开花园口黄河大堤毁坏良田，再加之天灾，1942年河南出现严重大饥荒，甚至出现"人相食"的现象，饿死病死者达300万。当时的中央政府没有能力及时地调控全国粮食在各省间的分配，地方性的饥荒经常会发生。

1959—1961年被称为"三年自然灾害"或"严重困难"时期，至今很多老人对于60多年前的饥荒情景记忆犹新。当时各地普遍发生了粮食供应紧张的状况，1959年粮食产出下降了15%，1960年和1961年只达到1958年水平的70%，1960年全国总人口比上年减少1000万。根据《中国共产党历史》（第二卷）记载，1959年的旱灾是新中国成立十年来最严重的一次，受旱面积达5亿亩，其他灾害面积1亿多亩。1960年1月至7月，全国累计受灾面积达6.7亿亩。其中受旱面积6亿亩，主要受旱地区是华北、西南、华南及西北部分地区。7月前半月，全国洪涝面积共3900万亩。广东、福建台风侵袭面积灾害1000万亩。黑龙江、吉林内涝面积1100万亩。河南南部、安徽北部和山东大部分地区连降暴雨，受灾面积1000多万亩。其他灾害（冰雹、霜雪冻害）约3000多万亩。由于严重的自然灾害，1959年粮食少收600亿斤左右。

对于"三年自然灾害"时期的饥荒问题，必须将其置于当时所处的国际、国内的历史背景下来考量，它与当时整个国家发展战略选择密切相关，而绝不是一个单纯、孤立的问题。新中国成立后，巩固新生政权、维护社会稳定、改变贫穷落后的面貌成为摆在党和政府面前的重大课题。从国际环境来看，美国等一些西方国家对我国实行政治上孤立、经济上封锁，使我国在工业化初期根本不可能从外界获得经济援助和投资，苏联的援助在20世纪50年代也十分有限，由于中苏关系的破裂，在60年代初也全部终止。从国内环境来看，国家粮食形势非常严峻，粮食流通严重不畅，由于商品粮的供给下降、粮食需求的大幅度增加以及投机商的投机行为，粮食供求矛盾逐步尖锐起来。从1952年下半年开始，全国许多地区出现了抢购粮食的现象，粮食价格的上涨对脆弱的国民经济造成了巨大压力。当时，国民经济是典型的以农业为主的产业结构，粮食是国家财政的重要收入来源。在1950年的财政概算中，公粮收入占全部财政收入的41.4%，1952年农业占国民生产总值的比重为45.42%，1953年粮食产值占农业总产值的比重为67.8%。1953年开始，国家确立了以优先发展重工业为主要内容的传统经济发展战略，这必然需要大规模的资金积累，而当时"畸形"的产业结构决定了我国不可能依赖工业而只能依靠农业为经济发展提供资金积累。所以，国内的农业特别是粮食产业必然要承担起启动和推进工业化所需的资金积累和低成本原料供应。

在优先发展重工业的经济发展战略下，1953年11月政务院正式颁布《关于实行粮食的计划收购和计划供应的命令》，决定在全国范围内有计划、有步骤地实行粮食的计划收购（简称统购）和计划供应（简称统销），其中第一条明确指出"生产粮食的农民应按国家规定的收购粮种、收购价格和计划收购的分配数量将余粮售给国家"，同时第九条强调指出"对破坏计划收购和计划供应的反革命分子，应依照中华人民共和国惩治反革命条例治罪"。国家采取对粮食及主要经济作物的统购统销，实质上是一种"农产品的低价强制收购"模式，通过汲取农产品尤其是粮食剩余支持工业发展。

在粮食统购统销制度安排下，城市居民在食物获取权上具有优先权，享有由国家保证的定量粮食的权利，而农民只对部分食物具有支配权，只对完成上缴任务后剩余的粮食有权利。国家相继推行了户籍制度和农业集体化两项重要措施，使城市人口的数量处于可控范围，严格控制了统销粮食数量，同时使国家对个体农民征购粮食变成对农村合作社征购，保证了粮食征购的顺利进行。政府对农民的粮食征购率过高，"过头粮"导致农民剩余粮食减少并最终导致饥荒。1958年开始的"大跃进"和"浮夸风"，在当年粮食大丰收和虚报瞒报产量的情况下，对形势的盲目乐观估计导致粮食征购率过高，1959年和1960年的实际征购率达到39.7%和35.6%，农民家庭可供支配的剩余粮食大幅减少，以至最基本的生存需要都无法维持。

在当时粮食连年大幅度减产的情况下，还要保障因城镇人口的剧增而不断增加的粮食消费。为了维持城镇商品粮供应，国家不断地向农村下达征购指标。由于高估产，1958年至1960年连续三年，国家每年的征购量都高达1000亿斤以上，几乎占当年总产量的30%～40%。从1960年开始，全国粮食库存急剧减少，到9月底，全国82个大中城市的粮食库存比上年同期减少近一半，不到正常库存量的1/3，随时都有脱销危险。当时，北京的粮食库存只够销七天，天津只够销十天，上海已几乎没有大米库存，辽宁省十个城市的存粮也只够销八九天。以前大量调出粮食的吉林、黑龙江、四川等传统省份，也因连年挖了库存而无力继续大量调出。只能减少城镇居民的供应定量，压低农村地区的口粮标准，勉强渡过缺粮难关。农村连年征购"过头粮"，许多省份农村的口粮也在急剧减少。

新中国成立以来，特别是改革开放以来，经过几代人的不懈努力，我国用世界近1/10的耕地、不足1/15的淡水资源，养活了世界近1/5的人口，在解决人民温饱的基础上全面建成小康社会，并开启了全面建设社会主义现代化国家新征程，用事实有力地驳斥了国际上关于"谁来养活中国"的质疑。但也应看到，我国在中观层面的粮食安全问题，如区域结构、品种结构、物流水平等表现得并不乐观，应该引起我们的警醒和深思。

从区域结构来看，南方粮食生产渐趋萎缩，粮食生产重心逐步北移。我国粮食生产区域分布广，全国各省份普遍都有粮食生产活动，但由于我国各地自然条件、资源禀赋、生产技术水平及经济发展程度不一，形成了粮食区域和品种结构的差异化格局。

溯至古代，黄河流域一直是中国的经济政治中心，北方经济比南方发达。但到魏晋南北朝时期社会开始发生深刻变化，北方经济受到数百年混乱的严重冲击，而南方经济快速发展，南北经济中心逐渐发生更替。两湖、两广、江浙地区成为"鱼米之乡"，中国粮食主产区实现了从北到南的历史性转移，逐渐出现了"湖广熟、天下足"之说。隋朝统一全国之后，隋炀帝决定开凿京淮段至长江以南的运河，全长2000多公里，并充分利用运河实行漕运，使京杭大运河成为中国南北水运干线，以将南方的粮食和物资运往北方，进一步加强对南方的统治管理。据记载，明朝京杭大运河从南向北运粮的漕船达9000多艘，清朝每年从南方征收北运的漕粮达到5.4万吨，这生动地反映了千百年来"南粮北调"的历史。

自20世纪80年代特别是进入90年代以来，我国粮食供需格局发生了较大转变，粮食生产继续向优势区域集中，粮食生产重心逐步北移，粮食流通格局又出现了由历史上长期形成的"南粮北调"到"北粮南运"的重大转变。20世纪80年代初期，包括江苏、广东、浙江在内，我国共有21个粮食输出省份；到90年代初中期，只有9个省份可以实现粮食外销，4个省份产销基本平衡，其余省份均存在不同程度的产需缺口；到2006年，缺粮省份再增加2个。我国北方地区粮食生产趋增，占全国比重逐年上升，到2010年北方地区粮食播种面积占全国的55.3%，产量占全国的54.4%，分别比1980年增加5.3个百分点和13.8个百分点。随着东南沿海工业化、城镇化加快推进，南方粮食生产萎缩，粮食播种面积不断减少，南方逐步由粮食产区转化成销区，人均粮食占有量不断下降，供需缺口越来越大。

2007—2008年度，我国粮食供需存在缺口的地区主要集中在东南沿海等发达省份，缺口超过500万吨的省份主要有广东、福建和浙江，缺口超过250万吨的省市主要有北京、山东和海南。我国粮食供应结余的地区主要集中在几个粮食主产区，结余超过500万吨的省份主要有黑龙江、吉林、河南、安徽等四个主产区，结余超过250万吨的省区主要有内蒙古、辽宁、江苏和江西等四个主产区，另外新疆作为传统的产销平衡区粮食也出现结余。

根据各区域粮食产量、粮食播种面积和提供的商品粮数量及其占全国的比重、粮食供求状况等，我国粮食和农业主管部门将全国大陆划分为粮食主产区、粮食产销平衡区、粮食主销区等三种类型。其中粮食主产区包括黑龙江、辽宁、吉林、内蒙古、河北、江苏、安徽、江西、山东、河南、湖北、湖南、四川等13个省（区），粮食产销平衡区包括山西、广西、重庆、贵州、云南、西藏、陕西、甘肃、青海、宁夏、新疆等11个省（区、市），粮食主销区包括北京、天津、上海、浙江、福建、广东、海南等7个省（市）。

全国粮食生产主要集中在粮食主产区，主产区的粮食产量不断提高，且比重呈现上升趋势，全国粮食生产进一步向主产区集中。近年来，粮食主产区的粮食生产比重已经增加到79%左右。从20世纪90年代以来，粮食主销区的粮食产量呈现下降趋势，且比重更加明显下降。这些年，粮食主销区的粮食生产比重已经下降到4%左右，特别是北京、上海、天津三大直辖市和经济比较发达的浙江省农业结构调整较快，粮食产量下降幅度较大。但在全国粮食产量恢复性增长的情况下，目前主销区产量有保持稳定的迹象，不过其比重仍有继续下滑的趋势。同时，主销区的粮食库存比较薄弱，更加剧了主销区的粮食供应紧张形势。

20世纪中后期以来，粮食产销平衡区粮食生产有所提高，但粮食产量占全国的比重趋于下降。近年来，粮食产销平衡区的粮食生产比重基本在17%左右，部分产销平衡区省份有向销区发展的趋势。由于国家粮食库存大多集中在主产区，再加上产销平衡区扩大的产需缺口，粮食供应也需要加强，国家粮食库存的地区布局需要进一步调整和优化。

随着市场机制对粮食资源配置基础性作用逐步加强和不同地区比较优势日益发挥，粮食生产将进一步向优势地区集中，生产布局与水土资源的区域分布发生背离，水资源匮乏的北方地区承载压力加大，进一步透支资源环境。同时，我国粮食库存也大多集中在主产区，主销区的库存比较薄弱，全国粮食供求的区域结构性矛盾将更加突出，粮食安全的系统性风险也由分散走向更加集中。在当前粮食需求刚性增长、灾害天气频发以及国际粮食价格动荡影响下，像我国这样一个人口大国，粮食生产供应地区过于集中、地区产需发展不平衡的状况无疑会加剧国内粮食安全的隐忧。

从品种结构来看，我国粮食供需结构矛盾突出，粮食消费趋势转变加剧了粮食品种供需矛盾。国内粮食主要以稻谷、小麦、玉米、大豆四种粮食作物消费为主，其他粮食品种的消费为辅。水稻、小麦两大口粮供给充裕，但品种优质率有待进一步提高。玉米消费保持较快增长态势，自2016年以来连续出现产需缺口，带动临储库存消化见底，供求由阶段性过剩转为偏紧态势。大豆产需缺口持续扩大，对外依存度已经超过80%，进口量达到1亿吨规模。粮食库存品种结构、品质结构与市场消费需求结构也不相适应，需要进一步完善。近几年，小麦、稻谷政策性库存增加较多，增加了粮食宏观调控的物质基础，但是库存大多集中在主产区，主销区库存比较薄弱，一旦出现粮食紧张，将加重运输压力，增加粮食流通和消费成本，国家粮食库存的地区布局也需要进一步调整和优化。

面对粮食大宗跨省市"大进大出"的格局，相对落后的粮食物流体系严重制约了现代粮食流通的发展。目前，我国粮食流通已基本形成三大流出通道和三大流入通道的大流通局面。1. 东北地区粮食流出通道：以稻谷、玉米和大豆为主体，主要由铁路经山海关运往关内以及由铁路运往辽宁各港口，再由水路运到东南沿海，或出口到韩国等国家，部分粮食经过公路直接运往京津等地。2. 黄淮海地区小麦流出通道：河北、河南、山东及安徽北部地区输出的小麦（面粉）主要通过公路运往北京、天津、江苏等周边省市，部分通过铁路运送至华东、华南、西南、西北省区。3. 长江中下游稻谷流出通道：湖北、湖南、安徽、江西和四川五省输出的稻谷（大米）主要经铁路和公路干线运往东南沿海和西南地区。4. 京津地区粮食流入通道：东北粮食主产区的稻谷、玉米由铁路、公路运输经过山海关运往北京、天津等销区省份。5. 华东沿海粮食流入通道。6. 华南沿海粮食流入通道。华东和华南两大流入通道为东南沿海粮食物流要道，东北粮食产区经海路运输的稻谷、玉米及从国外进口的粮食从东南沿海各省市港口流入，再经公路或内河转运。黄淮海产区的小麦、玉米和长江中下游产区的稻谷通过铁路、公路及内河系统流入华东和华南地区。除此之外，流向华南地区的粮食还有一部分要经过广西港口再转运到四川、云南、贵州等西南地区[①]。

总体来看，我国粮食物流体系适应长期形成的粮食大宗"大进大出"的格局，形成了产销区对接的六大粮食物流"大动脉"。但是我国粮食现代物流发展还比较落后，物流成本高、效率低、损耗大的问题仍很突出。据统计，全国粮食物流总量已经达到4.8亿吨，其中跨省物流量2.3亿吨，是21世纪初的2.3倍。粮食物流成本占到销售价格的20%～30%，比发达国家高出1倍左右。农村田间地头封闭式、专业化粮食运输车辆装备应用不足。目前全国粮食"四散化"（散装、散运、散储、散卸）比例仅为25%，远远低于美国等发达国家95%的水平，大多数粮食运输沿袭传统的包粮运输方式，其间经过多次包装、多次拆卸、多次转运，抛洒遗留损失较为普遍，平均撒漏率约5%，与国家规定的2.5%的损耗要求差距很大。仓储设施不能适应散粮接卸的需要。关内主产区交通枢纽地区和南方部分主销区，散粮中转库容不足。粮食运输方式落后、运力不足，存在瓶颈制约。粮食的铁路运输需求常常得不到满足，粮食海运能力挖掘不够，北粮南运海上运输比例仍然不高。装卸自动化水平低，不少粮食仍采用传统肩挑背扛的人工装卸方式，严重影响了铁路散粮车在全国范围使用。传统粮食物流设施不能适应粮食现代物流发展的需要，不能适应市场经济条件下粮食跨省市流通的需要，严重制约了现代粮食流通的发展。随着粮食商品化程度的大幅提高，要畅通"北粮南运"粮食物流主要通道，加大东北、黄淮海、长江中下游等三大主要流出通道，以及东南、京津、西南、西北以及沿海进口流入通道建设力度，进一步优化物流节点布局，提升物流组织化程度，实现现代化散粮运输全过程无缝对接。

[①] 亢霞：《中国粮食流通效率和现代流通体系构建初探》，中国农业出版社2014年版。

第四节 消费需求的满足

——粮食安全"最后一公里"

从粮食安全的微观层面来看,无论在食物获取权还是居民收入水平上,都要及时有效满足粮食正常合理消费,确保居民粮食和重要副食品稳定供给,加工企业和养殖场户得到必要保障,精准打通粮食供应"最后一公里"。我们可将其视为第三层级粮食安全,涉及局部人群和企业,实质上是一个经济性、获得性问题,在保障食物获取权的前提下,只要有基本的收入来源就能买得到所需的粮食。微观层面的粮食安全是最高层面的,也是实现粮食安全的最终目标。

世界饥饿人口绝大部分分布在发展中国家,特别是亚洲、太平洋和撒哈拉以南非洲地区,这些地区农业投入匮乏、基础设施落后,粮食自主供给的弹性小,也有一少部分饥饿人口分布在发达国家,主要是贫困人群,很容易受到市场波动的冲击。粮食消费出现"冰火两重天"的局面,一边是一部分人群面临过度粮食消费的困扰,如由于长期的肉、蛋、奶等摄入过多带来一系列"富贵病",加之粮食能源化趋势的加重,富人汽车吃掉穷人的面包;而另一边是针对低收入弱势群体的社会保障体系尚未健全,相当一部分人群挣扎在饥饿的边缘,买不起满足基本生存所需的食物,解决温饱问题成为奢望。富人和穷人争粮带来的道德危机显露无遗,"朱门酒肉臭,路有冻死骨"的情景是对文明社会极大的讽刺。据估计,全球超过20亿人缺乏必需的微量营养,超过1.44亿儿童发育不良,超过30亿人支付不起健康饮食,而超过20亿人面临超重或肥胖问题。如前所述,短时间内由于不可预测的内部或外部粮食供应出现微小变化,信息传播畅通无阻，媒体舆论迅速放大，也容易引发粮食价格剧烈波动，出现严重的通货膨胀，低收入弱势群体本来就很微薄的收入又大幅缩水，正常的粮食消费得不到满足，特别是一些发展中国家再出现发展援助资金或政府投入减少等情况，就会有更多的贫困群体难以获得所必需的食物。

这种情况直接考验着一国政府的粮食安全治理能力。一旦监测预警机制反应失灵，应急迟滞或调控乏力，政策出现偏差甚至失误，就会导致粮食供给配置严重失衡，使得相当一部分人群因丧失食物获取权成为饥饿群体。如果社会预期管理不力，舆论引导跟进不及时，势必冲击到一国经济社会稳定甚至执政根基。

在宏观和中观层面粮食安全得到保障的前提下，要重点聚焦弱势群体和关键企业，瞄准低收入群体消费水平，从机制上保障居民获得充分的食物获取权，关注重点企业原料供给保障状况，从链条上保障加工和养殖业正常运转，确保粮食经由产业链条精准通达消费末端，保障粮食供给有序转为现实消费需求，在微观层面保障国家粮食安全。

联合国在1985年粮食及农业会议通过的决议中指出：饥饿和营养不良的主要原因是贫困。从全球范围看，发展中国家仍有近10亿人面临饥饿，即使最富裕的发达国家也有许多人得不到足够的食物，这些得不到足够食物的人往往是那些贫困人口。在市场经济条件下，粮食安全不仅取决于粮食的生产总量，还取决于消费者个体的购买力。因此，在粮食供给量一定的情况下，增加贫困人口的收入，减少绝对贫困人口的数量，提高他们对粮食的购买能力，可以显著地提高微观层面的粮食安全水平。

从现实情况来看，当今世界仍未彻底解决粮食供给问题，世界范围内的饥饿不但没有消除，反而在不断扩大。世界各国粮食安全程度不容乐观，各国营养不良人口比重存在较大差异，很多国家地区营养不良人口比重高于5%，甚至有些国家地区营养不良人口比重高于35%，处于严重饥饿状态，全球整体粮食安全前景让人十分担忧。

世界上究竟有多少人在挨饿？联合国粮农组织在1946年到1986年，曾不定期地进行过5次世界粮食调查，调查结论是饥饿不但没有消除，反而在不断扩大。第一次世界粮食调查在1946年，以"二战"前的1935—1939年的70个国家（占世界总人口的90%）为对象，按每天平均摄取热量低于2250卡界定营养不良，调查结论是世界人口的大约半数处于营养不良状态。第二次世界粮食调查在1952年，以"二战"后的1946—1948年的70个国家为对象，调查结论是总的营养水平比战前降低，除北美、欧洲、大洋洲外的所有地区均未达到基准水平。第三次世界粮食调查在1963年，以1957—1959年的80个国家为对象，调查结论是发展中国家60%的人口处于营养不良状态。第四次世界粮食调查在1977年，以1972—1974年的162个国家为对象，调查范围进一步扩大，结论是全世界有4.55亿人处于营养不良状态，发展中国家人口的1/4都属于这个范围，尤其是儿童和妇女的营养不良更加严重。第五次世界粮食调查在1986年，以1979—1981年的112个发展中国家（中国等社会主义国家除外）为对象，调查结论是世界有3.35～4.49亿人口处于营养不良状态。

自20世纪60年代末70年代初以来，世界食物不足人口数一直在7.5亿以上，全球饥饿群体规模依然庞大。从发展趋势来看，1969—1997年，世界食物不足人口数量呈缓慢下降趋势，近30年时间食物不足人口仅减少了不足1亿人；而1995—2009年，世界食物不足人口数量呈快速增长趋势，经过10多年的时间开始出现反弹，2008年世界食物不足人口数量已经超过1969—1971年的水平，世界饥饿状况极不乐观。据估计，到2009年，饥饿人口继续增加到10.23亿人。根据联合国粮农组织《2010世界粮食不安全状况》统计，到2010年，世界上食物不足人口的数量将出现自1995年来的首度下降，但是仍处于不尽如人意的高位，全球仍有9.25亿人在遭受饥饿，接近10亿人大关，几乎占发展中国家人口的16%。而在《2010世界粮食不安全状况》报告中被确定为处于持续危机之中的22个国家（或部分地区处于持续危机的国家）里，饥饿发生率极高，而且持续时间长，食物不足人口总数超过1.66亿，占这些国家人口总数的40%，占全球食物不足人口总数近20%。当前世界贫困人口特别是营养不足和饥饿人口面临的突出问题是粮食和食物短缺，最重要的是解决贫困人口的脱贫问题，改善其粮食供给状况。

世界粮食供求关系总体上是可以维持年度平衡的，但由于地区发展不平衡、收入差距过大、自然条件恶劣、地理位置偏远等原因，造成粮食供给分配的极不均衡，相当一部分人处于饥饿的困境。据报道，比如非洲人均粮食消费仅有0.43公斤/天，东非一些老百姓每天只能吃1到2餐，而且食物分量只有西方人的1/4到1/10，食物营养也很低。由于近年来粮食价格不断上涨，降低了有效粮食消费，恶化了粮食供需状况。另外，尽管世界粮食库存数量有所增加，但是库存消费比呈现下降趋势，部分年份勉强维持甚至低于17%～18%的警戒线。

"凡事预则立，不预则废。"要从坏处着眼准备，理性客观地面对我国粮食安全的近忧远虑，科学分析研判未来的粮食安全前景，以主动地应对这一长期性和艰巨性的挑战，趋利避害，争取最好的结果。粮食安全的公共物品属性决定了其不是一个单纯的经济问题，更是一个政治问题和社会问题。如何运用"底线思维"的方法，防微虑远，综合考虑国内资源环境约束、粮食供求紧平衡格局和国际贸易环境变化，准确判断中国粮食安全形势，探寻粮食安全的底线边界，建立健全科学高效的早期预警机制，找到新形势下保障粮食安全的有效路径，实施"以我为主、立足国内、确保产能、适度进口、科技支撑"的新型国家粮食安全战略，是一项具有战略性和紧迫性的重要课题。

随着我国工业化、城镇化和经济全球化的推进以及城乡居民人均收入水平的提高，将会带来几个方面的问题。一是粮食供求关系长期处于紧平衡状态，资源禀赋约束和生态环境承载压力也在加大，在"碳达峰""碳中和"目标下，需要动态协调好低碳发展与粮食供给之间的关系。二是在新型粮食安全战略框架下，需要统筹考量国际国内市场因素，按照市场化原则拓展进口多元化可替代渠道，确保进口规模适度、节奏协调、供应可靠，使内外相衔接、供求相适应。三是在土地用途利益巨大差异化导向下，耕地资源面临继续减少压力，科技进步短期内难以从根本上弥补耕地不足和灾害影响，需要实施好藏粮于地、藏粮于技战略，严守耕地红线，加强农业科技创新和推广应用，加快完善大灾风险分散机制，织密兜牢粮食生产"安全网"。四是相对非农产业和非粮作物而言，粮食生产比较效益长期偏低，需要坚持市场化改革取向和保护农民利益并重原则，加快构建新型农业补贴政策体系，健全调动农民种粮和地方抓粮"两个积极性"的长效机制，提升粮食质量效益和国际竞争力。五是粮食供需结构性问题日益突出，区域布局、品种结构、流通格局和消费结构也都发生了深刻变化，需要深化农业供给侧结构性改革，科学合理确定粮食储备规模和布局结构，加快完善现代粮食物流体系，促进供需有效衔接。六是未来粮食消费规模越来越大，尤其是食品加工和饲料用粮等间接粮食消费持续增加，难以做到所有品种全部自给自足，需要明确重要农产品优先序，逐步由"保全部、全部保"向"保重点、重点保"转变，由"重数量、轻质量"向统筹"保数量、提质量、增效益"转变。七是食物损耗和浪费是世界各国普遍面临的问题，需要聚焦产后损耗强化科技支撑，倡导健康消费观念减少餐饮浪费，努力降低无效需求，开发"无形粮田"。八是在世界不稳定性不确定性增加的背景下，粮食生产加工到仓储物流再到进口贸易，整个供应链受外部冲击的脆弱性愈发显现，经过舆论放大、投机炒作等，容易引发社会预期陡然改变，需要提升供需双向调控和应急保障能力，增强供应链的稳定性、可靠性和韧性。九是随着经济社会转型，如何在高质量发展中促进共同富裕，保障低收入群体的食物供给也更加受到关注等。

在不同的发展阶段，国家粮食安全的目标任务也有所不同。数十年来，我国粮食安全取得了举世瞩目的历史性成就，已今非昔比。全面客观厘清粮食安全的实际情况，必须从全球视野、历史纵深，深刻把握世界农产品历史周期性规律大势，比较分析不同大宗商品之间的变化差异，以及贸易边际量在消费总量中的比重，才能在整个坐标系中对国家粮食安全程度作出科学研判和准确定位。

粮食安全是一个宏大全面的问题，但不是铁板一块，需要分层级、分区域、分品种、分链条抽丝剥茧，同时粮食安全边界的确定又不能囿于经济学的窠臼，否则可能会导致宏观调控政策偏离现实甚至出现失误。毋庸置疑，粮食供求总量平衡是保障粮食安全的前提，这涉及国内粮食生产、粮食储备、粮食进口与粮食需求。局部地区和粮食品种的结构性问题长期没有引起足够的重视，结构失调将会加剧粮食安全的风险，甚至在供需总量平衡的情况下也可能导致粮食危机。从区域结构来看，粮食大宗"北粮南运""大进大出"的格局，对落后的现代粮食物流提出严峻的挑战。从品种结构来看，谷物特别是口粮的自给程度，在新的粮食安全战略下的重要地位更加凸显。城乡低收入群体受经济收入和分配机制等因素影响，能否获得自身消费需要的粮食，"最后一公里"问题不容忽视。当然，对于粮食安全问题，需要分层次进行逐级研究，但面对全产业链不同环节不同程度的冲击，也需要从纵向视角进行审视。基于此，才有可能进一步完善粮食安全预警体系和机制，健全新型的粮食安全战略构架，提出行之有效、具有可操作性的政策保障体系。

第三章

大国粮食生产根基

在《管子·轻重篇》中，记载了春秋时期齐国"服帛降鲁梁"的故事。齐桓公为攻占鲁国和梁国问计于管仲，得到的计策正是发动粮食战争。齐国通过举国上下"服绨"、禁止国内"织绨"、高价向鲁梁"收绨"，以使鲁梁两国"释其农事而作绨"，诱致动摇其粮食生产国之根基。鲁梁商人发现向齐国贩卖丝绨大有钱赚，国君则认为财政也充足了。这样一来，鲁国和梁国大量农田抛荒无人耕种，转而改种桑树养蚕，专注发展织绨产业。一年多后，管仲调查发现，"鲁梁可下"时机成熟，于是建议齐桓公"率民去绨"，然后"闭关"与鲁梁两国断绝经济往来。不出一年，"鲁梁之民饿馁相及"，不断陷入饥荒，国君随即"令其民去绨修农"，紧急恢复农业生产，但"谷不可三月而得"，粮食短期内无法生产供给出来，改种粮食来不及、存粮又难以为继，鲁梁两国粮价暴涨至每石上千钱，而齐国则仅为每石十钱，相差百倍价格。结果两年后，老百姓空守绢绨却没有饭吃，鲁梁大地流民遍野，"归齐者十分之六"，纷纷跑到齐国避难。三年之后，在全国范围的大饥荒形势下，"鲁梁之君请服"，最终归顺齐国了。

根基不牢，地动山摇。这则发生在距今2600多年前的故事，深刻反映了忽视国内农业生产，粮食风险敞口受制于人，遭遇闭关禁运、青黄不接、粮价暴涨，终被"卡脖子"酿成大饥荒的演变逻辑，对重视发展农业生产，夯实粮食生产根基，保障国家粮食安全，依然具有非常重要的镜鉴和启示。《墨子·七患》也讲道："凡五谷者，民之所仰也，君之所以为养也。故民无仰，则君无养；民无食，则不可事。故食不可不务也，地不可不力也，用不可不节也。"

历史经验表明，巩固提高粮食综合生产能力，实现粮食生产的稳定发展，是保障大国粮食和重要副食品供给安全的根基。自改革开放以来，我国经历了几次比较大的粮食供求失衡，对当时的粮食市场甚至对整个社会经济的稳定发展都带来了较大的威胁。粮食问题始终牵动人们的"神经",粮食产量的波动性变化,容易引发社会紧张心理,对市场稳定造成压力。习近平总书记2014年5月在河南考察时指出,"粮食生产根本在耕地,命脉在水利,出路在科技,动力在政策,这些关键点要一个一个抓落实、抓到位,努力在高基点上实现粮食生产新突破"。2020年,我国克服新冠肺炎疫情冲击和严重自然灾害,粮食生产再获丰收。全国粮食总产量连续6年稳定在1.3万亿斤以上,实现了历史性的"十七连丰",为应变局、开新局发挥了"压舱石""稳定器"作用。当今世界正经历百年未有之大变局,国际环境错综复杂,不稳定性不确定性日益增加。只有坚持立足国内、办好自己的事,坚决稳住农业基本盘,夯实大国粮食生产发展根基,以国内稳产保供的确定性应对外部环境的不确定性,才能牢牢把住国家粮食安全的主动权。

第一节 粮食高位增产

——实现历史性"十七连丰"

改革开放以来,我国粮食生产总体上呈现快速增长的趋势,先后跨越了7000亿斤、8000亿斤、9000亿斤、10000亿斤、11000亿斤、12000亿斤、13000亿斤七个台阶,取得了举世瞩目的历史性成就。1978年全国粮食产量6095亿斤,2020年增加到13390亿斤,粮食增产7295亿斤(增加幅度达119.7%,年均增幅为1.9%),仅增量就是新中国成立初期全年粮食产量(1949年全国粮食产量为2264亿斤)的3倍多。经过艰苦不懈的努力,我国粮食生产在高基数上不断实现历史性跨越,保障国家粮食安全的根基越来越牢靠,端稳端牢14亿中国人的饭碗越来越有底气、有信心。根据我国粮食生产的变化趋势,总体可以划分为四个阶段。

第一,粮食生产大幅增长阶段(1978—1984年)。这一阶段的粮食生产呈现持续大幅增长的态势。粮食生产总量从1978年的30476.5万吨,快速增加到1984年的40730.5万吨,增产10254.0万吨,增幅达33.6%,年均增幅为5.0%。

从粮食生产要素来看,粮食总产的持续大幅增长,基本上是通过单产的提高实现的。全国粮食播种面积从1978年的120587.3千公顷,降低到1984年的112883.9千公顷,减少了7703.4千公顷,降幅达6.4%;而同期粮食单产快速增加,由1978年的亩产168.5公斤,增加到1984年的240.5公斤,亩产增加了72.1公斤,增幅高达42.8%,年均增幅为6.1%。

农村改革前,长期对农业基础设施特别是农田水利设施建设的积累,提高了农业的抗灾减灾能力,这一阶段的年均受灾面积和成灾面积分别为 39960.1 千公顷和 19479.7 千公顷，成灾面积占农作物播种面积比重为 13.3%，与其他阶段相比，均是历史上最低的时期，这为粮食生产创造了良好的外部条件。这一阶段农用化肥使用量、农村用电量、农业机械总动力等要素投入分别增长了 96.8%、83.3%、65.9%，大幅高出粮食单产水平增加 42.8% 和总产水平增加 33.6% 的幅度。

从各粮食品种来看，在四种主要粮食作物中，这一阶段小麦生产发展迅速，增产幅度最大，达到 63.1%；稻谷产量基数大，增产量最大达到 4133.0 万吨，对于粮食增产的贡献率达 40.3%。具体来看，稻谷、小麦、玉米、大豆四种粮食作物分别增产 4133.0 万吨、3398.0 万吨、1746.0 万吨、213.0 万吨，增产幅度分别为 30.2%、63.1%、31.2%、28.1%，对粮食增产的贡献率分别为 40.3%、33.1%、17.0%、2.1%。

从国家政策来看，支撑这一阶段粮食快速大幅增长的主要原因在于，通过实行家庭联产承包责任制和大幅度提高农副产品收购价格，极大激发了种粮农民的生产热情和积极性，在物质投入和劳动投入上为粮食增产提供了基础保障。

党的十一届三中全会以来，国家开启了以家庭联产承包责任制为标志的中国农村改革。1979 年年初，安徽省凤阳县小岗生产队首创"包干到户"的责任制形式，突破了生产队的统一经营和统一分配，实行了以家庭经营为主的经营形式。之后，这一模式逐步在全国农村迅速推广。到 1983 年年末，全国实行家庭联产承包责任制的生产队已经达到生产队总数的 99.5%。广大农民在保持土地集体所有的前提下获得了经营的自主权，"交足国家的，留够集体的，其余都是自己的"，农民的生产积极性空前高涨。

国内外大量研究表明，家庭联产承包责任制对这一阶段粮食生产产生了显著影响。林毅夫（1992）通过生产函数的方法对农业增长的源泉进行分解并得出结论，家庭联产承包责任制的实施带来了粮食产量大幅度提高，1978—1984 年农作物产值增长了 42.23%，其中家庭联产承包责任制的贡献率为 46.89%。黄季焜（1995）的研究表明，家庭联产承包责任制的实行对我国改革初期粮食生产的贡献为 30%～35%。麦克米兰等（Mcmillan,

Whalley and Zhu，1989）对家庭联产承包责任制的改革成效进行了计量分析，认为国家政策对 20 世纪 80 年代初中国农业快速增长发挥了至关重要的作用，1978—1984 年中国农业总产出增长的约 75% 归功于联产承包责任制。

第二，粮食生产波动增长阶段（1984—1998 年）。这一阶段的粮食生产增长幅度有所降低，但仍呈现在波动中逐步增长的态势。粮食生产总量从 1984 年的 40730.5 万吨，快速增长到 1998 年的 51229.5 万吨，增产 10499.0 万吨，增幅达 25.8%，年均增幅为 1.7%。

从粮食生产要素来看，粮食总产量的增加主要是通过粮食单产的提高实现的，粮食单产水平的提高和粮食播种面积的增加对粮食增产的贡献率分别为 96.9% 和 3.1%。全国粮食播种面积从 1984 年的 112883.9 千公顷，上升到 1998 年的 113787.4 千公顷，增加了 903.5 千公顷，增幅为 0.8%；同期粮食单产快速增加，由 1984 年的亩产 240.5 公斤，增加到 1998 年的 300.1 公斤，亩产增加了 59.6 公斤，增幅高达 24.8%，年均增幅为 1.6%。

在此期间，农业生产的受灾面积和成灾面积呈现在波动中扩大的趋势，加强农业基础设施建设，提高农业生产抵御自然灾害的能力处于更加重要的地位。具体来看，这一阶段年均受灾面积和成灾面积分别为 47258.4 千公顷和 23696.3 千公顷，成灾面积占受灾面积比重超过一半，成灾面积占农作物播种面积比重为 16.0%，其中成灾面积占农作物播种面积比重超过 15% 的年份有 10 个。这一阶段农村用电量、农用化肥使用量、农业机械总动力等现代生产要素投入大幅增加，分别增长了 340.2%、134.7%、131.9%，有效灌溉面积持续稳步扩大，增幅为 17.6%，对于支撑粮食单产和总产的增加发挥了重要作用。

从各粮食品种来看，在四种主要粮食作物中，这一阶段玉米生产发展异军突起，增产幅度最大，达到 81.1%，对粮食增产的贡献最大，占粮食增产总量的 56.7%；大豆增加也较为快速，增产幅度达到 56.2%。具体来看，稻谷、小麦、玉米、大豆四种粮食作物分别增产 2045.3 万吨、2190.6 万吨、5954.4 万吨、545.0 万吨，增产幅度分别为 11.5%、24.9%、81.1%、

56.2%，对粮食增产的贡献率分别为 19.5%、20.9%、56.7%、5.2%。

从国家政策来看，一方面，农村基本经营制度通过立法并进一步稳定，土地承包经营期 15 年到期后，继续延长 30 年保持不变。1984 年中央决定，农村土地承包期 15 年不变，为进一步调动农民的生产积极性，增强农民对土地长期投入的信心，稳定土地承包关系，中央于 1998 年出台了土地承包期再延长 30 年不变的政策，并普遍实行了"增人不增地，减人不减地"的做法。另一方面，在世界舆论对中国粮食问题的悲观预测中[1]，我国在粮食稳定增产的情况下，进一步提出"立足国内解决十几亿人口的吃饭问题，始终是一项关系全局的战略任务，在农业和农村经济发展中，必须把粮食生产放在突出位置"，国家"九五"计划的制定也以粮食增产为主要目标，我国粮食供求形势实现了"由长期短缺到总量大体平衡、丰年有余"的转变。

第三，粮食生产大幅下滑阶段（1998—2003 年）。这一阶段的粮食生产呈现连年大幅下滑的态势，除 2002 年的粮食生产较上年略增以外，其余年份均出现减产。粮食生产总量从 1998 年的 51229.5 万吨，持续下滑到 2003 年的 43069.5 万吨，减产 8160 万吨，减幅达 15.9%，年均减产 3.4%。1949—2020 年，全国粮食年均播种面积为 1.16 亿公顷，2003 年跌至近 70 多年来的历史谷底，成为唯一不足 1 亿公顷的年份，粮食连续大幅减产，产量降到了 20 世纪 90 年代以来的最低点。

从粮食生产要素来看，粮食生产大幅下滑的主要原因是粮食播种面积较大幅度减少，同时粮食单产也出现下降，进一步加剧粮食下滑的趋势。

---

[1] 1994 年 9 月，美国世界观察研究所莱斯特·布朗在《世界观察》杂志发表了震惊世界的《谁来养活中国》的文章，后来又出版了《谁来养活中国》一书。在文中得出了六点结论，其中的前两条是"第一，中国粮食产量将逐年下降。到 2030 年，中国的粮食产量很有可能至少下降 1/5（或每年下降 0.5%），即那时产量只有 2.63 万吨。这相当于中国 1973 年的粮食总产量。第二，中国将成为世界上最大的粮食进口国。按人均年消费 400 千克计算，到 2030 年，中国粮食消费需求将达到 6.41 亿吨，粮食赤字将达到 3.78 亿吨，粮食消费中有 59% 依赖进口，自给率只有 41%"。其分析认为，中国未来几十年的状况是人口增加、耕地减少、农业资源枯竭，结果必然是导致粮食大量进口，引起世界粮价大幅度上涨。

从贡献率来看，在此期间，粮食减产的79.3%是由粮食播种面积减少引起的，20.7%是由粮食单产水平下降所致。全国粮食播种面积从1998年的113787.4千公顷降低到2003年的99410.4千公顷，减少了14377千公顷，降幅为12.6%，年均降低2.7%；同期粮食单产也有所降低，由1998年的亩产300.1公斤，降低到2003年的288.8公斤，亩产减少了11.3公斤，降幅为3.8%。

在此期间，农业生产的受灾面积和成灾面积进一步趋于扩大，长期疏于农业基础设施建设的局面亟待改变。提高农业防灾减灾水平，努力改变"靠天吃饭"的状况，与以往相比显得更为迫切。具体来看，这一阶段年均受灾面积和成灾面积分别为51413.3千公顷和29626.3千公顷，成灾面积占受灾面积比重高达57.6%，成灾面积占农作物播种面积比重高达19.1%，其间所有年份的成灾面积占农作物播种面积比重均超过15%，超过20%的年份有3个，分别是2000年（22.0%）、2001年（20.4%）和2003年（21.3%），与其他时期相比，这一阶段受灾情况最为严重。尽管这一阶段农村用电量、农业机械总动力、农用化肥使用量等要素投入有所增加，分别增长了68.1%、33.6%、8.0%，有效灌溉面积略增3.3%，但增加幅度与其他时期相比处在较低水平，难以扭转粮食生产下滑趋势。

从各粮食品种来看，在四种主要粮食作物中，这一阶段稻谷减产数量最多，2003年比1998年减少了3805.7万吨，占粮食减产量的46.6%。小麦减产幅度最大，2003年比1998年减少21.2%。具体来看，稻谷、小麦、玉米三种粮食作物分别减产3805.7万吨、2323.8万吨、1712.4万吨，减产幅度分别为19.2%、21.2%、12.9%，减产数量分别占粮食减产数量的46.6%、28.5%、21.0%；大豆生产基本徘徊不前，且波动性较大，略增24.4万吨，增幅为1.6%。

从国家政策来看，1998年10月，党的十五届三中全会通过的《关于农业和农村若干问题的决定》对我国农业的发展作出了重要判断，指出我国粮食等主要农产品由过去的长期供给不足，转变为"总量大体平衡，丰年有余"的格局。随着粮食产量的迅猛增加，粮食生产出现了阶段性过剩，国家粮食库存规模不断扩大，国家财政负担大幅度增加，国有企业的亏损挂账问题严重。1998年年底召开的中央农村工作会议进一步提出农业和农村经济的发展进入了一个新阶段，明确要求将结构调整作为农业和农村经济工作的中心任务。为了进一步加大农业结构调整的力度，2000年年底召开的中央农村工作会议又明确提出，实行战略性的结构调整是整个新阶段农业和农村工作的中心任务。"从粮食生产形势来看，必须实行控制总量、提高质量的措施，否则库存消化不了，农民的粮食卖不出去或卖不了好价钱，粮食实际价格难以回升，对国家和农民都不利。但粮食问题不是孤立的，它是与整个农业和农村经济，乃至和整个国民经济紧密联系在一起的。因此粮食生产的调整，也必须与整个农业和农村经济的战略性结构调整结合起来。"① 在这种情况下，国家开始引导和支持农业结构调整，减少粮食播种面积，扩大经济作物面积。另外，为了改变日趋恶化的农村生态环境，国家还组织了大规模的退耕还林还草项目。20世纪90年代末国家开始大力推广退耕还林还草工程，2000年9月国家发出《国务院关于进一步做好退耕还林还草试点工作的若干意见》，进一步推进退耕还林还草工作的实施，之后共有超过1亿亩的耕地退出以粮食为主的农作物种植。

第四，粮食生产连年丰收阶段（2004—2020年）。这一阶段我国的粮食生产进入历史上最好的时期，粮食产量自2004年以来实现"十二连增"，自2015年以来连续6年站稳1.3万亿斤台阶，实现了历史性"十七连丰"，粮食生产总量从2003年的8614亿斤，快速增加到2020年的13390亿斤，达到历史上的最好水平。这一阶段粮食生产增加了4776亿斤，仅增量就相当于新中国成立初期全国2年多的粮食产量，增幅达55.4%，年均增幅为2.6%，为国民经济平稳运行、社会和谐稳定提供了坚实支撑。

从粮食生产要素来看，粮食播种面积的恢复性增长和粮食单产的快速增加，共同支撑粮食连续增产。其中，粮食单产提高对粮食总产量增长的贡献率达到2/3左右，粮食播种面积增加对粮食增产的贡献率约为1/3。全

---

① 陈锡文、赵阳、罗丹：《中国农村改革30年回顾与展望》，人民出版社2008年版。

国粮食播种面积从 2003 年的 99410.4 千公顷，上升到 2020 年的 116768 千公顷，增加了 17357.6 千公顷，增幅为 17.5%，年均增加 0.95%；同期粮食单产快速增加，由 2003 年的亩产 288.8 公斤，增加到 2010 年的 382 公斤，亩产增加了 93.2 公斤，增幅为 32.3%，年均增幅为 1.66%。这一阶段现代生产要素如化肥、农药、农机、农村用电的使用量以及农田有效灌溉面积均达到了历史上的最高水平，其中农村用电量、农业机械总动力、农用化肥使用量等要素投入明显增加，有效支撑了粮食单产和总产的增加。

从各粮食品种来看，在四种主要粮食作物中，这一阶段玉米的增长最为迅速，产量翻了一番多，再度成为支撑粮食增产的主要品种，占粮食增产的 60.6%。具体来看，稻谷、小麦、玉米、大豆四种粮食作物分别增产 5121 万吨、4775 万吨、14482 万吨、420 万吨，增产幅度分别为 31.9%、55.2%、125.0%、27.3%，对粮食增产的贡献率分别为 21%、20%、61%、2%。总体来看，稻谷和小麦两大口粮品种产量保持稳定增加的态势，口粮在整个粮食产量中仍保持 50% 以上（51.7%）。玉米对粮食生产发展的贡献最大，产量增加占粮食总产量增加量的比重超过 6 成（60.6%），发挥了粮食增产的主力军作用。在这一时期，玉米超过稻谷成为第一大粮食作物，产量占粮食总产量的比重接近 4 成（38.9%）。随着大豆振兴计划的实施，大豆产量也实现了稳中有增，产量达到 1960 万吨，创历史最高水平。

针对前一阶段农业农村发展面临的新情况、新矛盾，党中央统筹城乡经济社会发展，作出"两个趋向"的重要论断，提出优先发展农业农村，全面推进乡村振兴，推动形成新型工农城乡关系的基本方略。2004 年党的十六届四中全会指出：纵观一些工业化国家的发展历程，在工业化初始阶段，农业支持工业、为工业提供积累是带有普遍性的趋向；但在工业化达到相当程度以后，工业反哺农业、城市支持农村，实现工业与农业、城市与农村协调发展，也是带有普遍性的趋向。2017 年党的十九大明确提出要实施乡村振兴战略，并将其写入党章，强调坚持农业农村优先发展，建立健全城乡融合发展体制机制和政策体系。党的十九届五中全会再次强调，要优先发展农业农村，全面推进乡村振兴，强化以工补农、以城带乡，推动形成工农互促、城乡互补、协调发展、共同繁荣的新型工农城乡关系，加快农业农村现代化。

进入21世纪以来，我国农业补贴政策体系逐步建立，并在实践中不断创新完善。从2004年起，以党中央连续17年发布的中央一号文件为标志，形成了强农惠农富农的政策体系。中央着眼经济社会发展全局，确立了把解决好三农问题作为全党工作重中之重的战略思想，作出"两个趋向"的科学论断，制定了工业反哺农业、城市支持农村和多予少取放活的指导方针，聚焦支持稳定发展粮食生产，持续提高政策效能，不断加大对三农发展的扶持力度，改革完善农业补贴政策，逐步构建起符合国情农情的农业支持保护政策体系。一是全面取消农业税，彻底告别了绵延2600多年农民种地缴纳"皇粮国税"的历史，全国农民每年减轻负担1335亿元，进入了农民休养生息的新时期。二是创新农业生产补贴方式，大幅度增加产粮大县奖励资金规模，全面取消主产区粮食风险基金地方配套。中央财政用于三农的支出从2004年的2626亿元快速增加到2011年的1万亿元左右，年均递增21%。2011年中央财政用于粮食生产相关的投入达到4985亿元。其中，粮食直补、农资综合补贴、良种补贴、农机具购置补贴等"四补贴"资金达1406亿元，比2004年的145亿元增长了近9倍。近年来，产粮大县中央财政奖补力度稳定增加。在全国范围内将农业"三项补贴"合并为农业支持保护补贴，政策目标调整为支持耕地地力保护和粮食适度规模经营。加快完善政策性农业保险支持政策，开展农业大灾保险试点，启动实施三大粮食作物完全成本和收入保险试点，不断推动农业保险"扩面、增品、提标"，探索通过补贴撬动金融保险支农的有效路径，完善农业大灾风险分散机制。三是实行粮食最低收购价和临时收储政策。坚持以市场化为导向的粮食流通体制改革，在粮食市场全面放开的同时，国家逐步建立了重要农产品收储制度，以最低收购价政策和临时收储政策为重要标志。这两大政策的实行，释放出国家重视粮食等重要农产品生产的信号，给农民一个种粮的托底价格，让农民吃下"定心丸"放心种粮。国家通过政策托底功能，来保护种粮农民利益、调动地方重农抓粮积极性，稳步提高粮食产量、保障重要农产品供给。

党的十八大以来，通过实施一系列稳健有力的改革举措，实现了农产品价格形成机制、农产品市场调控方式和农业补贴方式的重大转变。从2016年开始，东北地区实施玉米收储制度改革，将临时收储政策调整为"市场化收购加生产者补贴"机制，通过建立玉米生产者补贴制度，保障了多数农民特别是优势产区农民的基本收益。大豆临时收储政策取消后，继而实行目标价格改革试点。从2017年开始，东北大豆与玉米统筹实行"市场化收购＋生产者补贴"政策，标志着由世贸组织"黄箱"补贴政策转为"蓝箱"迈出了实质性步伐。从2020年开始，国家稳定完善粮食最低收购价政策框架，并进一步优化调整稻谷和小麦收购政策运行机制，不断增强政策弹性和灵活性，实行提前"限定收购总量"政策。

上述政策大大丰富了粮食宏观调控的"工具箱"，调动了地方政府重粮抓粮和农民种粮的积极性，推动了粮食优质良种的普及，促进了农业机械的推广应用，提升了自然风险市场风险防范能力，减缓了农资价格上涨对农民种粮收益的冲击，总体上稳定了粮食价格和收入预期。这一时期，粮食生产大幅下滑的趋势得到了全面遏制，实现历史性的跨越，国家粮食安全形势持续向好。

第二节 藏粮于地战略

——根本在耕地:"像保护大熊猫一样保护耕地"

战国初期,魏国国相李悝开创中国变法先河。他在经济上主张"尽地力",指出"地方百里,提封九万顷,除山泽邑居三分去一,为田六百万亩",耕地面积还是比较有限的。如果"治田勤谨则亩益三升,不勤则损亦如之","地方百里之增减,辄为粟百八十万石",应鼓励农民精耕细作。李悝在魏国的变法,极大促进了农业生产发展,使国家走上富强之路。

就全球而言,地表总面积大致是"三分陆地、七分海洋"的分布结构,其中陆地面积约2000多亿亩、不足30%。在世界各国有限的国土面积中,耕地资源更为稀缺,仅有200多亿亩、占10%左右。全球范围内,小农户的生产满足了70%以上的全球粮食需求,尤其是在亚洲和撒哈拉以南非洲地区,小农户产量占粮食消费量达到80%左右[1]。中国是世界上人口最多的国家,占世界近1/5,国土面积中适于农耕的土地很少,不足全球1/10,人均耕地面积不到0.1公顷,仅为世界平均水平的40%左右,是世界上典型的人均耕地资源稀缺的国家。目前,全国18亿亩耕地红线约合120万平方公里,大致与内蒙古一个省份的面积相当,仅占全部国土面积的1/8左右。严防死守耕地红线,持续改善耕地质量,不断夯实农业发展基础,任务艰巨,形势紧迫,对保护中华民族的"铁饭碗"意义重大。

自隋唐以后,我国在历经长期的自然经济发展后,随着人口增加速度

---

[1] 世界粮食安全委员会粮食安全和营养高级别专家组:《水资源与粮食安全和营养》,2015年。

大大超过耕地面积增加的速度，土地私有制下土地买卖大量兼并，农业发展逐步演变成为"小农经济"格局。自秦汉至南北朝时期，我国人地矛盾仍然相对缓和，农户经营规模大致为50~60亩，这一规模也受制于自然条件、生产力水平和农户经营能力多重因素的制约。到南北朝时期，魏孝文帝曾颁布均田令，男子十五以上受露田40亩、妇人受20亩、男子给桑田20亩。唐朝时期也曾颁布均田令，规定丁男与中男每人受田100亩，其中20亩为永业田、80亩为口分田。到北宋初期，农户耕地面积平均40亩左右，南宋之后骤降到了人均5.5亩左右，绝大多数农户耕地面积低于25亩，及至清朝，人均耕地面积更是降至2.83亩，进一步强化了小农户经营格局。

"大国小农"是我们的基本国情农情，人均耕地面积远低于世界平均水平，只有美国的1/200、阿根廷的1/50、巴西的1/15、印度的1/2，今后相当长一段时期内，小规模经营的格局难以从根本上改变。在工业化和城镇化加快推进过程中，耕地面积在以每年300~500万亩的速度缩减。在农业结构调整、生态退耕、自然灾害损毁和非农建设占用等因素的影响下，十分有限的耕地资源面临减少的压力依然巨大。2021年8月，《第三次全国国土调查主要数据公报》正式公布。以"三调"数据看，2019年全国耕地面积19.18亿亩。与"二调"数据（2009年全国耕地面积20.31亿亩）相比，在10年的时间里，全国耕地减少了1.13亿亩，这一数字大致相当于产粮大省河南的全部耕地面积。2009—2019年，全国耕地面积年均减少超过1100万亩，主要原因是农业结构调整、国土绿化以及非农建设用地。这10年间，耕地净流向林地1.12亿亩，净流向园地0.63亿亩。总体来看，尽管全国耕地实现了保有量规划目标（2020年和2030年耕地保有量目标分别为18.65亿亩和18.25亿亩），耕地面积过快减少的速度也有所放缓，其间有些年份恢复增加，但统筹规划生态用地、建设用地、园地林地资源利用，保护耕地"命根子"面临的形势依然十分严峻。全国耕地后备资源较为有限，多数呈现零星散状分布的状态，短期内大规模开发利用存在客观因素制约，近期可开发利用的只占很少比重。

长期以来，相对粗放的农业发展方式，造成耕地地力衰减、质量下降。我国耕地整体质量较差，受干旱、洪涝、盐碱、陡坡、瘠薄等多种因素的影响，质量相对较差的中低产田所占比重约达 2/3，因水土流失、盐碱化等导致质量退化的耕地已占耕地总面积的 40%。我国耕地高强度超负荷利用，长期处于粗放式经营状态，用养失衡导致土壤肥力下降，土壤有机质平均含量不足 1%，远低于发达国家 3% 的水平。据《2019 年全国耕地质量等级情况公报》显示，全国耕地质量等级由高到低划分为一至十等，全国耕地质量比 2014 年提高了 0.35 个等级，约达到 4.76 等级。但四等及以下的耕地仍然占到 68.8%，短期内中低等质量耕地占多数的格局仍难以扭转。

我国东北地区是世界著名的"黄金玉米带"，也是北半球三大黑土区之一。黑土地素有"土中之王"美誉，以前常说"捏把黑土冒油花，插根筷子能发芽"，反映出黑土肥力之高。据统计，东北黑土厚度已经由 20 世纪 50 年代的 60~70 厘米，下降到 20~30 厘米，而且还在以每年 3 毫米左右的速度流失。整个东北黑土区，耕地黑土层平均厚度已下降到约 30 厘米，土壤有机质含量平均减少 30% 以上。据介绍，黑土地 1 厘米土壤腐殖质层的形成需要 300 年左右时间，是很难再生的宝贵资源。近几十年来，黑土地不仅质量明显下降，而且数量也在大幅减少。据 1958 年第一次全国土壤普查资料显示，黑龙江和吉林两省的黑土地总面积约为 1.5 亿亩，到 1982 年第二次全国土壤普查统计，黑龙江和吉林两省的黑土地总面积仅为 0.89 亿亩。

我国水资源最典型的特点是总量严重不足和时空分布极不均衡。目前我国水资源总量 2.8 万亿立方米，约占世界水资源总量的 7%，人均淡水资源量 2200 立方米，不到世界平均水平的 28%。每年农业生产缺水 200 多亿立方米，城市生活用水、工业用水和生态用水还将挤压农业用水空间。我国水资源时空分布极不均衡，从时间分布看，水资源年内、年际变化大，全国大部分地区最大四个月的降雨量约占全年降雨量的 70%；从空间分布看，水资源与土地资源很不匹配，南方耕地面积仅为全国的 36%，水资源总量却占全国的 80%，北方地区水资源短缺矛盾突出，北方耕地面积占全国的64%，但水资源总量却不足全国的20%，北方平均每亩耕地水量仅为南方的1/3。我国是水旱灾害频繁的国家，近年来自然灾害加重，不利气象因素较多，极端性天气增加，对粮食生产造成不利影响。

农田水利是农业基础设施建设的重点内容，搞好水利设施建设是提高农业综合生产能力、稳定粮油供应的重要物质条件。我国水资源短缺且时空分布不均衡、水灾旱灾等自然灾害频发，这一状况决定了必须将水利建设放在突出重要的位置。新中国成立以来，我国开展了大规模的农业水利基本建设，20世纪60—70年代以来，全国掀起了水利建设的高潮，农业水利建设事业突飞猛进。实行家庭承包责任制后，农村集体经济组织的作用明显降低，农田水利建设的难度也随之加大。由于农田水利建设标准不高、配套设施不到位、管护机制不完善，现在很多地方的农田水利工程已经超过规定的使用年限、老化损坏严重、灌溉效益衰减。

经过几十年的建设，我国大江大河治理和大型灌区建设取得了显著成就，但作为水利"毛细血管"的小型农田水利建设相对滞后。农村税费改革以后，"两工"（劳动积累工和义务工）被取消，在国家投入不足的情况下，小型农田水利建设主要依靠农民，而作为其最大投入来源的"两工"已被取消，相应的支持投入没有及时跟进，小型农田水利建设无疑已经处于十分尴尬的境地。近年来，国家加大了农业基础设施的投入力度，农田水利设施薄弱的状况有所改观。但由于农田水利设施欠账较多，至今仍未从根本上摆脱"靠天吃饭"的局面。

农业自然灾害和病虫害多发重发频发，粮食生产抵御风险能力仍然较弱。目前，我国农业基础设施建设依然滞后，已经成为农业现代化的薄弱环节和突出短板，需要下大力气，强基固本，稳定提升应对灾害能力。农田设施老化严重，全国中小灌区干支渠完好率仅为50%左右，大型灌区骨干工程完好率约为60%，有3/4的大型灌溉排水泵站出现老化破损。而且田间渠系不配套、不通畅，"毛细血管"堵塞、农田灌溉"最后一公里"不能通达，仍有不少农业产区"旱不能浇、涝不能排"，亟待从根本上解决长期"仰赖天时"问题。全球气候变暖，极端天气越来越多，气象灾害和生物灾害叠加,对粮食生产造成的风险越来越大。据估算,21世纪以来,全国平均每年因自然灾害损失粮食就达到800多亿斤。近几年,草地贪夜蛾、赤霉病、条锈病等呈重发态势,沙漠蝗入侵周边国家带来的隐患不小,病虫害防控形势严峻。

保障粮食安全,关键是要保粮食生产能力,确保需要时产得出、供得上。习近平总书记指出:"保障国家粮食安全的根本在耕地,耕地是粮食生产的命根子。农民可以非农化,但耕地不能非农化。如果耕地都非农化了,我们赖以吃饭的家底就没有了。"①必须严守18亿亩耕地红线,真正像保护"大熊猫"一样保护好耕地,夯实国家粮食安全的根基。

我国粮食生产"十七连丰"的好形势来之不易,必须紧绷稳产保供这根弦不放松,警惕防范苗头性倾向性问题进一步蔓延深化。2010年以来,我国粮食播种面积总体是上升的,2016年达到历史高点17.88亿亩。2016—2019年,全国粮食面积持续下滑,累计减少4750万亩。其中,2019年全国共减少1460万亩,23个省份粮食面积出现不同程度下降,南方地区12个省份面积减少1053万亩、占全国的72%。与之相应,非粮作物种植面积呈现明显上升趋势,2018年比2010年上升了4814万亩,园地、林地、鱼塘面积增长较多,有的地区出现明显耕地"非粮化"甚至"非农化"倾向。

近年来,农村承包土地流转速度加快、规模扩大。截至2013年年底,全国农村土地流转面积达3.4亿亩,流转比例为26%。土地流入仍以农户为主,流向农户的面积占61.8%,但向合作社和企业规模化流转的趋向明显,流入面积分别增加到占18.9%和9.7%,流转范围也逐步转向村外、乡外、县外。土地流转后经营内容由粮食逐步向蔬菜、苗木、花卉、水果、养殖和农家乐等领域拓展,规模经营效益高于散种农户收益。

对农村土地流转过程中出现的一些苗头性倾向性问题,应当引起警惕。一是农地"非农化"和"非粮化"现象严重,很多经营主体放弃粮食生产,

---

① 《在中央农村工作会议上的讲话(2013年12月23日)》,载《十八大以来重要文献选编》(上),中央文献出版社2014年版。

主要从事苗木、花卉、蔬菜、水果等经济效益高、附加值高的经济作物，即"非粮化"，粮食安全问题难以保障。甚至还有一些经营主体将转移后的农地，变相搞房地产，如农业休闲庄园、度假区、农家乐等，即"非农化"，万顷良田难以恢复。二是有些地方违背农民真实意愿，搞硬性捏合或强制收回农户承包地"垒大户"，损害了农民利益。一些地方以流转比例和流转规模论英雄，采取行政命令的方式，逼得基层干部采取多种方式诱导推进，片面强调受让方的利益，造成了很多矛盾和纠纷。三是企业等新型农业经营主体面临自然、市场、金融和管理等方面的风险，一旦出现较大亏损甚至破产，往往会转嫁给农民，即使与农户签订合同也无法兑现。除此，还有经营主体与农民争补贴、争实惠的问题。

需要进一步关注的是，工商资本对比较效益信号最为敏感，这几年租赁农地的流转费用增加，直接推高经营成本，受比较利益驱动就越来越不愿种粮，"非粮化"趋向更为明显。2016—2018年，稻谷、小麦和玉米三大主粮种植平均净利润出现"三连负"，各类农业经营主体种粮积极性受到直接影响。从土地流转用途情况看，流转土地中用于种植粮食的比重明显下降，一般农户、家庭农场、合作社流转土地后种粮比例约占70%，但大部分工商企业流转土地后，普遍放弃种粮，转而从事粮食种植以外的其他经营活动。当然，也有些地方政府粮食安全责任意识淡化，片面追求特色产业发展甚至违规强推非农建设，存在搞行政推动甚至强行禁止农民种粮的现象。如果任其发展，势必引起"非粮化"倾向进一步加重，而这种趋势一旦形成，往往是难以逆转的。

近年来，各地粮食播种面积主动平稳调减，总体符合农业供给侧结构性改革预期。但是，也有些地方在结构调整中，出现忽视粮食生产、过度调减粮食种植的苗头性倾向，需要引起警惕。截至2018年，家庭承包耕地流转面积达到5.4亿亩，其中46%的流转土地（2.5亿亩）用于种植非粮作物。据统计，2018年，有6个省份粮食面积调减超过200万亩，最高的调减573万亩，5个省份调减幅度超过5%；有14个省份粮食产量出现不同程度下降，最高的减产超过500万吨。

在有些地区，确实存在不同程度的抛荒弃种改用现象。主要有以下几种情况，需要分门别类客观看待。一是季节性撂荒。近几年南方地区水稻"双改单"，导致了农田季节性闲置较多。2017年南方地区双季稻面积比2012年减少800多万亩。有些地方双季稻需要抢收抢种，在人手紧张、雇工费用上涨的情况下，部分大户和农民将耕种条件较差、相对偏远的耕地改种一季；也有许多农民在农闲时外出务工，放弃一季耕种。二是政策性休耕。2016年以来，国家开始探索实行耕地轮作休耕制度试点，到2019年，全国轮作休耕面积由1200万亩扩大到2400万亩，其中休耕面积400万亩。一些地区根据当地生态条件，自行开展了休耕试点。有的经营主体根据耕作需要恢复地力，主动采取季节性休耕，选择每年种植一季，其他时间农地闲置。三是主动性弃耕。调研发现，有的农户长年外出打工，没有新型经营主体愿意流转，也没有亲戚朋友愿意代种。有的地方特别是耕作条件较差的丘陵岗地和低洼圩区，很大程度是"靠天收"，"有投入没产出"。甚至有的地方农村近一半耕地抛荒，原因就是缺乏劳动力，地块零碎、多是"澡盆田"，本村没人种，外村没人租，种了也没收成。四是违法性改用。有些地方在基本农田上植草坪、种林木、挖鱼塘等，改变了基本农田的利用性质，有的甚至违法违规将基本农田变为建设用地，不再具备粮食生产功能，部分地区划定的基本农田或补充耕地"上山"，耕地质量无法保障，对稳固提升粮食产能形成威胁。

要高度重视防范潜在风险进一步积聚，避免引起粮食生产和市场价格出现大起大落，坚决防止粮食供需形势发生大的逆转。坚守14亿人的粮食安全底线，是端牢中华民族"铁饭碗"的重大政治问题和社会问题。决不能单纯从经济角度来看待粮食问题，完全依据比较优势来定位整个农业结构的逻辑是站不住脚的。必须深入实施藏粮于地战略，强化各级地方政府主体责任，牢牢守住18亿亩耕地红线，全面落实永久基本农田特殊保护制度，确保15.46亿亩永久基本农田数量不减少、质量不下降，保障粮食播种面积稳定在17亿亩以上。持续开展耕地保护与质量提升行动，加大东北黑土地保护利用力度，加强华北地区地下水超采综合治理，推进南方重金属污染耕地治理修复，不断提升耕地质量。

对于耕地抛荒改种的问题，要正确认识、辩证看待，根据抛荒改种原因的不同分类处理，避免耕地"非粮化"，防止"非农化"，坚决守住耕地保护红线。一是该退出的要统筹权衡退出。对于因耕作条件较差、耕作效益不高、生态承载力不足等原因而出现季节性撂荒、主动性抛荒的，要保持战略定力，综合考量把该退的退出来，把该减的减下来，与现有的退耕还林还草、轮作休耕等政策相结合，促进生态养护、地力改善。二是该支持的要加大力度支持。对于因耕地基础设施退化、土地细碎化、没有新型经营主体流转承接等情况抛荒的，要加大耕地基础设施建设投入力度，创新农业经营方式，发展多种形式的适度规模经营，支持新型农业经营主体带动小农户把地种起来、耕种好。三是该纠正的要坚决予以纠正。对于耕地大规模"非粮化"的，要密切跟踪、加强监管，防止掠夺性耕种、破坏耕作层，影响耕地等级和地力。对于耕地"非农化"和基本农田"上山"等违法违规行为，要严肃问责，发现一起、查处一起，坚决守住耕地数量和质量红线。

尽管当前我国粮食生产还面临很多制约因素，但从长远看，通过对耕地整理、复垦、开发，农业结构调整，后备资源的适度挖潜，以及增加复种指数和提高耕地质量，我国粮食播种面积和产出水平仍然有一定的增加潜力。根据原国土资源部数据，通过耕地整理、复垦、开发，农业结构调整等，2001—2008年，我国耕地面积恢复增加5063.8万亩，年均增加633万亩。第三次全国国土调查显示，全国共有8700多万亩即可恢复为耕地的农用地，还有1.66亿亩可以通过工程措施恢复为耕地的农用地。我国的滩涂面积约1.1亿亩，其中可以利用围垦的淤泥质海岸的滩涂资源丰富，通过滩涂资源的开发利用，也能在一定程度上缓解耕地资源的供给压力。另外，复种指数也具有一定的潜力，如果全国耕地平均复种指数从155%提高到160%，相当于扩种1亿亩，可增产粮食0.24亿吨。通过提高复种指数，可使粮食作物播种面积稳定在17亿亩左右。

据评估数据显示，高标准农田项目区耕地质量能够提升1～2个等级，粮食产能平均提高10%～20%。通过加强田间水利工程和耕地质量建设，提高耕地保水、保土和保肥能力，未来如果使4亿亩中低产田的基础地力提高一个等级，按每亩耕地提升一个等级具备增产150斤能力测算，可新增粮食生产能力600亿斤左右。据测算，全国9亿亩粮食生产功能区建成后，可保障95%的口粮消费量、90%的谷物消费量，稳住国家粮食安全基本盘。

要以高标准农田建设为抓手加强生产基础设施建设，优化农产品区域布局和种植结构，积极防控粮食生产风险，全面夯实保障粮食有效供给基础。建设高标准农田是"藏粮于地"战略的重要内容，目前已建设高标准农田8亿亩，但还面临着资金投入不足、建设标准偏低、建设质量不高等问题。要加大项目资金整合力度，创新债券融资等投融资方式，确保到2022年建成10亿亩高标准农田，实现旱涝保收、高产稳产，"一季千斤、两季吨粮"。推进大中型灌区续建配套节水改造与现代化建设，保证农业生产旱能灌、涝能排，稳固提升粮食综合生产能力。

总体看，农民土地流转的意愿有增加趋势，土地流转形式也呈现多样化，以出租、转包、转让、互换、股份合作、托管等为主，逐步由自发流转向组织化、有序化流转发展，流转后土地承包权主体同经营权主体存在事实分离。

当前农村土地流转面临着一些现实的制约因素，直接影响土地承包经营权的长期稳定流转。一是土地流转服务体系建设滞后，有些土地流转行为还不规范，一些口头协商、私下协议流转，存在许多纠纷和隐患。二是土地流转期限以短期为主，经营主体对流转缺乏稳定的预期，长期投入不足，很多地方基本上为1年或2～3年一签，5年以上的流转合同较少。三是土地依然发挥着重要的社会保障功能，不少农户宁肯粗放经营甚至撂荒也不愿流转。有专家说，在进村入户调研时，当问及是否愿意流出土地时，农民说："没有土地，怎么过日子？""土地租出去，我们干什么？"很多农户以农业生产为主要经济来源，习惯于靠种地养活自己，特别是现阶段农民的基本生活、养老、医疗、社会救助等社会保障水平较低，外出务工收入还不稳定,很多农民将承包地看成"活命田",作为年老力衰返乡务农的一条退路。四是土地承包管理不规范,纠纷不断并且难以解决。有专家认为,在没有做好确权登记颁证的前提下,如果先稀里糊涂流转起来再说,这将为以后发生土地纠纷埋下隐患,打官司都没有凭据。

  对农村土地流转问题,要加强法律监管和政府引导服务,重点应把握好土地流转"向哪转""流给谁"两个关键。严格土地用途管制,坚决防范农地"非农化",通过市场和政策引导规范,切实抑制过度"非粮化"。对于耕地"非农化",政策上有明确要求,法律上严格禁止,应探索建立准入和监管制度,确保土地资源的合理利用,避免农地违法改变用途,防止投机行为。对于"非粮化",难以用行政的方法强行加以限制,要采取科学得力的引导措施。比如,对从事规模种粮的主体,在农田基本建设、农业机械购置、农业信贷等方面采取更加有力的倾斜扶持政策,提高经营主体种粮的积极性。要鼓励探索土地流转的有效形式,创新完善利益联结机制,让农民在流转土地中获得更多利益。专家建议,支持农业龙头企业创新完善利益联结机制,探索创建复合型的农民合作社,引导农户以土地、资金、劳动力等要素入股参与农民合作社发展,形成产权联姻的共同联合体。积极探索农村土地股份合作,鼓励农户以承包经营权入股家庭农场、农民专业合作社、农业企业等生产经营主体,根据经营主体经营状况按股分红。

第三节 藏粮于技战略

——出路在科技:"让农业插上科技的翅膀"

长期以来,我国农耕文明居于世界先进水平,秘诀就在于精耕细作,其实质上是一个内涵丰富的农业科学技术体系。从春秋中期开始,我国开始进入铁器时代,铁农具的普及和牛耕的推广带来生产力的飞跃。明清时期,适应人口激增和耕地紧张的情况,多熟制种植、间作套种、轮作等耕作制度广泛应用。早在夏商周时期,我国就有"嘉种"之说,亦即良种。清代康熙在丰泽园的水田中以"一穗传"方法育出早熟稻,后经30多年试种推广到江南一带,该品种后来被称为"康熙御稻"。我国在长期的农业生产过程中,培育了丰富的作物品种,尤其是稻、大豆、养蚕缫丝和茶,堪称我国农业"四大发明"。现存的古代农学著作《氾胜之书》《齐民要术》《陈旉农书》《王祯农书》《农政全书》,统称"五大农书",成为古代农业科学技术的重要文献,对千百年来中国乃至世界农业的发展产生了广泛而深远的影响。

农业的根本出路在科技。粮食增产的潜力主要在单产,科技进步是提高单产的主要动力,逻辑基点在于推进农业科技自主创新和推广应用。在20世纪50年代,中央提出了建设现代农业的方向目标,毛泽东同志提倡科学种田,把农业增产的基本措施总结为"土、肥、水、种、密、保、管、工"八个字,这就是著名的农业"八字宪法"。1978年底,党的十一届三中全会召开,邓小平同志提出要走出一条适合我国国情的农业现代化道路,大力支持农业科技发展,对农业科教、机械化、专业化、农用工业、农产品加工业等作出全面部署。1989年,中央首次提出要把科技兴农作为振兴农业的重大战略措施，并逐步明确将坚持科教兴农战略作为推进农业现代化的重大战略。

党的十八大以来，国家实施科技创新驱动发展战略，加快构建适应农业高质量发展的科技创新体系。习近平总书记指出："要下决心把民族种业搞上去，抓紧培育具有自主知识产权的优良品种，从源头上保障国家粮食安全。一粒种子可以改变一个世界，一项技术能够创造一个奇迹。要舍得下气力、增投入，注重创新机制、激发活力，着重解决好科研和生产'两张皮'问题，真正让农业插上科技的翅膀。"①2019年年底召开的中央经济工作会议再次强调，要开展种源"卡脖子"技术攻关，立志打一场种业翻身仗。要尊重科学、严格监管，有序推进生物育种产业化应用。

实践证明，科学技术是第一生产力，是农业发展的主要驱动力。我国农业科技创新能力稳步提升，为粮食生产不断迈上新台阶作出了重大贡献。农业科技进步贡献率由改革开放初期的27%，逐步提高到2020年的60%左右，增加了约33个百分点，农业生产方式实现了由物质要素驱动向依靠科技创新的历史性跨越。近几十年来，我国粮食生产取得了长足的进步发展，总产量的增加主要是通过单产的提高实现的。1978—2020年全国粮食产量增幅达119.7%，粮食播种面积减少3.2%，单产增幅达126.7%。也就是说，改革开放以来粮食单产水平的持续稳固提高，不仅弥补了面积减少的影响，而且支撑了总产量实现翻一番多。

历史地看，我国农作物的对外传播以及物种引进，对全球农业生产和粮食安全无疑作出了巨大贡献。在长期的农业生产实践中，我国培育了600多种农作物品种（世界上有1200种作物），其中约有300种起源于我国。如，我国稻作技术在公元前15世纪传入印度，公元2世纪传到尼罗河平原，现在稻米已经成为全球30多个国家和半数以上人口的主食品种。大豆原产于中国，现在世界各国的大豆基本都是直接或间接从我国传去的。19世

---

① 《在中央农村工作会议上的讲话（2013年12月23日）》，载《十八大以来重要文献选编》（上），中央文献出版社2014年版。

纪后期开始传入欧美各国，20世纪30年代逐渐遍及世界各地。原产我国的糜子（黍），更是早在7000～8000年前就传到欧洲。在目前栽培的600种作物中，另有300种左右是从国外引进的。小麦在约4500年前从西亚两河流域开始传入我国黄河中下游地区，之后经过2000多年，我国又通过西北丝绸之路引进棉花、蚕豆、豌豆、黄瓜、胡萝卜、大蒜、胡椒等作物。自明朝开始，玉米、甘薯和马铃薯陆续从国外引进，距今有400～600多年的历史，这些品种适应性强且产量高，在当时就被广泛用于应对灾害和饥荒，并逐渐成为重要粮食作物。有人称之为我国第二次"粮食生产革命"。

种业处于整个农业产业链的源头，在农业现代化中具有基础性战略地位。新中国成立以来，我国水稻单产经历了"三次飞跃"。20世纪50—60年代育成了矮秆水稻，20世纪70年代育成了"三系杂交水稻"，20世纪末培育出"两系杂交稻"和籼粳亚种间杂交所育成的"超级稻"。

现在"杂交水稻"已经广为人知，家喻户晓。早在1970年，袁隆平提出了"用远缘的野生稻与栽培稻进行杂交"的设想，根据这一设想，他的学生李必湖在海南找到一株奇异的野生稻，由此转育出的3粒珍贵种子被命名为"野败"。1972年，杂交水稻被列为国家重点科研项目，由中国农林科学院和湖南省农科院主持，组织全国力量协作攻关。1973年，袁隆平发表《利用"野败"选育"三系"的进展》，正式宣告中国籼型杂交水稻"三系"（雄性不育系、保持系、恢复系）配套成功，攻克了杂交水稻难关。从1974年开始，杂交水稻在湖南试种，之后陆续大面积种植推广，为我国粮食增产作出了巨大贡献。袁隆平院士也因此被誉为"世界杂交水稻之父"，并荣获"共和国勋章"。他在2018年未来科学大奖颁奖典礼上表示，"科学研究永无止境，我还有两个梦，一个是禾下乘凉梦，一个是杂交水稻覆盖全球梦。我的心愿是发展杂交水稻，造福世界人民"。"禾下乘凉梦"是袁隆平的中国梦，梦想水稻能一直长到比人还高，人们能坐在丰实的稻穗下面乘凉，秸秆像高粱那么高、稻穗像扫把那么长、籽粒同花生那么大，这是对未来杂交水稻高产的理想追求。"杂交水稻覆盖全球梦"反映出对全球粮食安全的美好愿景，他曾说"杂交水稻推广到全世界，全球的粮食产量就高了,到那时,不单是中国,全世界挨饿的人都会少很多"。

经过数十年的努力,我国种业科技和产业发展取得了明显成效,农业用种安全是有保障的。据统计,1979—2001 年,全国经确认的农业科技成果近 5 万项,已培育并推广各种作物新品种、新组合 1600 多个,主要农作物品种已更换 2～3 次,每次更换都使单产增加 10% 以上。新品种技术的推广应用,是实现粮食单产水平提高的关键因素。特别是杂交优势利用技术的重大突破,为我国粮食生产作出了重要贡献。2020 年,农作物自主选育品种种植面积占比超过 95%,农作物良种覆盖率稳定在 96% 以上,水稻、小麦两大口粮作物品种做到了完全自给。我国粮食种子可以依靠自己的力量来解决,确保实现"中国粮主要用中国种"是没问题的,完全可以保障口粮绝对安全、谷物基本自给。另外,我国畜禽和水产核心种源自给率分别达到了 75% 和 85%,也为稳定重要农副产品供给提供了技术支撑。

世界种业正迎来以基因编辑、合成生物学、人工智能等技术融合发展为标志的现代生物育种科技革命。与国际先进水平相比较,我国种业还面临与农业现代化发展新形势不相适应的环节,存在不少亟待补上的短板弱项。目前我国大豆、玉米单产水平还不到美国的 60%,蔬菜国外品种种植面积占比达到 13%。尤其是,耐储番茄、甜椒等少数专用品种进口率在 50% 以上,生猪繁殖的效率、饲料转化率和奶牛年产奶量都只有国际先进水平的 80% 左右,白羽肉鸡祖代种鸡主要还是依靠进口。种质资源保护利用不够,自主创新能力还不强,特别是育种理论和关键核心技术与国际先进水平差距较大。种业企业依然存在"小散弱"问题,创新主体企业竞争力还不强。与国内对农产品日益增长的多样化需求相比,高产优质、绿色高效、适宜机械化的专业优良品种还较为短缺,必须正视有些品种和具体环节的国际差距,增强竞争意识和目标导向,稳步提高自身创新发展质量。

在新品种选育方面,像杂交水稻这样的突破性品种少,栽培技术研究集成不够,近年来很少出现像抛秧、旱育稀植、地膜覆盖这样的重大增产技术。从短期来看,我国粮食品种增产技术应用难以有重大突破,提高粮食单产的难度增大。目前,我国农业科技的研发能力、成果转化能力、农业技术推广能力等都还相对薄弱,特别是农民受教育程度和新技术接纳能力不高,对粮油生产发展形成了制约,我国农业的科技贡献率仍然较低,科技支撑的作用还有待于进一步增强。从前些年情况看,农业技术推广和成果转化的问题主要表现在以下三个方面,至今仍未从根本上得以破解。一是农业科研与推广脱节。全国共有1170个农业科研机构和45所高等农业院校,科技人员达10万人,15.1万个基层农技推广服务机构和100多万名农技推广人员,机构条块分割,力量分散,难以形成合力。二是农业科技成果转化率低。我国每年大约取得6000多项农业科技成果,但转化率只有30%~40%,而农业发达国家成果转化率已达到70%~80%;全国平均每年审定的品种在100个以上,但有突破性的主导品种不多,其中90%的品种推广面积不足100万亩。三是转化成果的普及率和入户率低。目前我国农业科技成果转化后的普及率也只有30%~40%,比发达国家低约40个百分点,也就是说在已转化的成果中,又有2/3没有应用于生产实践。

随着我国农业对外开放的深入发展,农作物种业的开放程度会越来越高。自2017年以来,我国就开始推动和实施外资准入负面清单,农业领域的外资准入和农作物种业的对外开放一直是重要内容之一。2018年开始种业外资准入限制逐步放宽,种业开放力度进一步加大。自2020年7月起施行外商外资准入特别管理措施"负面清单",提出"小麦新品种选育和种子生产的中方股比不低于34%,玉米新品种选育和种子生产必须由中方控股""禁止投资农作物、种畜禽、水产苗种转基因品种选育及其转基因种子(苗)生产"等。在自贸区外商投资准入特别管理措施中,将玉米新品种选育和种子生产放宽到"中方股比不低于34%",进一步推动了农作物种业的对外开放。可以说,制定外资准入负面清单旨在实施更大范围、更宽领域、更深层次的全面开放,扩大种业开放是构建农业开放新格局的重要内容,也是加快现代种业高质量发展的必由之路,彰显出中国主动扩大对外开放的决心。

作为"藏粮于技"的关键领域,农作物种业对保障国家粮食和重要农产品安全具有重要作用。展望未来,我国农业科技研发前景广阔、任重道远，必须抢抓机遇、加快创新、迎接挑战。要紧盯提升科技水平这个种业竞争的关键，加强农业种质资源保护开发利用，聚焦关键核心技术攻关，努力在原创技术和底盘技术方面取得突破，推动种业由产量数量型向质量效益型转变。要加强知识产权保护和市场监管，优化种业发展营商环境，建立健全商业化育种体系，在种业开放中健全信息监测预警机制。加快实现种业跨越发展，合力攻坚打好种业翻身仗，保障国家种业安全。

农业机械化是农业现代化水平的重要标志，曾经承载了几代人的梦想。如今农业生产方式已经实现了从主要依靠人力畜力到主要依靠机械动力的历史性转变，可以说，粮食生产基本告别了"面朝黄土背朝天"的传统田间劳作方式。从20世纪50年代初期开始，面对旧中国机械工业基础底子薄的现实，农业机械化白手起家，把解决最基本的农具问题作为恢复发展农业生产的紧迫工作。1959年4月，毛泽东同志以《党内通信》形式，发出了一封致省、地、县、社、队以至生产小队的信，提出"农业的根本出路在于机械化"的著名论断。同年9月，农业机械部成立；11月，我国第一拖拉机制造厂正式投产。时任国务院副总理谭振林说，"我国农民早已盼望着的'耕田不用牛'的伟大时代已经来到了"。自此，中国一拖制造的"东方红"拖拉机源源不断从洛阳驶向全国，农业机械化的大幕就此徐徐拉开。"东方红"拖拉机一度成为中国农业机械化的代名词。1962年我国发行了第三套人民币，这套人民币在我国流通了38年。很多人还记忆犹新，其1元纸币券面主图印的就是国产第一批"东方红-54"拖拉机。20世纪60—70年代，国务院相继召开了三次全国农业机械化会议，采取一系列行政手段，加快农业机械化进程。

20世纪80年代初期，由于农村实行了家庭联产承包责任制，分田到户，土地经营相对分散，规模减小，使农业机械化的发展一度遭受挫折，发展速度减慢，有些地方甚至出现了倒退现象。"包产到户，农机无路"，在一定程度上反映了这一时期的农业机械发展状况。1982年，国家提出发展小型农业机械的构想，允许农民私人购买大中型拖拉机等，为农业机械化发展注入了新的活力。20世纪90年代以来，农机所有制结构发生的重大变化，使个体经营户迅猛发展，农民逐步成为农机化事业的投资、经营主体，农业机械化进入了以市场为主导的发展阶段。21世纪以来，我国颁布实施《农业机械化促进法》，并推动实行农机购置补贴政策，改善了农业机械化发展环境。这极大地调动了农民、农业生产经营组织购置和使用农业机械的积极性，促进了农机化新技术、新机具的普及应用，推动农业机械化进入跨越式发展阶段。经过几代人的不懈努力，我国农业机械装备总量加快增长，农业机械化水平得到了快速的提高。2008年全国拖拉机总量首次超过2000万台，是改革开放初期的10倍多。2012年全国农机总动力首次超过10亿千瓦，是改革开放初期的近9倍。到2020年，全国农作物耕种收综合机械化率达到71%，小麦生产基本实现全程机械化，玉米、水稻耕种收综合机械化率超过80%，全国主要产区基本实现农业机械化。

农机物质技术装备作为先进生产工具和农艺技术大面积实施的载体，为提高粮食综合生产能力提供重要支撑和动力。当前，我国农业机械化和农机装备产业发展还不充分，不同品种和不同区域的农机化水平发展也不均衡，不同作业环节和自身配置结构等方面仍存在突出问题，一些深层次矛盾亟待解决。农机装备有效供给依然不足，农机和农艺融合度还不够高，适宜机械化的基础设施建设相对滞后，需要加快提升农机具的可靠性和适用性，加强品种选育、栽培制度与机械化生产的融合性和适应性，推动化解农机"作业难"问题。

与世界发达国家相比，我国粮食生产耕作方式还存在很大差距。至20世纪七八十年代，世界发达国家就已实现了高度的机械化和现代化。其中，美国1925年就开始了拖拉机取代畜力和人力的农业机械化，到1940年基本完成了农业机械化。日本1955年以后开始农业机械化，到1977年在育秧、插秧、收割、脱粒和烘干等环节全部实现了机械化，并向自动化发展。德国在"二战"后开始农业机械化，到1953年基本实现农业机械化。以美国、加拿大、英国、法国、德国、澳大利亚等其他工业发达国家为例，农机装备均达到了较高的水平，每百公顷平均拥有5.98台拖拉机、0.84台谷物联合收割机；每千名农业劳动者拥有的拖拉机数量，加拿大为1824台，美国为1586台，法国为1406台，意大利为1294台，德国为1018台，英国为931台，澳大利亚为705台，日本为732台。目前，经济发达国家的农机装备已进入了新一轮更新换代阶段，并向以应用电子计算机信息处理技术为标志的未来农业方向发展。另外，我国农业机械的技术与质量水平较为落后。在机具制造上，呈现功率小、企业规模小、品种少、造价高、故障多、生产厂家多的现象。在实际生产应用上，表现为质量可靠性、地区适用性、使用安全性、驾乘舒适性较差。在产品质量上，表现为故障多，发达国家拖拉机的平均无故障作业时间在330小时以上，而我国拖拉机不超过280小时。有些国产大型拖拉机的外购配件质量差，对不同地区的土壤适用能力差，存在80马力拖拉机拉不动四铧犁的现象。

除此之外，农机装备结构性矛盾也相当突出。一是在不同粮食品种之间，农业机械化程度存在较大差异，水稻机械化插秧、玉米机械化收获仍是薄弱环节。从2003年的情况来看，在小麦、水稻、玉米、大豆四大粮食作物中，小麦机播和机收水平分别达到82%和77%，已基本实现了机械化；而大豆机播和机收分别为50%和25%左右，正处于发展时期；尤其是玉米机收水平仅为3%，技术上还不成熟；水稻机械化栽植和机收水平则分别只有5%和26%。尽管我国稻谷机械化收获水平发展较快，但在稻谷栽植机械化方面，特别是工厂化集中育秧、机械化插秧等种植机械化水平较低。此外，农机与农艺配套技术研究仍处于初级阶段，不够完善、不尽配套的机械化生产技术已成为制约稻谷生产的重要瓶颈。二是在不同地域之间，农业机械化水平发展不均衡。东西部地区农机化总体水平差距较大，如黑龙江、天津、江苏、山东省综合农机化水平都在50%左右，而云南、贵州、广西、四川等农机化综合水平不到10%，最低的贵州省还不到2%。三是在不同作业环节之间，农业机械化程度存在较大差异。如全国机耕、机播和机收作业机械化水平分别为47%、27%和20%，水稻机插、机收分别为5%和26%，玉米机播和机收分别为50%和3%，相互之间发展极不平衡。四是在不同农机配置方面，农机自身装备结构不尽合理。我国农机装备整体结构水平相当于国外20世纪80年代的水平，且小动力配套机具多，大动力配套机具少，单一作业技术含量低的机具多，复式作业专业化、高科技水平的机具少。农机自身装备结构的不合理导致粮田耕层变浅、土壤板结、肥力及蓄水纳墒能力明显下降，严重影响了粮食综合生产能力的提高。

研究表明，农机装备对粮食增产的贡献份额在10%左右。加快农业机械化发展是今后一个时期降低农业生产成本、提高种粮效益的重要途径，也是提高粮食综合生产能力的潜力所在。通过提升农机装备水平，充分发挥农业机械化在提高粮食生产效率、争抢农时、提高复种指数、抗旱排涝乃至节本增产等方面的重要作用，可使农机装备对粮食单产增产贡献率在现有基础上进一步提高。

近年来，我国粮食生产总体相对稳定，播种面积保持在17.5亿亩以上，产量连续6年在1.3万亿斤以上。尤其是，旱涝保收农田增加、机械作业比例提高、优良品种更新推广、病虫草害损失减少，这些因素支撑了单产水平的提高，弥补了面积减少的影响。但总体看，我国粮食育种自主创新能力还不强，农业科技研发、成果转化、技术推广能力等相对薄弱，还未有效打通科技转化应用"最后一公里"，短期内粮食增产技术应用难有新的重大突破。与保障14亿人口的粮食安全相比，现代农业科技的强力支撑作用还不相适应。2003—2015年我国粮食单产年均增长2%，但近年来受重大技术品种短期内突破难等影响，粮食单产增速明显趋缓，2015—2020年年均仅增长0.9%。

粮食单产水平的提高，已经成为支撑我国粮食增产的主要因素。2020年我国农业的科技进步贡献率迈上60%新台阶，但与发达国家70%～80%的水平相比差距依然较大，通过科技提高我国单产的潜力仍有不小空间。提高粮食单产的关键在于普及优质高产的新品种。袁隆平认为，如果我国超级稻实现大面积推广种植，以超级稻亩均增产150公斤、年均种植面积2亿亩计算，未来每年将增加600亿斤粮食，可多养活7000万人。未来，预期随着现代生物育种产业化应用的有序推进，我国提高粮食单产的潜力将会更大。

从先进作物栽培技术的科研攻关、引进和推广情况看,挖掘粮食增产潜力还有一定空间。水稻旱育稀植栽培技术增产效果显著,北方地区一般每公顷增产1200公斤左右,南方地区增产750公斤左右。水稻抛秧技术的增产效果也较为明显,一般比插秧稻每公顷增产450公斤。地膜覆盖栽培是传统农业技术和现代农业技术相结合的一项技术,增产效果尤为显著。以玉米为例,根据全国农业技术推广服务中心的资料,地膜玉米一般每公顷增产2.25吨左右,高的达3～4.5吨,增产幅度30%～60%。在测土配方施肥技术方面,据原农业部的调查统计,开展测土配方施肥一般可使粮食单产提高6%～10%。

进入新世纪以来,以转基因技术、基因编辑技术、合成生物技术、体细胞克隆技术等为代表的一系列前沿生物技术,日益成为新一轮现代农业发展的新引擎。改造提升传统农业,必须持续强化农业科技的支撑作用,引领农业高质量发展。要加快实施农业生物育种重大科技项目,深入实施农作物良种联合攻关,培育一批育繁推一体化种子企业,抓好国家种子基地建设,谋划并落实打好种业翻身仗行动,争取在农业现代化进程中实现重大突破。从优良品种看,粮食作物良种实现了全覆盖,自主选育品种超过95%,品种更新换代了5～6次,一系列优良品种得以推广应用转化为现实产量,每次都使产量增加10%以上。一批优质、高产、抗逆新品种正蓄势待发,未来根据需要分类有序从技术储备走向田间地头,将强力支撑粮食生产在高水平上实现新的跨越攀升。从智慧农业看,一批新技术如粮食作物遥感、水肥药精准施用、无人机植保等,已经开始大规模应用。一系列前沿技术如农业大数据分析、5G农用技术、农业机器人等有望取得突破性进展,未来粮食生产智能化水平将进入新的发展阶段。从农机装备看,一系列自主研发的深耕深松、精量播种、减损收获等机械开始深入推行,一批大马力拖拉机、北斗卫星导航自主作业、大型节水喷灌等设备推广条件逐步成熟,日益展现出广阔的发展前景。从防灾减灾看,我国跟踪粮食作物主要病虫害流行规律开展重大研究,探明成灾机理并实现了预测预报技术的精准性、及时性和有效性。一批绿色防控技术和药剂逐步推广应用，使得粮食生产抵御病虫害的能力大大提升。

　　在资源要素约束趋紧的现实条件下，保障国家粮食安全，必须深入实施藏粮于技战略，强化科技装备支撑保障，给现代农业插上科技的翅膀。在世界百年未有之大变局中，近些年经济全球化受到严重挑战。相比农产品贸易的不确定性而言，"卡脖子"技术问题是更为长期的关键问题。必须着眼长远，聚焦生物育种、智慧农业、农机装备、绿色投入品等重点领域，加快推进农业关键核心技术攻关。加强国家农业科研基地、区域性科研中心的创新能力建设，逐步构建以国家农技推广机构为主体、科研单位和大专院校广泛参与的农业科技成果推广体系。深入实施大豆振兴计划，适应市场需求变化，着力增加高油高蛋白大豆、饲用玉米和优质水稻、强筋弱筋小麦等紧缺、优质、绿色品种供给。加快推进"南繁硅谷"建设，深入实施现代种业提升工程，组织开展水稻、小麦、玉米、大豆良种联合攻关，加快培育一批高产绿色优质、适宜机械化作业、资源高效利用的新品种。要加强种质资源保护和利用，加强种子库建设。培育壮大农业科技服务公司，开展农业产业科技社会化服务，推进产学研深度融合。深入推进绿色高质高效行动，建设一批农业绿色提质增效技术集成示范区，辐射带动大面积增产增效。推进主要粮食作物生产全程机械化，加强农业设施和玉米机收、水稻机插、丘陵山区农机作业等薄弱环节农机装备研发推广，加强农田宜机化改造。实施数字农业农村建设工程，加强智慧农业技术装备的研发和集中应用。加强动植物疾病防控和防灾减灾体系建设的科技支撑，建立水旱灾害、病虫害和冻害等自然灾害的快速应对机制，增强科技创新和应急应变能力。

　　纵观人类文明发展史，前沿颠覆性理论的每一次重大创新，科学技术应用的每一次重大突破，比如蒸汽机、火车、飞机的诞生等，都会引发激烈的争论，带动人类思想的进步和思维方式的深刻变化。转基因技术也不例外，作为全球生命科学的重大前沿技术，公众对新生事物的认知接受需要一个过程，这种渐进式、螺旋式的认识过程往往带有普遍性、规律性，甚至出现疑虑和担心也都是正常的。

从科学层面看,世界上科学界对转基因的安全性已有共识,不存在科学争议[①]。从生产消费实践看,经过30多年科技研发和20多年产业化应用,全球70多个国家超过数十亿人食用消费过转基因产品,至今未发现过被科学证实的转基因食品安全事件。全球几百亿只鸡饲喂转基因饲料已超过20年,按蛋鸡的生命周期一年1~2代计算,已经繁衍了20~40代,也尚未发现安全性问题[②]。

实际上,"转基因"的字面意义容易引起公众恐慌,公众误以为基因会在物种间自由转移,进而改变人类基因,影响后代。但在国际上,所谓的"转基因生物"英文原文是"Genetically Modified Organism",主要指用基因工程技术改造生物体。众多国际专业机构对转基因产品的安全性已有权威结论,通过批准上市的转基因产品是安全的[③]。目前有关转基因安全性的争论,主要是从事生物技术专业领域的学者与非专业领域人士之间的争论,一度出现非理性过度渲染的"妖魔化"、政治化、情感化倾向,超出了单纯的科学技术范畴,加剧了公众对转基因安全问题的疑惑甚至抵触情绪。

转基因技术是属于全人类的一项重大新兴技术,已成为当代农业科技浪潮中最具革命性、最为活跃的技术领域,正处于研发应用的战略机遇期。世界各国高度重视农业转基因技术研发和产业应用,全球生物技术及其产业进入抢占制高点的发展阶段。美国作为转基因技术研发大国,控制了全球农业生物技术大部分核心专利。

2019年,全球有29个国家种植了近29亿亩转基因作物,自1996年转基因作物开始商业化种植以来,累计种植面积达到400多亿亩。转基因

[①] 农业农村部农业转基因生物安全管理办公室:《思维上的困惑:公众关心的转基因问题》,中国农业出版社2018年版。

[②] 光明网基因科普团队:《别上当了,你必须知道的转基因问题》,光明网,2021年3月25日。

[③] 农业农村部农业转基因生物安全管理办公室:《思维上的困惑:公众关心的转基因问题》,中国农业出版社2018年版。

种植品种已经覆盖水稻、大豆、玉米、小麦、马铃薯、棉花、油菜、苜蓿、甜菜等32种作物。目前，世界主要转基因农作物种植已达到相当大的比重，全球范围内种植的棉花79%、大豆74%、玉米31%、油菜27%都是转基因的。

美国不仅是世界上转基因农作物生产大国，也是转基因食品消费大国。据美国农业部（USDA）数据，美国转基因作物种植比例接近95%，其中玉米92%、棉花96%、大豆94%、甜菜99%都是转基因的。另外，巴西大豆、玉米和棉花等转基因作物种植面积占94%左右，阿根廷种植的大豆、玉米和棉花几乎100%都是转基因的，加拿大90%（大豆、玉米和油菜）、印度棉花94%也都是转基因的。

据美国杂货商协会（GMA）统计，美国市场上75%～80%的加工食品都含有转基因成分。2019年，美国大豆产量9668万吨，除出口5200多万吨外，其余4400多万吨（约占46%）大豆都在美国国内消费。美国玉米产量3.61亿吨，除出口4100多万吨外，其余88%以上的玉米也几乎全部在美国国内消费。加拿大油菜籽产量1945万吨，其中出口831万吨，其余大部分油菜籽（占57.3%）在加拿大国内消费。

以大豆为例，国际大豆贸易中95%是转基因的，不仅用于饲料，也用于榨油等食品行业。日本每年进口消费了大量的转基因农产品，进口大豆95%以上是转基因产品，2019年进口转基因大豆322万吨，占国内消费量的90%。另外，日本进口的玉米、油菜籽基本也都是转基因的，2019年进口转基因玉米1519万吨、油菜224.2万吨，分别占国内消费量的95%和97%。欧盟每年也大量进口转基因农产品，除大豆外，还涉及玉米、棉花、油菜、甜菜及其加工品。2019年欧盟大豆消费量为1771万吨，进口大豆1465万吨，其中转基因大豆1275万吨，约占总进口量的87%、总消费量的72%。另外，欧盟进口玉米2377万吨，其中转基因玉米约占进口量的27%、总消费量的8%。

全球未来科技之光正在悄然绽放。我国作为世界农业大国，必须坚持农业科技自立自强，主动出击，抢抓机遇，加快新一代前沿生物技术与信息技术融合创新，积极稳妥推动从技术储备转向产业运用的进程，在分子级育种研发应用领域占据一席之地。应尊重科学、严格监管，围绕保障国家粮食安全，分类有序推进生物育种产业化应用，按照"非食用—间接食用—食用"的路线图，明确重点品种发展的优先序。批准上市的转基因食品，必须经过严格审查程序确保安全。要规范转基因食用农产品和含有转基因物质的加工食品标识，保障公众知情权和选择权。加强尊重科学、依据事实的公开讨论，开展常态化科普宣传，强化舆论引导管理，以更客观、更理性的眼光对待转基因技术研发应用。

第四节 种粮比较效益

——动力在政策：调动和保护好"两个积极性"

春秋末期，范蠡认为"农病则草不辟"①，意思是说，如果农民利益受到损害，田地就会无人耕种出现撂荒。战国初期李悝认为，粮食价格"甚贱伤农"，"农伤则国贫"，若挫伤农民种粮积极性就会使国贫积弱，并深刻提出"善为国者，使民无伤而农益劝"②。从经济角度看，春秋鲁梁两国，因为种桑养蚕经济效益大大高于粮食生产，粮食比较效益发生骤变，从而使大量农田抛荒无人耕种，粮食生产根基开始动摇，最终导致出现大范围饥荒，不得不归顺齐国。战国时期，"商鞅变法"在经济上主张重农抑商、奖励耕战，使得秦国成为富强之国。商鞅认为要对粮食"贵籴贵粜"，通过高价收粮保护农民利益，使"市利尽归于农"，鼓励发展农业生产，"食贵则田者利，田者利则事者众"③。历史地看，如何保护好农民利益，使得种粮有钱可赚，调动农民生产积极性，是事关农业稳产保供和国家粮食安全的长期性、根本性问题。

20世纪90年代以来，我国粮食生产成本呈现较快增长的趋势，特别是进入21世纪以来，生产成本和机会成本呈现更为明显的加速抬升趋势，与20世纪90年代初期相比，农业经营效益有所下降，推动粮食成本提高的主要因素表现为土地成本、人工成本和能源成本的增加。

---

① 司马迁：《史记·货殖列传》，中华书局1959年版。
② 班固：《汉书·食货志上》，中华书局2000年版。
③ 商鞅：《商君书·外内》，上海人民出版社1974年版。

随着农业对外开放程度的进一步扩大，以及国内农产品市场化程度不断提高，我国粮食生产面临的外部输入性风险和内部联动性风险日益加大，国内农产品市场已经进入价格波动幅度放大、波动频率增加的阶段，农产品价格大起大落的风险明显加剧，粮食价格的波动性较以前也有扩大的迹象。同时，随着农业生产资料（化肥、农药、农用柴油等）和农村劳动力价格（人工成本）的上涨，农民的种粮成本大幅上升。很多年份农资价格的上涨严重消耗了粮食补贴给农民带来的好处，粮食生产的利润空间受到明显挤压。

据1978—2010年的监测数据表明，与粮食总成本（物质与服务费用、人工成本和土地成本）的快速增长相比，粮食生产的净利润增长较为缓慢。我国每亩粮食产值由1978年的56.1元增加到2010年的899.8元，但是总成本也以较快的速度增长，从1978年的58.2元增加到2010年的672.7元。2010年每亩种粮的净利润仅为227.2元，比1995年的223.9元略高。粮食生产的劳动投入呈现大幅下降的态势，与化肥、机械、用电等现代要素投入大幅增长趋势形成明显反差。据估算，改革开放以来，特别是自20世纪90年代以来，我国粮食生产劳动投入大幅下降，2010年劳动力投入数量仅为1990年的52.9%，减少了近一半。

在市场化条件下，如何正确看待粮食价格的上涨，平衡粮食生产价格、消费价格以及农业生产资料价格之间的关系，分类设定合理的价格容忍区间，适度调控粮食生产价格和消费价格，实现农资价格上涨幅度与粮食价格相协调，是持续调动农民种粮积极性的重要问题。从1985—2010年的情况看，全国粮食生产价格增长相对缓慢，粮食流通等中间环节推高了消费价格。改革开放以来，我国粮食生产价格指数有了较大幅度提高，如果以1985年为100，2010年粮食生产价格指数增加到464，但是粮食消费价格指数增幅更大，2010年粮食消费价格指数增加到941.9。我们可以明显地观察到，进入20世纪90年代以来，粮食生产价格与消费价格之间的差距越来越大，近年来呈现进一步扩大的趋势。如果剔除货币因素，以1985年为100，我国粮食生产价格增长非常缓慢，而且呈现一定的波动性，到

2010年粮食生产价格指数小幅增到113.4。在20多年的时间里,粮食生产价格仅增加了13.4%,相比之下,粮食消费价格指数在2010年增加到230.2,增加了130.2%,粮食生产价格与消费价格之间的差距明显拉大。我国粮食消费价格之所以出现大幅上涨,主要是仓储、运输、加工、包装、销售等一系列费用的增加,甚至资本投机炒作等中间环节导致的。真正的种粮农民直接从这些环节中的获益较为有限,而且农业生产资料价格上涨幅度超过粮食生产价格,在很大程度上也消耗了粮食补贴给农民带来的好处,使得农民在生产环节的收益打了折扣。

近年来,粮食生产成本持续增加,特别是土地成本和劳动力成本上升较快,农民种粮效益持续下滑。粮食生产成本刚性增长,土地成本和劳动力成本处于大幅上涨通道,部分环保不达标的农资企业"关、停、并、转"后,农药、化肥等农资价格明显上涨。据统计,2009—2019年三大主粮亩均总成本从600.4元增加到1106.8元,增幅高达84.3%,特别是人工成本、土地流转费用分别上涨120.8%、102.0%,成本"地板"不断抬升,而粮食平均出售价格仅增长19.8%,成本增速明显快于价格增速,农民种粮收益呈现下降趋势。目前土地流转费用太高,对转入土地进行规模化经营的新型农业经营主体形成了很大压力。与经济作物比,粮食作物种植收益明显较低,与其他产业相比,农业又是弱势产业,现在很多农区一般性季节工、临时工每天工资150~200元,稍懂技术的工价更高,种粮一年比不上打工一个月。

从国际比较看,越来越高的粮食生产成本,既挤压了农民种粮的收益空间,也面临进口低价农产品的直接冲击,已经成为我国农业竞争力的突出短板。从2018年的数据看,我国每斤稻谷总成本比印度高30%,小麦、玉米、大豆分别比美国高53%、116%、139%;每亩稻谷总成本比印度高184%,小麦、玉米、大豆分别比美国高202%、41%、36%。从成本构成看,人工和土地两大成本是导致我国农产品总成本长期偏高的主体因素。我国每亩稻谷人工成本比印度高215%,小麦、玉米、大豆分别比美国高1291%、1105%、680%,人工成本偏高的主要原因就是机械化程度偏低、劳动力价格上涨。

我国粮食生产的土地成本也明显偏高，主要是由人多地少、资源稀缺的国情决定的，逐年增加的土地流转费用推高了农业生产成本。

对种粮农民而言，辛辛苦苦种了一季粮食，盼望的就是能卖上一个好价钱。价格支持政策是调动种粮积极性最直接有效的工具，每年在粮食播种前，政府公布最低收购价格水平以稳定预期。前些年收购价格连续提高，给广大种粮农民吃下了"定心丸"，极大调动了农民种粮积极性。但是，由于政策性收储价格不断提高且超过了市场价格，国家收储规模快速膨胀，财政负担不断加重。农产品国内外价格严重倒挂，大量进口对粮食产业形成冲击，加工企业面临的原料粮食价格上涨，经营陷入困境。由于市场化收购空间越来越小，无法实现粮食产业链条的有效循环，从根本上又影响了农民种粮收益的持续增加。而且在世贸组织规则框架下，特定产品"黄箱"补贴腾挪的空间也越来越有限。由此，国内粮食市场价格前些年开始出现下行趋势，粮食价格持续低迷，对种粮利润形成了"封顶效应"。

在历经连续7年上调小麦和稻谷最低收购价后，2015—2019年小麦每斤累计下调0.06元，早籼稻、中晚籼稻和粳稻每斤分别下调0.15、0.12、0.25元，其中粳稻累计降幅达到16%。随着玉米临时收储政策和大豆目标价格政策先后取消，2015—2019年国内玉米市场价格从每斤1.20元以上大幅下降到0.80元以下，大豆市场价格从2.40元高点跌落到2.0元。虽然玉米、大豆价格目前恢复性增长到0.98元、2.11元，但农民获得的收益仍很有限。据统计，我国三大粮食作物亩均净利润自2011年（250.8元）以来开始大幅下滑，2015年之后盈利由正转负，2016—2019年三大粮食作物亩均亏损分别为80.3元、12.5元、85.6元、32.3元，这种持续亏损的状态自2004年以来首次出现。农民种粮现金收益也大幅缩水，2018年每亩仅为482元，比2014年减少228元，这一状况需要引起足够重视。

粮食安全的公共属性和比较效益导向的经济性存在冲突，完全靠发挥比较优势引导粮食生产布局的做法，对作出较大贡献的主产省其实是不公平的。而粮食生产重心也越来越向少数产区集中，加剧了区域性结构失衡，系统性风险也相应上升，物流调运成本和仓储压力不断增加，部分地区生态和资源过度透支、难以持续。从粮食产销格局的变化来看，很多南方地区逐步由过去的"鱼米之乡"转变为粮食调入省份，这些地方经济上去了，但粮食自给率不断降低。而主要产区为保障国家粮食安全作出了重要贡献，却没有得到与粮食大省地位相称的收益和支持。由于粮食生产效益长期偏低，农民非粮收入来源渠道不多，地方发展粮食生产不仅不能增加当地财政收入，反而会加大财政支出压力，农民种粮和地方抓粮的积极性都不高。农业大省、产粮大县财力又较为薄弱，与其担负的粮食安全重任相比，农业支持政策力度仍显不足。

以前，粮食风险基金①要求粮食产区地方财政配套资金补贴当地的粮食生产，粮食主产区往往经济水平相对落后，财力也比较薄弱，随着主产区粮食产量增加，财政负担也越来越重。而粮食主销区经济较为发达，财力也相对宽裕，随着商品粮大省生产的粮食进入流通渠道，最终转入主销区以弥补其产需缺口，实际上就出现了"穷省"补贴"富省"的现象。在比较利益原则的调节下，粮食主销区发展非粮产业为当地带来了更快的经济增长，普遍存在调减粮食生产的经济驱动力。一些主销区流行"有钱就能买到粮"的思想，既不愿意多生产粮食，也不想多储备粮食，将粮食主产区当成自己的"产地""粮库"，与主产区建立产销协作关系的积极性不高。由此，就导致主产区产粮越多贡献越大，经济负担反而就越重，农民种粮效益也持续下滑，陷入粮食生产"包袱"增加、动力衰减的尴尬境地。事实上，有些地方抓粮是无奈之举，既没有更好发展其他非粮产业的机会，也缺乏延伸产业链提升价值链的创新思路和现实条件，只能发展粮食生产。

粮食产销区流通衔接不畅，加剧了供求的区域结构性矛盾。随着粮食

---

① 粮食风险基金始建于 1994 年，是国家为保护种粮农民积极性，平抑粮食市场价格，维护粮食正常流通秩序而建立的专项调控基金，是我国针对关系国计民生的重要商品而建立的第一个专项宏观调控基金。该基金由中央财政与地方政府共同筹资建立，地方政府包干使用。2009 年中央一号文件明确提出"逐步取消主产区粮食风险基金配套"。中央财政提出了分三年取消粮食主产区粮食风险基金地方配套的计划，全面取消粮食主产区粮食风险基金地方配套后，粮食主产区粮食风险基金全部由中央财政补助。

供求形势的阶段性变化，粮食产销区之间存在着明显的利益博弈。当粮食丰收时，主产区愿意大量调出粮食，而主销区却不愿大量调入，当粮食歉收时，主销区要求大量调入粮食，而主产区则不愿调出。这一情况加剧了地区性的粮食过剩与短缺的矛盾，导致产销区交替出现"买粮难"与"卖粮难"。以往，主产区和主销区不同的粮食流通支持政策，造成产销区分割。通过补贴支持粮食主产区增加库存，容易造成库存压力进一步加大，但是粮食主销区的粮食库存缺少补贴支持，粮食库存大幅减少，有的地区甚至库存已经见底，主销区粮食供应不足问题更加凸显。这种做法在客观上阻碍了主产区粮食向主销区的流动，导致粮食库存进一步向产区集中，加剧了粮食区域结构性的供求矛盾。

应清醒看到，我国粮食连续多年丰收，造成不少人误认为我国粮食已过关。从长期来看，地方政府重农抓粮和农民种粮"两个积极性"不高的问题，必须引起高度重视。要完善农业支持保护政策体系，持续加大强农惠农富农政策支持力度，努力解决农业发展后劲不足问题，防止供需形势逆转的风险进一步积聚。如果放任农民种粮效益持续下滑，就容易导致粗放经营、减少投入，使得一些耕地出现土地撂荒现象，也会有更多的耕地转作种植效益较高的经济作物，由此加重了耕地"非粮化"甚至"非农化"趋势。不少主产区发展粮食的热情本来就不高，一旦地方政府重农抓粮意识有所放松，调减粮食面积的冲动就会越来越强烈。经验表明，在农业结构调整中，如果拿捏不好分寸，就会出现主产区和非主产区"一哄而上"盲目压减粮食面积的苗头性倾向，而且很容易调过了头，各地普遍压减粮食的行为叠加起来，就很难在预期的平衡点上稳住粮食生产。这时候再往回拉，政策成本不仅会大大增加，往往还会经历一个较长的过程。

改革开放以来，中央先后出台了一系列政策措施促进农业的发展，到2021年已经有23个涉及农业农村工作的中央一号文件。其中在20世纪80年代中央先后出台了5个一号文件，以家庭联产承包责任制和主要粮食品种收购价格大幅提高为标志的一系列农业政策落地实施，农民生产积极性得到极大调动，在农业基础设施、科技投入等方面长期形成的积累效应集中显现，促进了粮食生产的大幅增长。2004年以来，我国开始进入工业反哺农业时期，总体上已到了以工促农、以城带乡的发展阶段。2014—2019年，国家财政用于农业的支出从2358亿元增加到21086亿元，农业抗灾减灾能力大幅提升，农作物成灾面积下降了51.2%，农业科技进步贡献率从45%提高到59.2%，有效灌溉面积从8.2亿亩提高到10.1亿亩，农作物综合机械化率从34.3%提高到70%。国家制定形成的强农惠农富农政策基本框架，在之后连续出台的中央一号文件中得到集中体现。坚持实施"多予、少取、放活"和工业反哺农业、城市支持农村方针政策，进一步稳定发展粮食生产，促进农民持续增收，广大农民的生产积极性得到极大调动。粮食生产大幅下滑的趋势得到了全面遏制，在高基数上不断实现历史性跨越，实现了历史性"十七连丰"，粮食生产开始进入了历史上最好的时期。

根据农业国内支持通报，2016年我国农业国内支持总量为15070亿元（2269亿美元），已超过美国、欧盟、印度和日本等国家。但是，从农业国内支持占农业产值的比重看，仍显著低于美国、欧盟、日本等发达成员的水平。2016年中国农业国内支持占农业产值比重为15%，仅是欧盟的75%、美国的39%、日本的50%，与印度基本相当。从单位面积支持水平看，2016年中国每亩耕地平均支持量为112美元，仅为日本的3成，而农民人均支持水平则更低。

随着经济形势和外部环境发生深刻变化，农业补贴政策积累的问题不断显现，难以适应农业高质量发展的要求。一是补贴政策效能不高，不同渠道、不同部门之间的补贴资金缺乏整合，降低了资金使用效益。二是对粮食生产降成本增效益扶持力度偏弱，粮食主产区利益补偿机制不完善，农民种粮效益持续下滑，地方重农抓粮积极性不高。三是生态保护补贴力度不够，现行农业补贴政策主要是增产导向，支持农业绿色发展方面的政策需要强化。四是金融保险服务有效供给不足，新型农业经营主体仍然普遍面临"贷款难""贷款贵""风险大"等难题，粮食作物保险没有覆盖全成本和基本收入，特色农产品保险还难以满足现代农业发展需要。五是农业补贴政策面临国际压力加大，将长期面临统筹适应世贸组织规则的挑战。我国农业正处在由传统农业向现代农业转型升级的关键时期，在对外开放大格局下国际农产品市场竞争形势更加严峻，在我国经济转向高质量发展阶段的大背景下农业供给侧结构性改革任务更加艰巨，在新形势下保障国家粮食安全和促进农民增收面临更多挑战，在生态文明建设战略布局下实现农业绿色发展的形势更加紧迫。这对我国农业支持政策的调整和完善提出了更高要求。

党的十八大以来，党中央着眼于农业主要矛盾的发展变化，对改革完善农业补贴政策作出一系列重大部署，有力促进了农业供给侧结构性改革和高质量发展。2016年3月，习近平总书记在参加全国人大湖南代表团审议时明确指出，新形势下，农业主要矛盾已经由总量不足转变为结构性矛盾，主要表现为阶段性的供过于求和供给不足并存。推进农业供给侧结构性改革，提高农业综合效益和竞争力，是当前和今后一个时期我国农业政策改革和完善的主要方向。2017年中央一号文件把深入推进农业供给侧结构性改革、加快培育农业农村发展新动能作为主题，提出了一系列政策措施，为继续推进农业现代化注入了新的动力。2018年年底召开的中央经济工作会议强调，必须坚持以供给侧结构性改革为主线不动摇，并明确指出"巩固、增强、提升、畅通"八字方针，是当前和今后一个时期深化供给侧结构性改革、推动经济高质量发展管总的要求。2019年中央一号文件再次提出要围绕"巩固、增强、提升、畅通"深化农业供给侧结构性改革，调整优化农业结构，大力发展紧缺和绿色优质农产品生产，推进农业由增产导向转向提质导向。这为下一步深化农业供给侧结构性改革指明了方向。要立足我国国情农情，统筹兼顾市场化改革取向和保护农民合理收益，完善农业补贴政策体系。要适应世贸组织规则，用足用好特定"黄箱"政策，用活非特定"黄箱"政策，探索推进"蓝箱"政策。"绿箱"政策是打开的，符合农业补贴改革的方向，要逐步扩大政策实施规模和范围。

保障国家粮食安全，既要发挥市场机制作用，也要加强政府支持保护，加快建立健全"辅之以义、辅之以利"长效机制，让"两只手"相互配合、共同发力。进入 21 世纪以来，我国农业补贴政策经历了从无到有、从有到优、从总量增加到效能提升的转变，日益成为国家强农惠农富农政策体系的重要组成部分。农业补贴资金规模不断增加、方式手段更加多元、覆盖领域明显拓展，对夯实农业发展基础、保障粮食安全和重要农产品有效供给、促进农民持续增收发挥了至关重要的作用。

要坚定国内农业支持改革节奏，坚持市场化改革取向和保护农民利益并重，强化高质量绿色发展导向，主动用好用足用活现有补贴政策空间。统筹兼顾适应世贸组织规则和保障国内农业产业发展，加快构建新型农业补贴政策体系，增加总量、优化存量、创新方式、渐进调整、提高效能，着力推动降成本、增效益、防风险，为保障粮食和重要农产品供给安全、提升农业质量效益和竞争力提供有力支撑。

从生产者激励来看，关键是要让种粮农民基本收益不受损、种粮积极性不减弱。稳定种粮农民基本收益，要坚持稳预期、降成本、防风险，加快构建保障有力的补贴、信贷、保险"三位一体"的粮食生产支持保护政策体系，多措并举让务农种粮有效益、不吃亏、得实惠。一要坚决稳住市场预期。如果粮食价格再出现较大的波动，有可能产生更为复杂的连锁反应，影响国家粮食安全和大局稳定。要适应世贸组织规则，坚持完善稻谷和小麦最低收购价政策，充分发挥政策托底功能，释放国家重视粮食生产的政策信号，稳定扩大玉米和大豆生产者补贴规模，健全农业绿色发展补贴政策体系。二要持续推进降本增效。加大农业社会化服务支持力度，支持合作社、供销社等为小农户集中采购农资，提供全链条各环节的生产性服务，提升服务和带动小农户发展的能力。通过制定区域性指导价格、实物计租等方式，引导土地流转价格回归理性。探索对新型农业经营主体农机购置的差异化扶持政策，支持新型经营主体改善农业生产条件。三要切实加强风险保障。加快实现农业大灾保险产粮大县全覆盖，扩大三大粮食作物完全成本保险和收入保险实施范围，推动从保物化成本向保全成本和保收入升级，探索构建多层次农业保险体系，为防范自然和市场双重风险提供有效保障。

经过多年发展，全国稻谷、小麦、玉米、大豆越来越向优势区域集中布局。为顺应农业生产布局发展规律，在政策支持上要更多向主产区和"两区"（粮食生产功能区和重要农产品保护区）倾斜，防范区域性风险演变成系统性风险。目前，我国农业生产条件明显改善，半数以上农田实现了"旱能灌、涝能排"，农业抵御自然灾害的能力明显提高。预计到2022年，全国将建成10亿亩高标准农田，以此稳定保障1万亿斤以上粮食产能。全国已划定9亿亩粮食生产功能区和1亿亩大豆生产保护区。据测算，"两区"建成后，可保障我国口粮消费的95%、谷物消费的90%、大豆消费的14%，抓住"两区"就稳住了粮食等重要农产品供给保障的"基本盘"。要探索设立粮食生产功能区和重要农产品保护区支持政策，推动农业基础项目更多投向"两区"，把"两区"作为农业固定资产投资安排的重点领域，将粮油大县奖励政策覆盖粮食生产功能区重点县，农业生产发展资金主要向"两区"安排。

从1994年确定全国粮食主产区以来，粮食产销区域划分几经调整。现行粮食主产区、产销平衡区和主销区的界定，是依据2001年粮食供需形势确立下来的。近20年来，全国粮食供需形势和产销格局发生了深刻变化，7个主销区省份粮食产量比重已经下降到仅4%左右，11个产销平衡区省份下降到17%左右，平均每5年左右就下降1个百分点，而主产区粮食产量比重持续增加到79%，平均2～3年增加1个百分点。保障国家粮食安全，地方要有大局观，不能把担子全部压到中央层面。"饭碗一起端、责任一起扛"，国家粮食安全责任必须由主产区和非主产区共同承担。要加快健全粮食安全党政同责制度，树立粮食安全"义利观"，着眼构建"辅之以义、辅之以利"长效机制，进一步压实主产区、主销区和产销平衡区稳定粮食生产责任，共同维护国家粮食安全。要完善粮食主产区利益补偿机制，统筹考虑建立对主产区的纵向和横向两个利益补偿机制，遏制主销区自给率大幅下滑趋势，稳定主产区粮食生产能力，确保产销平衡区基本自给，分区域分品种守住生产供给底线。

在"纵向"利益补偿上，重点是更好发挥政府作用，健全产粮大县支持政策体系。加大财政转移支付力度，减轻粮食主产区财政困难。强化对产粮大县激励机制，保障产粮大县重农抓粮得实惠、有发展，不能生产粮食越多越吃亏。在"横向"利益补偿上，重点是通过市场化运作方式，压实粮食产区和销区责任。粮食产销区横向补偿的逻辑在于，在比较效益导向下，随着全国粮食生产向主产区集中度持续上升，粮食安全的系统性风险也趋于增加。为对冲这种格局的潜在风险，需要确保当期不同区域产量"增减平衡"数量安全，尤其是稳定增加主产区生产供给，强化抗风险能力，夯实粮食稳产保供"基本盘"。这就需要根据各区域粮食生产指标变化情况，进行内部横向补偿交易，实现责权关系的经济"再平衡"。

在未来食物消费峰值到来之前，粮食稳产保供压力依然巨大，需要统筹处理历史和现实、存量和增量、当前和长远的关系，加强支持政策协同兼容，防止过度刺激诱发新一轮"卖粮难"。在衡量指标上，可以研究以粮食产量数据为基础指标，一体设计，分步实施，重点在未来的增减数量上做文章，借鉴碳指标交易模式，探索"谁增粮、谁受益、谁减粮、谁出钱"的利益补偿模式。这样既简捷直观，又切合实际，便于操作，在实践中不断调整完善，使各方都有一个适应过程。各地区粮食产量是衡量其对国家粮食安全贡献最直观有效的指标。各省粮食生产数据是明确的，但消费数据差异性较大，除居民人均口粮消费相对稳定外，60%左右的粮食消费与养殖业、加工业发展布局密切相关。尽管很多省份原粮调入增加，但同时调出的转化粮食，如大米、面粉及其制成品以及豆粕、肉类等下游产品也相应增加。应支持延长产业链提升价值链，建设国家粮食安全产业带，在经济层面建立促进粮食生产的长效机制。但如果以分省粮食自给率作为衡量指标，在政策导向上可能对地方粮食"过腹转化"和"加工转化"产生逆向激励。在粮食需求端，可总体把控燃料乙醇项目并抑制不合理消费过快发展，但不宜对各地畜牧养殖和一般性加工消费进行限制。横向补偿的资金应坚持"取之于生产，主要用之于生产"，科学设计横向补偿的重点领域和关键环节。这些资金全部基于生产性因素指标，用途也相应集中于主产区粮食生产环节，重点投向"藏粮于地、藏粮于技"相关领域，既

"辅之以义"又"辅之以利"，在高产稳产、绿色生态、农业保险和科技支撑上加大支持力度，巩固农业基础，持续调动地方抓粮和农民种粮"两个积极性"，确保粮食生产降成本、增效益、防风险。

农村经济的发展离不开农村金融的支持，当前农民反映"贷款难""贷款贵"，银行也反映"难贷款""成本高"。蓬勃发展的新型农业经营主体对农村金融发展也提出了新的挑战，已不再局限于传统的农户小额信贷需求。很多规模经营主体扩大再生产规模，既需要提前预付土地租金，又需要集中投入资金购买农机具、种子、化肥和农药等生产资料，这与金融机构小额分散、短期为主、品种单一的金融产品供给存在较为突出的矛盾。但由于种植大户、合作社等普遍缺乏抵押物，贷款难、难贷到款是常态，已成为制约规模经营发展的瓶颈问题。要鼓励国家控股的大型银行和各商业银行通过多种方式开办农村金融业务，增加服务网点，不断延伸农村金融供应链。针对新型农业经营主体和小农户的差异化金融需求，建立分层分类的金融支持体系，积极拓宽农业农村抵质押物范围，推动形成全方位、多元化的农村资产抵押融资模式。加大规模经营主体金融支持，研究设立粮食专项再贷款，建立粮食贷款绿色通道，稳定种粮收益。

在加快农业农村现代化新征程中，必须坚持新发展理念，加快实现我国农业生产从过度依赖资源消耗到更加注重绿色生态可持续发展转变。过去很长一段时间内，为解决农产品总量不足的矛盾，我们拼资源拼环境，化肥、农药等过量使用，边际产能过度开发，淡水、土壤等都存在不同程度的污染，农业生态环境的弦一直绷得很紧。数据显示，目前我国主要农作物化肥和农药有效利用率均不足40%，比发达国家平均低20个百分点左右；农膜回收率和养殖废弃物综合利用率低于80%，都显著低于发达国家水平。在资源环境约束不断加大的背景下，迫切需要加大力气集中治理农业环境突出问题，加强重大生态工程建设，推进农业清洁生产，推行农业绿色生产方式，加快形成资源利用高效、生态系统稳定、产地环境良好、产品质量安全的农业发展新格局。要通过集中治理农业环境突出问题，切实把过量使用的化学投入品减下来，把超过资源环境承载能力的生产退出来，把农业废弃物资源化利用起来，让透支的资源环境得到休养生息。着力推动农业绿色发展，推行绿色种养、生态循环的清洁生产方式，加大农业面源污染治理力度，开展农业节肥节药行动，推进畜禽粪污、秸秆、农膜等农业废弃物资源化利用，扩大种植轮作试点。狠抓农产品标准化生产、品牌创建和食品安全监管，实施农产品质量安全保障工程，健全监管体系、监测体系、追溯体系，推动形成优胜劣汰、质量兴农的发展格局。

  加快农业农村现代化，必须提高农业质量效益和竞争力，拓展农民增收空间。农产品既要产得出、产得优，也要卖得出、卖得好，不断推动农业生产全环节升级全链条升值，提高农业质量效益和竞争力。过去，我国农业生产主攻总量不足的矛盾，农产品加工少，卖原产品居多，产业链条短，产品附加值普遍不高，对农民收入增长带动有限。我国农产品加工转化率为68%，比发达国家低20个百分点左右，农产品加工业与农业总产值的比值低于2.4∶1，大约仅为发达国家的一半左右。要加快发展现代食品产业，因地制宜提高农产品加工转化率和附加值，做好"农头工尾、粮头食尾"这篇大文章，以转化谋出路，向加工要效益，延伸产业链，打造价值链，让生产环节更多留在农村，让增值收益更多惠及农民。破除物流、冷链、标准分级等方面的瓶颈约束，积极推动农村电商发展。着重建设完善全国农产品流通骨干网络，加强农产品产地预冷等冷链物流基础设施网络建设，促进新型农业经营主体、加工流通企业与电商企业全面对接融合，推动农产品流通线上线下互动发展。

第五节　未来"谁来种粮"时代之问

——活力在主体：适度规模和新型农业经营体系

近年来，我国农村劳动力结构性短缺，"谁来种地""怎么种地"的隐忧开始浮现。在工业化、城镇化过程中，农村劳动力特别是素质相对较高的青壮年，以单向流入城市为主，造成农村严重"失血""贫血"。粮食生产比较效益总体上处于弱势，同时又面临较大的市场风险，农民种粮成本也处于较快上升通道。在农村劳动力大量向非农产业转移的过程中，农业兼业化、农村空心化问题随之逐渐加重，农村劳动力逐渐呈现"老龄化"，一些村庄出现"凋敝化"趋势，粮食生产出现"副业化"倾向，有些地区还存在土地弃荒、撂荒现象。在不少地方已经呈现出"精兵强将去创业，年轻力壮去打工，老弱病残搞农业"的格局，农村劳动力结构性短缺的问题日益凸显。

当前，全国农民工总量已经超过2.9亿人，粮食主产区一半以上的青壮年劳动力外出打工。一些地方农村劳动力外出务工比重高达80%，在家务农的劳动力平均年龄接近60岁，在城里工作也是到了退休的年龄。不少种粮农户主要劳动力受教育程度仍然偏低，务农农民平均受教育程度仅8年左右，初中及以下文化程度的占比超过90%，这部分群体依然是发展粮食生产的主体力量。再过5～10年，这一代农村劳动者将逐步退出。现在，"70后不愿种地、80后不会种地、90后不提种地"是普遍现象，占农民工总量60%的新生代农民工不愿意回家务农。未来，农村劳动力高龄化趋势还会进一步加重，越来越多的青壮年劳动力将离开农业。目前，农村实用人才仅占乡村就业人员的5.9%。农业劳动者总体上与现代农业技术还不相适应，对新事物的认识和接纳有一定的局限性，新技术推广应用也比较慢。从长远看，"老人农业"随着农村优质劳动力外流将进一步加剧，高素质农民队伍建设依然滞后，将对农业生产和农村经济持续产生负面影响。

现阶段，过度分散的农业超小规模经营与发展现代农业的要求相比，已经表现出显著的不协调性。在大规模农民转移就业的背景下，仅仅依靠留守下来的"386199"（农村妇女、儿童和老人）队伍搞农业的生产模式，显然也是难以持续的。在加快农业农村现代化新征程中，必须科学回答"谁来种地""怎么种地"的时代之问。顺应农村经济社会发展的客观规律，需要统筹考量新型农业经营主体和小农户发展，正确处理耕地规模化和服务规模化的关系，明确政策支持引导的方向和重点。加快构建新型农业经营体系，积极稳妥发展多种形式适度规模经营，是农业现代化发展的必由之路。那么，现阶段我国的农业经营规模多大为宜呢？

一种观点认为，中国人多地少，不同于新大陆国家，规模不宜过大，要把农业作为容纳大量就业、应对经济危机、保持社会稳定的重要蓄水池。现在我国人均一亩三分地、户均不过十亩田的小农生产方式，是农业发展需要长期面对的现实。今后相当长一段时期内，普通农户仍将是我国粮食生产经营的重要主体，小规模经营的格局难以从根本上改变。

我国是"大国小农"，人口已突破14亿大关，人口总量比美国多10亿人，但耕地比美国少10亿亩。美国有210万个家庭农场，平均经营规模超过2500亩，欧盟家庭农场户均规模也达到270亩左右。中国户均经营耕地规模仅是美国的1/240、不到欧盟的1/25，属于小规模甚至超小规模的经营形态。目前，我国有2.2亿农户，户均经营规模只有7亩半地，如果考虑到土地流转因素，户均经营面积也只有10亩半地，其中超过2亿农户的经营耕地面积不足10亩。特别是一些丘陵山区，不但户均经营规模小，而且地块零碎，有些地方每户地块在10块以上，平均每个地块不到半亩地。

如果要达到户均经营百亩左右的耕地规模，那就需要转移出90%以上的农户，也就是说，原本100个人种的地现在给1个人种，其余99个人到哪里去，去干什么？这是一个关乎全局的重大社会问题。但显然不是在三农内部能够解决的，也不是一朝一夕就能够实现的。现阶段城市吸纳能力相对有限，2.9亿农民工还处于"两栖"状态，再把大批农民挤出土地成为"流民"，将是一个天大的社会问题。2008年国际金融危机爆发，2000多万农民工受影响返乡，2020年受新冠肺炎疫情冲击和全球经济低迷影响，近3000万农民工阶段性留乡返乡，人口规模比有些欧洲国家两三个国家的人口还要多。如果老家的地没有了，大规模农民返乡之后没地种、没饭吃、没事干，就容易对社会大局稳定造成冲击。在现代化发展的长期过程中，让广大农民"进可攻，退可守"，既体现了中国城镇化道路的特色，也遵循了全球经济发展在不稳定性不确定性增加背景下的周期性规律。

另一种观点认为，分散的小规模经营方式是传统农业的标志，只有形成一定的规模，才能提高劳动生产率和比较效益，这是推进农业现代化发展的方向。但实践表明，由于农业自身的本质特征及其对劳动过程的特殊要求，并非土地经营规模越大，经营效率就越高，在推进耕地规模经营的过程中要特别注意把握好度。无论是在粮食种植的规模经济还是在产出水平或者规模效益的目标导向下，理论上都存在经营规模的适度性问题。随着农户经营规模的扩大，粮食单产水平呈现"先降—后升—再降"的变化趋势。实现农业适度规模经营，还要考虑社会公平、稳定、和谐等更多层面的问题。耕地经营规模的变化，既是技术演进的过程，更是社会变迁的过程。事实上，目前很多地方已经出现了一些较大规模甚至超大规模的经营模式。有专家认为，南方丘陵地区不同于平原地区，旱地、林地、荒坡地、水田流转难易程度也不一样，有些地方运用行政手段强力推进土地规模化，动辄就盲目搞"万亩规划""千亩大棚"，搞锦上添花，树形象工程，一些失败的教训应当引起警惕和思考。

实际上，农业现代化没有标准模式和最佳模式，只有最适合的模式，规模经营也一样。中国地域辽阔，各地自然条件和经济社会发展水平差别很大，很难提出一个在全国范围内普遍适用的农业规模经营标准。经营规模的适宜标准至少要考虑以下六个方面：一是土地资源禀赋及地形地貌等自然条件；二是当地工业化、城镇化发展水平和农业劳动力转移状况；三是农业机械化水平和农业社会化服务水平;四是农业生产者的经营管理能力、文化素质和技术水平;五是农业劳动报酬与第二、第三产业务工收入相当;六是坚持公平正义,确保社会稳定,促进更多农民实现共同富裕的政策取向。探索推进农业适度规模经营,需要因地制宜,不能一个模式"齐步走",更不能搞"一刀切"的行政命令。

确定合理的耕地经营规模时,应当把提高农业生产效率放在促进社会进步和社会公平的大背景下来统筹考虑。农业劳动力大量稳定转入非农产业,是发展农业规模经营必须具备的基本前提。一般认为,以家庭为单位,以粮食生产为例,一年两熟地区户均耕种 50～60 亩,一年一熟地区 100～120 亩,各种资源配置效率最高,也适合现阶段中国的国情和农情。不同地区存在差异化的适度经营规模。如,安徽提出集中连片规模应在 200 亩左右;重庆提出适度经营规模应达到 50 亩(一年两熟地区)或 100 亩(一年一熟地区)以上;上海则提出经营规模以 100～150 亩为宜;而黑龙江等土地资源丰富的平原地区,农业机械化程度相对较高,适度经营规模明显高于其他地区。当然,各地情况千差万别,上述规模只是指导性标准。2014 年 11 月,中办国办印发的《关于引导农村土地经营权有序流转发展农业适度规模经营的意见》提出,"现阶段,对土地经营规模相当于当地户均承包地面积 10 至 15 倍、务农收入相当于当地二三产业务工收入的,应当给予重点扶持"。

农村土地制度是农村经济和社会制度的基础。早在公元前 445 年,从春秋时期李悝变法开始,我国就逐步实行了土地私有制。"中国 2000 多年农村土地私有制的历史,实际上就是一部农村土地不断兼并、均田、再兼并、再均田的历史[①]",如此周而复始。传统小农户处于极不稳定的状态,农村豪强往往与官吏相互勾结,借着天灾人祸、小农破产,便大肆兼并土地,严重破坏农村生产力发展,并引发剧烈的社会冲突。在土地兼并轮回之中,"富者田连阡陌,贫者无立锥之地"。农民失去土地、生存不下去,

---

① 陈锡文:《读懂中国农业农村农民》,外文出版社 2018 年版。

往往就会揭竿而起、武力抗争，甚至引发改朝换代。历史反复证明，实行农村土地私有制，并不能解决中国的农业发展、农村稳定和农民富裕问题。

新中国成立后，选择了农村土地集体所有制的正确道路，符合中国国情。实践证明，实行农村土地集体所有制近70年时间中，再没有出现过农村土地被兼并、农民遭高额地租盘剥的现象，农业农村发展、农民生活改善已是不争的事实。在新的历史条件下，农村土地经营模式在集体所有制发展道路上创新发展，打破了数千年来形成的"分散—集中—分散"的往复循环，农民通过依法自愿有偿流转"分散"的土地，走向新的"集中"适度规模经营，已成为不可逆转的历史发展大趋势。

改革开放以来，我国农村废除了人民公社高度集中统一的经营体制，实行以家庭承包经营为基础、统分结合的双层经营体制，作为党的农村政策的重要基石，由此确立了集体土地所有权和农户土地承包经营权"两权分离"制度框架。随着农业农村经济社会不断发展，大量农村劳动力从土地的束缚中解放出来，进入城镇从事二三产业，对土地经营权流转的愿望越来越强烈。在实践中承包主体与经营主体开始分离，从而使承包经营权进一步分解为相对独立的承包权和经营权，由此形成所有权、承包权、经营权"三权分置"的格局。党的十八届五中全会提出，要稳定农村土地承包关系，完善土地所有权、承包权、经营权分置办法，依法推进土地经营权有序流转，构建培育新型农业经营主体的政策体系。农村土地"三权分置"是家庭承包经营制度适应经济社会发展要求而不断变革创新的结果，符合生产关系适应生产力发展的客观规律，有利于更好地坚持集体对土地的所有权，更好保障农户对土地的承包权，更好用活土地经营权，展现了农村基本经营制度的持久活力。农村土地"三权分置"孕育于中国基本国情，遵循历史演进的逻辑，根植实践探索的基础，是继家庭联产承包责任制后我国农村改革的又一次重大创新。

农业生产实行家庭经营，是由农业本身特性和生产规律所决定的。古今中外农业经营的成功经验表明，家庭经营占据着主导地位、主体地位，具有历史规律性和世界普遍性。农村集体土地应该由作为集体经济组织成员的农民家庭承包,其他任何主体都不能取代农民家庭的土地承包地位。农民进不进城、落不落户、退不退地,要尊重农民意愿,把选择权交给农民,由农民选择而不是代替农民选择。一方面,对于进城落户的农民,可以依法自愿有偿转让或退出承包地;另一方面,决不能"城里还没站稳、村里就拔了根",不得以退出土地承包权作为农民进城落户的条件,也不得违法调整农户承包地。现有农村土地承包关系保持稳定并长久不变,这是维护农民土地承包经营权的关键。任何组织和个人都不得剥夺和非法限制农民承包土地的权利。要强化对土地承包经营权的物权保护,完善土地承包经营权权能,依法保障农民对承包地占有、使用、收益、流转及承包经营权抵押、担保权利。保留土地承包权是广大农民的意愿,实行家庭承包经营,就必须给承包者以长期稳定的预期,这也有利于稳定新型农业经营主体流转土地后的经营预期,让经营者更加合理利用、悉心照料、珍惜土地、增加投入,进而实现可持续发展,避免因承包合同关系随时可能终止而引致短期行为。建立土地承包经营权登记制度,是实现土地承包关系稳定的保证,只有把这项工作做好做实,才能真正让农民吃上"定心丸"。

近年来,一直有观点认为,要按家庭人口变化调地,改变现行农村土地承包政策。农村土地承包是在集体经济组织内部,以农户家庭为单位进行的,在集体组织承包的时点上,农户承包权利平等、分配结果公平、农民群众认可。在家庭成员共同享有承包地权利的前提下,随着时间推移和家庭人口变化,不同农户之间人均承包地情况自然而然就出现了一定的差异,这在多年之前也是可预见的。实际上,人地矛盾是动态的、相对的,永远也不可能达到绝对平衡。如果通过家庭人员变化调整承包土地,来解决新的人地矛盾,不仅会使农村陷入无休止的调地之中,承包关系很难稳定下来,而且还会调减原有其他农户的承包地,侵害其他农户土地承包权益,制约农户对土地的稳定投入,影响农业生产持续稳定发展。现行法律政策明确规定,承包期内发包方不得调整农户承包地,也提出了"新增人口要地"等相关问题的现实解决方案。一是可以用集体经济组织依法预留的机动地、依法开垦等方式增加的土地、承包方自愿依法交回的土地等,按照公平合理的原则来妥善解决。二是可以引导支持进城落户的承包农户，按照依法自愿有偿原则在本集体经济组织内转让土地承包经营权或将承包地交回发包方，也可以鼓励其流转土地经营权。三是要及时将因缺地导致生活贫困的农民，纳入农村最低生活保障和贫困救助体系，并帮助转移就业。

现阶段，土地承包经营权流转的农民家庭越来越多，承包权主体同经营权主体发生分离，这是我国农业生产关系变化的新趋势。随着工业化、城镇化深入推进，农村劳动力大量进入城镇就业，相当一部分农户将承包土地流转给他人经营。截至2019年年底，全国家庭承包经营耕地流转面积5.5亿亩，流转率为36%。与此同时，随着大量农村劳动力转移和人口迁移，2亿多承包农户不断分化，家家包地、户户务农的局面发生变化，催生了各类新型农业经营主体，全国经营规模50亩以上的农户超过350万户，多种形式土地适度规模经营面积占比超过30%，家庭农场、农民合作社、农业产业化龙头企业等各类新型经营主体超过300万家。与此同时，各类专业化社会化服务组织也在加快发展。截至2019年年底，全国共有36.9万家社会化服务组织为农户提供全托管、半托管等生产性服务，服务农户5000多万户。

从我国基本国情和发展阶段出发，实行"三权分置"，在保护农户承包权益的基础上，赋予新型农业经营主体更多土地权能，促进土地经营权在更大范围内优化配置，适应了土地要素合理流转、提升农业经营规模效益和竞争力的新需要，顺应了现代农业发展的客观规律。在"三权分置"的新格局下，统分结合的双层经营体制逐步实现了两个转变，即从过去单一的集体经济向集体经济、合作社、社会化服务组织、龙头企业等多种形式的经营服务体系转变，从单一的传统承包农户向普通农户、家庭农场、专业大户等多元经营主体共生转变。由此，分别从"统"和"分"双重层面共同构成了立体式复合型现代农业经营体系，提高了农业生产经营的集约化、专业化、组织化、社会化程度，使农村基本经营制度更加富有长久的制度活力。

历史经验和农村改革的实践证明，农村基本经营制度体现了中国特色社会主义的内在要求和本质特征，符合我国国情、契合农业生产特点，极大解放和发展了生产力，得到了广大群众的普遍拥护，是农村改革的重大制度成果。对这一基本制度，必须长期坚持并不断完善，决不能丝毫动摇。这不是一句口号，而是有实实在在的政策要求，就是要坚持农村土地集体所有，坚持家庭经营基础性地位，坚持稳定土地承包关系。适度规模经营是现代农业发展的重要基础，但是改变分散的、粗放的农业经营方式是一个较长的历史过程。因此，必须坚持农民主体地位，发挥其主动性和创造性，保持足够历史耐心，审慎稳妥推进改革，不搞强迫命令、不搞一刀切。土地制度改革不管怎么改，都不能把农村土地集体所有权改垮了，不能把耕地改少了，不能把粮食生产能力改弱了，不能把农民利益损害了。在守住政策底线的前提下，要坚持因地制宜，不断探索农村土地集体所有制的有效实现形式，落实集体所有权，稳定农户承包权，放活土地经营权，形成适合不同地区的"三权分置"具体路径和办法。

从一般的小农经营走向更加多元化的经营主体，符合未来农业发展的趋势。近年来，各地种粮大户、家庭农场、农民合作社、农业企业等新型农业经营主体蓬勃涌现，逐步成为建设现代农业、保障国家粮食安全和主要农产品有效供给的重要力量。与普通农户相比，规模化主体租赁土地、劳动投入成本较高，往往对市场价格变化较为敏感，要加大对适度规模经营主体支持力度，切实推动降成本、增效益、防风险。

要大力实施新型农业经营主体培育工程，培育发展家庭农场、合作社、龙头企业、社会化服务组织和农业产业化联合体，发展多种形式适度规模经营。实践中，各地通过发展多种形式的社会化服务，依托土地股份合作、生产托管、代耕代种等有效形式，在不打破家庭经营格局情况下，实行统种统收、统防统治甚至统销统结，以服务规模化弥补经营细碎化的不足，实现了农业区域化布局、专业化经营、标准化生产，进而实现了基于社会化服务的节本增效、提质增效、营销增效。必须立足农户家庭经营的基本面，注重发挥新型农业经营主体带动作用，采取普惠性政策扶持措施，培育各类专业化市场化服务组织，提升小农生产经营组织化程度，改善小农户生产设施条件，提升小农户抗风险能力，扶持小农户拓展增收空间，着力强化服务联结，把小农生产引入现代农业发展轨道。要客观对待工商资本进入农业这把"双刃剑"，不可否认其积极意义在于为农业输入现代生产要素和先进生产方式，但是耕地"非粮化"甚至"非农化"用途的改变，以及对农民就业空间和经济利益的挤压要引起高度重视，必须设定准入门槛，加强监管力度，切实保障农民利益。

如何让农业成为有奔头的产业，提升农业经营效益，增强农业的吸引力，培养现代"农业接班人"，是一项需要系统谋划的战略课题。在发展现代农业的过程中，现代生产要素对粮食生产的重要性更加突出。随着农村富余劳动力大规模外出务工或在本地从事非农产业，中国已经进入"刘易斯拐点"区域，人口红利随之逐步消失。要把培养高素质农民队伍作为关系长远、关系根本的大事来抓，"让农民成为体面的职业"，消除农民的身份属性，还原其本来的职业称谓。要充分发挥人力资本在现代农业发展中的重要作用，努力解决农业劳动力结构性不足的问题，确保中国粮食生产"后继有人"。要加大财政对高素质农民培育支持力度，动态提高标准，实行差异化补助。不断强化政策扶持和技术培训，以发展县域现代农业和地方主导产业为重点，以农民特别是新型农业经营主体的需求为导向，增强培训内容设置的针对性、实效性，提倡产学结合培训方式，让学员学得到、用得上、有实效。要加快农业新技术和先进生产要素的研发和推广应用，不断优化要素配置，促进农业生产经营方式由传统小农生产向社会化大生产加快转变，推动中国农业从传统农业向现代农业转型跨越。

第六节　农业大灾风险分散机制

——织密兜牢粮食生产稳定发展"安全网"

在大历史视野中，古代农业生产丰歉饥穰变幻，粮食价格暴涨暴跌无常，每遇凶荒之年或遭青黄不接，粮荒四起，饿殍遍野。我国古代以农立国，基于对灾荒规律的认识，从春秋战国"备者国之重"之说、范蠡"平粜"思想、李悝"平籴"思想、管仲"敛轻散重"论，以至西汉时期耿寿昌"常平仓"制度，形成了古代积粟"耕九余三"制度，在历史演进中萌发了重储足食、积贮救荒、互助共济、分灾保民等思潮，这些都具有原始保险思想的雏形。

进入 17 世纪以来，清政府出于对外贸易的需要，开始从闭关锁国逐步转向开放海禁，1685 年特设广州作为当时唯一的对外贸易开放口岸。外商对华海运贸易日益频繁，经常遭遇风浪、海盗甚至战争等威胁，对风险保障需求也随之增加，中国已经成为一个亟待开发的保险市场。及至 19 世纪初，西方强国开始进军中国保险市场，1805 年英国东印度公司发起成立广州保险会社，又称"谏当保安行"，广州也成为中国保险业的缘起之地。这是中国第一家保险机构，标志着中国保险业历史从此开始。

近代以来，中国民族保险业在夹缝中生存发展，历经艰难曲折，几经兴衰沉浮，打上了深深的时代烙印。西方强国外商保险机构凭借不平等条约和在华特权，及其经营技术和资金力量，大举进军纷至沓来，牢牢把控中国保险市场并形成垄断之势。魏源作为近代新思想倡导者，也是第一个把西方保险思想引进来的中国人。他在 1842 年著成的《海国图志》中介绍了西方的火险、水险和寿险，启蒙了中国人的保险思想，为我国民族保险业崛起创造了条件。关于保险（Insurance）一词，魏源最早将其翻译成"担保"，并提到"船担保"（水险）、"宅担保"（火险）、"命担保"（寿险）三大"担保会"（保险公司）及其运作情况。之后，洪仁轩、王韬、郑观应对保险思想也有很多论述。另据当时国内出版的《英华辞典》，在1847年先是将保险翻译成"保领"，到1866年才正式被译成"保险"一词，该词英语音译成"燕梳"或"烟苏"，这大致是"保险"术语的来历。1865年，著名华商德盛号创办上海义和公司保险行，这是中国最早的民族保险公司，打破了外商独占中国保险市场的局面，为民族保险业兴起发展开辟了先河。

到19世纪中叶，外商轮船公司已经操纵了中国航运业，清政府粮食和物资供应受到严重影响。1872年，在李鸿章、曾国藩等洋务派的多方努力下，清政府在上海开办了轮船招商局，对洋商直接形成压力。当招商局向洋行托保轮船时，洋行借机报复，拒绝提供保险。直隶总督李鸿章认为，要富国自强，就必须"华商自立公司，自建行栈，自筹保险"。1875年，招商局轮船被撞沉，损失巨大。同年，李鸿章委托有多年买办经验的唐廷枢、徐润筹办保险招商局，这是中国第一家官办保险企业。保险招商局的成立，打破了外国保险业的垄断，积累了巨量保险基金，为民族保险业的发展打开了局面。总体来看，当时的保险主要局限于与海运贸易相关的水险、火险以及船货保险等领域。

到民国时期，国民政府逐步建立起"四行、两局、一库"的官僚资本金融机构，即中央银行、中国银行、交通银行、中国农民银行、邮政储金汇业局、中央信托局、合作金库，这些金融机构掌握了国家的经济命脉。当时，我国民族保险业一度迎来发展高潮，关键因素之一在于，实力雄厚的官僚金融资本，大量投入到民族保险事业中，保险公司管理水平得到提升，业务也得以拓展。

20世纪20年代以来，农业保险开始进入国内理论界视野，并逐步得以提倡使用。到20世纪30年代，农业保险开始由理论研究转入实践层面。1934年，由金陵大学农学院在安徽开办乌江耕牛会和耕牛保险，由此开启了我国农业保险的试验。之后10多年时间里，在江西临川、重庆北碚和四川等地也开展了一些农业保险试验。但由于民国政府对适合国情农情的保险制度和模式重视程度不够，缺乏必要的财政支持和实操经验，官僚资本和民族资本也没有动力将资金投入到高风险的农业保险之中，当时试验发展规模较为有限，难以持续下去，均在维持较短时间后以失败而告终。这些实践尽管在我国保险发展史上"昙花一现"，却开创了国内探索农业保险的先河。

新中国成立以来，我国农业保险"从无到有"、"从小到大"，栉风沐雨、砥砺前行。1949年中国人民保险公司成立，开始试办农业保险，由此翻开了新中国农业保险业发展的篇章。但在"大跃进"和人民公社化运动时期，1958年全国财贸工作会议提出，保险工作在人民公社化后已经失去作用，国内保险业务应立即停办。同年召开的全国财政会议正式决定"立即停办国内保险业务"。"文革"期间，我国国内保险业务彻底停办，新中国保险业滑入了低谷，近乎夭折。1969年，与我国有再保险关系的国家锐减，我国与西方保险市场的分保往来处于停滞状态。改革开放之后，1979年全国保险工作会议召开，国务院批准恢复发展农业保险，重新唤醒了沉睡20年的国内保险业务。1982年，中国人民保险公司开始恢复试办农业保险，但由于对农业保险的特殊性和复杂性认识不足，简单照搬商业性保险经营模式，到20世纪90年代就开始由"高涨"逐步"滑落"，农业保险又出现大规模萎缩以致低谷徘徊。据原保监会资料显示，我国农业保险一直存在高风险、高赔付特点，在1985年至2004年这20年间，综合赔付率达到120%，其中有18年处于亏损状态，仅有2年保本微利[①]。农业保险的高风险决定了农业保险的高费率，农业保险的高费率又使得农民难以承受，而承保经营机构的高风险也无法有效分散，就不可避免地出现"农民买不起、公司赔不起"的尴尬境地，致使农业保险难以走出往复循环的怪圈。

可以说，从新中国成立到新世纪初期的50多年里，我国农业保险历

---

① 转引自张祖荣：《当前我国农业保险发展的主要问题及对策建议》，《河北农业大学学报（农林教育版）》，2006年9月。

经艰辛、一波三折。20世纪50年代我国计划经济体制框架确立，农业保险在人民公社"政社合一"后中断了长达24年之久，90年代初市场经济体制逐步建立，但由于完全套用商业化保险运行模式，农业保险的政策导向和商业保险公司的营利性目标严重失调，遭遇"市场失灵"陷入"战略性收缩"困境，整个农业保险保费收入骤减、规模急剧萎缩，由此一直延续到21世纪初期，经验宝贵、教训深刻，值得总结和深思。历史和实践都表明，在市场化条件下，财政支持是农业保险发展的重要保障。没有国家财政的支持撬动，没有健全的再保险制度体系，就难以实现农业保险的持续健康发展。建立政策性农业保险制度是农业保险发展的必由之路，已经势在必行。

直到进入新世纪以来，2002年修订后的《中华人民共和国农业法》提出"国家逐步建立和完善政策性农业保险制度"，在法律层面明确了农业保险的基本定位和发展方向。2003年党的十六届三中全会通过的《中共中央关于完善社会主义市场经济体制若干问题的决定》提出，"探索建立政策性农业保险制度"。2004年中央一号文件提出，"加快建立政策性农业保险制度，选择部分产品和部分地区率先试点，有条件的地方可对参加种养业保险的农户给予一定的保费补贴"。2004年，原保监会在上海、江苏、黑龙江、新疆等9省市启动农业保险改革试点，我国农业保险开始由商业性保险向政策性保险过渡。此后，连续多年的中央一号文件都强调发展政策性农业保险，且要求越来越具体，内容越来越丰富，农业保险成为党中央的一项强农惠农富农政策。2006年，国务院印发《关于保险业改革发展的若干意见》，强调"明确政策性农业保险的业务范围，并给予政策支持，促进我国农业保险的发展"，并首次提出"探索建立中央、地方财政支持的农业再保险体系"。2007年，中央财政启动农业保险保费补贴试点，开展区域包括吉林、内蒙古、新疆等6省（区），补贴品种包括玉米、水稻、大豆、棉花、小麦和能繁母猪，当年补贴资金为21.5亿元。这对政策性农业保险发展具有标志性意义，我国农业保险由此进入快速发展阶段。

随着农业生产面临的自然灾害风险在加大，不稳定性不确定性因素也明显增多，未来"不确定性"将成为关键词。农业保险作为现代风险管理的重要政策工具，既因风险而生，也必将伴随风险发展，必须以确定性应对不确定性。

实际上，"不确定性"和"风险"两者存在密切联系，在研究和实践当中又有一定的差别。卡尔·博尔奇是国际保险经济学的先驱，他在美国加利福尼亚大学洛杉矶分校原本计划开设一系列关于保险经济学的讲座，但选修这门课的学生并不多，后来他把这门课改名为"不确定性经济学"，正是由于"不确定性"比"保险"更引人注意，选修学生数量也大幅增加了。富兰克·奈特在"经济学历史上伟大的里程碑式著作"《风险、不确定性和利润》中，认为"风险"可量度，是可以确定其结果的客观概率的情况，能通过保险来转移。而"不确定性"不可量度，是指其客观概率完全不可知的情况，与大数法则并不相符。尽管广义的不确定性无规律可循，但在众多约束条件下，仍然存在不确定性问题的解决之道和备选方案。而且一旦突破特定认识范围，把保险视野扩展到更大的时空范围内观察和管理，必将呈现大有作为的广阔天地。

对农业保险而言，核心价值就是要管控好农业风险，使农民通过保险将未来损失的不确定性以保费的方式进行"确定"，使农业生产经营、农产品供给和农民收益更加"稳定"。而对保险行业而言，"不确定性"既是潜在挑战，也是发展机遇，更是使命担当。在加快农业农村现代化的新征程中，伴随"人口峰值"和"城镇化率峰值"出现，我国食物消费规模还将持续高位攀升，粮食供求紧平衡格局依然不会改变，粮食和重要农产品稳产保供任务依然相当艰巨，面临的风险挑战更加复杂多元，比以往任何时候更加需要农业保险。迈向新征程，农业保险对分散化解风险、稳定农业生产经营、保障农民合理收益，都具有十分重要的意义，也将发挥更加重要的作用。

习近平总书记在2013年中央农村工作会议上明确指出，"新型农民搞规模种养业，风险也加大了"，"农业保险一定要搞好，财政要支持农民参加保险"，这为我国农业保险发展指明了方向，提供了根本遵循。

2019年5月，习近平总书记主持召开中央全面深化改革委员会第八次会议，审议通过了《关于加快农业保险高质量发展的指导意见》，会议强调要扩大覆盖面，提高保障水平，拓展服务领域，优化运行机制，完善大灾风险分散机制，加强基础设施建设，规范市场秩序，这标志着农业保险步入加快推动高质量发展的时期。在2020年年底召开的中央农村工作会议上，习近平总书记强调"要牢牢把住粮食安全主动权""扩大完全成本和收入保险范围"。随后党中央发出的2021年中央一号文件，进一步提出"扩大稻谷、小麦、玉米三大粮食作物完全成本保险和收入保险试点范围，支持有条件的省份降低产粮大县三大粮食作物农业保险保费县级补贴比例"，"将地方优势特色农产品保险以奖代补做法扩大到全国"，"健全农业再保险制度"，"发挥'保险+期货'在服务乡村产业发展中的作用"，这为新阶段农业保险明确了发展路径。

党的十八大以来，国家加大农业保险财政支持力度，积极谋划推动一批重大改革试点落地生根、开花结果，先后出台一系列政策举措和法律法规，推动由"政策储备"加快走向"田间地头"，让农业保险走进农民惠及农民，对稳定农业生产、保障国家粮食安全和促进农民增收，发挥了重要的风险管理和风险保障功能。2013年1月，我国《农业保险条例》正式实施，推动农业保险进入规范发展阶段。2017年财政部印发《中央财政农业保险保费补贴管理办法》，分区域分品种给予30%～90%不等的保费补贴，对稻谷、小麦、玉米保险凡投必补。与此同时，中央财政支持开展了一系列重大农业保险试点。一是开展农业大灾保险试点。2017年，在13个粮食主产省选择200个产粮大县，启动了农业大灾保险试点，将保障水平在覆盖直接物化成本的基础上，提高到"直接物化成本+土地成本"，增强了农户应对农业大灾风险的能力；2019年，试点实施范围扩大到13个粮食主产省的500个产粮大县。但这一试点政策仅面向适度规模经营主体，保障水平仍然较为有限，总体上属于过渡性的安排。二是开展三大粮食作物完全成本保险和收入保险试点。2018年，在6个粮食主产省选择24个粮食生产大县，开展为期3年的水稻、小麦、玉米完全成本保险和收入保险试点，推动保障水平实现"直接物化成本＋土地成本＋人工成本"全成本全覆盖，积极探索开展粮食收入保险。2021年6月，国务院常务会议决定扩大粮食作物完全成本保险和种植收入保险实施范围。随后，财政部、农业农村部、银保监会印发《关于扩大粮食作物完全成本保险和种植收入保险实施范围的通知》。从2021年开始，对全国13个粮食主产省500个产粮大县，实施稻谷、小麦、玉米完全成本保险以及玉米种植收入保险，覆盖范围扩大到所有粮食主产省60%的产粮大县，到2022年，实现所有粮食主产省产粮大县全覆盖。农业大灾保险逐步完成试点任务后随之取消，相应由更高保障水平、更广覆盖范围的完全成本或种植收入保险替代，预期进一步增强农民抵御风险能力。按照自主自愿原则，结合农户生产需要、自身条件和差异化风险需求，继续赋予农户对直接物化成本、完全成本或种植收入保险的选择权。三是开展中央财政对地方优势特色农产品保险以奖代补试点。2019年，在内蒙古、甘肃等10个省份启动实施，每个试点省份申请奖补的保险标的或保险产品不超过两种。2020年，该试点实施范围扩大至20个省份，每个试点省份的试点保险标的或保险产品增加至三种。

2020年下半年，中国农业再保险公司正式创立并开业运营，被评为年度中国保险"十大新闻"之一，这在我国农业保险发展历史上具有重要的里程碑意义，标志着农业保险高质量发展迈出更加坚实有力的步伐。党中央、国务院成立"中国农再"这一中央金融企业，是立足中华民族伟大复兴战略全局和世界百年未有之大变局"两个大局"，在"两个一百年"奋斗目标的历史交汇点上，在全面推进乡村振兴的新征程中，在加快农业保险高质量发展的背景下作出的重大决策部署。"中国农再"定位于财政支持的农业大灾风险分散机制的基础和核心，加强农业保险信息管理和农村金融服务的有力支撑、完善农业生产保护体系的重要抓手，基本功能是分散农业保险大灾风险，推动建立并统筹管理国家农业保险大灾风险基金，加强农业保险数据信息共享，承接国家相关支农惠农政策。这对健全我国农业再保险制度，实现灾害风险逐级分散、分层相互衔接、闭环运行管理，保障粮食安全"国之大者",加快农业农村现代化,稳住基本盘守好战略后院,无疑都具有十分重要的意义,在加快由传统农业保险大国迈向现代农业保险强国的新阶段,展现出金融服务乡村振兴广阔天地大有作为的前景。

经过多年实践,我国农业保险已经成为国家强农惠农富农政策的重要内容、农业支持保护的重要手段和农业现代化的重要支柱,已逐渐形成了"政府引导、市场运作、自主自愿、协同推进"的农业保险发展模式,构建起"中央支持保基本、地方支持保特色"的农业保险保费补贴政策框架。一是保险品种明显增多。中央财政补贴品种从最初的小麦、水稻、玉米、棉花、油料作物、能繁母猪等6个品种扩展到包括马铃薯、糖料作物、天然橡胶、奶牛、育肥猪、森林、青稞、牦牛、藏系羊、三大粮食作物制种等16个大宗农产品,同时覆盖地方特色优势农产品60余个。二是保险覆盖面不断扩大。2019年,稻谷、小麦、玉米三大主粮作物承保面积达到10.65亿亩,覆盖种植面积超过70%。能繁母猪、育肥猪承保合计3.92亿头,占生猪出栏量的72%。三是保险规模快速增长。2007—2020年,我国农业保险保费收入从52亿元增长到815亿元,年均增速23.6%,成为保险领域增长最快的险种之一;提供风险保障从1126亿元增长到4.13万亿元,年均增速31.9%,约占第一产业增加值的53%,财政资金使用效果明显放大。四是产品服务不断创新。各地开展的收入保险、区域产量保险、气象指数保险、价格指数保险、"保险+期货"、"保险+信贷"等,丰富了农业保险创新实践的形式和内容。五是财政支持力度持续加大。2007—2019年,各级财政保费补贴从22亿元增加到505.7亿元,年均增速29.9%;累计安排保费补贴3003亿元,约占保费总收入的75%。六是保险赔付水平逐渐提高。2007—2019年,简单赔付率从63%提高到83%,参保农户从4981万户次增长到1.91亿户次,增长了2.8倍。

自2007年中央财政试点支持政策性农业保险以来,我国农业保险持续扩面增品提标、优化机制、协同推进,进入跨越式快速发展的新时期。到2020年,我国成为全球农业保险保费规模最大的国家,实现保费收入815亿元,为1.89亿户次农户提供风险保障4.13万亿元。我国农业保险在几十年的曲折发展中，不断总结完善、积累经验，在金融服务三农的耕耘实践中不断发展壮大，已实现"从无到有、从小到大"，正逐步"从有到优、从大到强"，进入由快速发展迈向高质量发展、由农业保险大国转向农业保险强国的新发展阶段。

也要看到，我国农业自然灾害和病虫害呈多发频发态势。近年来，低温阴雨、洪涝灾害、高温干旱等灾害性极端天气发生频繁，给一些地方农业生产带来重大损失。据估计，2010—2020年，全国每年因各类自然灾害造成的直接经济损失平均达到3834亿元，是1990—2000年平均损失1748亿元的2.19倍，翻了一番多。2010—2020年全国每年农作物受灾面积平均达到3.79亿亩，占同期农作物播种面积（年均24.65亿亩）的15.4%，其中年均成灾面积达4305.6万亩，占同期受灾面积的11.4%。2020年突如其来的新冠肺炎疫情，给经济社会带来严重冲击，长江流域洪涝灾害、东北西部夏伏旱以及部分地区草地贪夜蛾等重大病虫害，都给粮食生产和农业发展带来不利影响。长期以来，农业"风险大""保障低"，对稳定发展粮食生产形成硬制约。不仅如此，与传统农业相比，随着新型农业经营主体和特色优势产业不断发展，规模化经营、市场化程度、产业化水平不断提升，加快农业农村现代化面临着自然风险特别是规模风险和市场风险的多重挑战，新产业新业态全产业链条面临的各种风险也在不断积聚，对农业保险发展的需求也更加迫切。今后日益发展壮大的新型种粮主体，对资金需求规模大为增加，对化解风险的诉求也更加强烈。

一是农业保险供给支持不足，与服务三农的实际需求相比仍有较大差距。新型农业经营主体风险防范能力依然较弱，"不敢种粮"的忧虑加重。前些年在粮食托底价格保障下，种粮大户过了一段"衣食无忧"的好日子，现在粮价随行就市、不再只涨不跌，而成本却在刚性上涨，面临的市场风险随之相应加大。低保障程度与农户尤其是新型农业经营主体的高生产成本间矛盾突出。目前的农业保险主要承保农业生产面临的自然风险，保险金额以直接物化成本为主。随着农业适度规模经营的发展，劳动力和土地等要素价格快速攀升，现行保障水平远不能满足新型农业经营主体防范风险的需求。有些地方农业保险赔款对小农户"不解渴",对新型农业经营主体"不解忧",如何让保险更好走进农民惠及农民,已成为亟待解决的现实课题。

现阶段农业保险覆盖面仍然较小,难以满足地方特色优势农产品的保障需求。当前,我国农业保险主要以保粮食等大宗农产品为主,各地特色优势农产品保险覆盖率仍然较低,特色农产品保险保费收入仅占总保费收入的20%左右,且多数处于局部试点状态,特色农产品保险供给不足,难以满足新型农业经营主体的风险保障需求。地方各级财政压力较大,对特色优势农产品保险的支持力度普遍不足,尤其是以农业为主的地区,难以拿出更多资金支持大宗粮食作物之外的农业保险,部分地区放弃承保或限制承保规模,保险供给被进一步压缩。特别是当前新产业新业态不断涌现,面临的风险范围更广、程度更高,迫切需要农业保险提供更多层次、更高水平的保障。

目前农业保险保障水平依然偏低,总体"低保障、广覆盖"的特点还较为明显,尚未形成对防范农业风险和农民收入的有效保障。从保险品种看,近些年我国农业保险产品和服务主要以应对自然灾害为主,价格波动、质量安全等影响农民收入持续稳定增长的风险,尚未涉及或仍处于小范围保险试点,总的体量还较为有限。从保险深度看,目前我国农业保险深度只有0.99%,略高于全球平均0.8%的水平,但与多数发达国家2%的水平差距较大,远远低于美国高达7%的水平。目前,粮食种植保险保障水平仍以直接物化成本为主,2019年三大主粮作物亩均保险金额440元,不到完全生产成本的50%,难以满足种粮农户风险保障需求。一旦发生灾害,保险赔付对农业损失、生产经营者收入的补偿能力难以充分发挥。农民普遍反映,农业保险是"小灾赔不了、大灾赔不了多少",难以稳住种粮效益下滑的趋势,还不足以兜住种粮不吃亏的底。

二是大灾风险分散机制缺乏,难以支撑农业保险扩面增品提标的发展要求。财政支持的多方参与、风险共担、多层分散的农业保险大灾风险分散机制有待健全完善。这些年来,农业保险经营机构和部分地区就大灾准备金进行了有益探索，2014年成立的中国农业保险再保险共同体，通过部分再保险和提取大灾风险准备金来转移分散风险，在技术和运作上为健全农业再保险制度积累了经营经验。但从之前各地探索和机构实践来看，组织体系松散，总体规模有限，统筹层次较低，逆向选择和道德风险也较为严重，整个再保险制度稳定性和持续性亟待提高，单纯商业化市场化经营框架下的农业大灾风险分散模式难以为继。对国内鼓励和农户需要的部分高保障业务，国际再保险市场不能提供持续稳定的再保险支持，农业再保险有效供给不足问题日益突出。依靠完全商业性的再保险机构，在逐利性导向下容易加剧再保险价格波动，造成再保险承保能力处于不稳定状态，如果其面临长期不盈利或者严重亏损的局面就必然会选择离开，这种再保险体系的脆弱性和不确定性，与稳定农业发展和保障粮食安全的公共属性以及社会政治属性都是不相适应的。一旦发生全局性或区域性重大自然灾害，在缺乏有效的大灾风险分散机制下，就会影响到整个农业保险体系的稳定运行，进而波及到农业恢复再生产和扩面增品提标的发展进程。2021年6月，财政部、农业农村部、银保监会印发《关于扩大粮食作物完全成本保险和种植收入保险实施范围的通知》，明确提出"建立健全农业再保险和农业大灾风险分散机制，全面提高大灾风险统筹层次，形成农业风险闭环管控体系"。

三是勘察理赔复杂、定损难、赔付难、保费征收难等问题仍待破解，影响农业保险可持续发展。农业保险定损要按不同生长期确定，有些损失甚至要到作物成熟后才能确定，有些水产养殖理赔损失更是难以确定，加之保险机构缺乏专业技术力量，抽样查勘存在定损、估损不准确等现象，而一旦出现争议，由于缺乏争议仲裁机制，处于相对弱势的个体农民难以有效表达诉求。面对广大农村分散种植户和普遍存在的"老人村""空户村"，保险公司进村入户收取农户保费十分困难，有的小自然村收费到户的人力成本比所交保费还要高。

在防范应对不稳定性不确定性风险中，提升粮食和重要农产品供给保障能力，必须发挥好农业保险的"稳定器"和"安全阀"作用。习近平总书记指出,"农业面对着自然灾害和市场波动的双重风险,必须有国家支持保护。要根据新形势新情况,研究如何使农业支持保护措施更有针对性、更加有效"。① 加快推动农业保险高质量发展,要立足于创新完善农业支持保护政策、服务乡村振兴大局,主动适应农业农村现代化的风险特点和保障需求,继续推进农业保险扩面增品提标,加快构建多层次的农业保险体系,实现产业有保障、农民得实惠、补贴高效率、机构可持续,建立健全化解农业自然风险和市场风险的农业保险制度。

农业保险是世界各国扶持农业发展的通行做法。作为一种市场化的风险转移机制和社会管理机制,农业保险表现出与其他风险管理工具相比独有的优势。越来越多的国家将农业保险作为本国农业风险管理的重要支柱之一,为我国农业保险发展提供了重要借鉴。目前世界上已有100多个国家开展农业保险业务,各国运用农业保险工具支持农业发展带有趋势性。美国以1938年通过《联邦作物保险法案》为标志,经过80多年的农业保险发展历程,从初期主要保障产量损失风险和价格波动风险,发展到保障作物或农场收入风险,收入保险比重从1996年的8%增加到2014年的83%,逐步成为联邦作物保险的主流模式。《2014年农业法案》推动农业支持政策从直接补贴和价格支持向农业保险转型,减少直接补贴50亿美元,新增农业保险预算70亿美元,保障范围从粮食作物扩展到覆盖花生、棉花、水果和蔬菜等领域。目前,无论美国、加拿大还是欧洲、日本等发达国家都有完备的农业保险发展模式,其共通的做法是注重发挥市场机制的作用,建立农业保险支持体系,健全一整套规范的运作体制和管理制度,强化财政对农业再保险的支持。与发达国家相比,我国农业风险管理的手段还比较单一,对农业保险的认识还不到位,还难以与其他风险管理工具形成合力。

农业保险在经济学上具有明显的正外部性,定位于准公共物品属性。

---

① 《在中央农村工作会议上的讲话(2013年12月23日)》,载《十八大以来重要文献选编》(上),中央文献出版社2014年版。

在市场化条件日趋成熟和世贸组织规则框架下，充分运用农业保险市场化工具是用好发展中国家农业补贴政策空间的现实选择，财政支持的农业保险政策还有较大的放大效应和发展潜力。我国作为世贸组织重要成员国，农业政策的制定和走向越来越为西方国家和其他国家所关注，应将农业保险间接补贴作为支持保护政策调整完善的重要方向和政策选项。一是按照世贸组织规则，自然灾害保险的保费补贴归入"绿箱"政策；二是世贸组织"黄箱"保险项目只通报保费中的政府补贴项目，无须通报风险保障水平；三是政府对再保险的财政补贴，不属于"黄箱"保险通报范畴，四是政府对保险公司的运行管理费补贴归入"绿箱"政策。研究表明，近几年我国实施的农业保险保费补贴基本上都属于世贸组织规定的"绿箱"农业支持政策，"黄箱"保险补贴占农业总产值的比重微乎其微（不足0.2%），这与世贸组织规则下我国"黄箱"支持政策8.5%的上限水平相比，还有很大的空间。前些年，我国实行的农产品临时收储政策，在很大程度上抑制了农业保险这一市场化工具的运用，多元化支持政策的协同性和耦合性不够充分。这些年来，我们坚持市场化改革取向和保护农民利益并重的方针，不断深化粮食等重要农产品价格形成机制和收储制度改革，先后取消了油菜籽、食糖、棉花、大豆、玉米临时收储政策，实现了农产品价格形成机制和市场调控方式的重大转变，市场购销明显活跃。随着农产品"市场定价、价补分离"改革引向深入，反映市场供求关系的价格信号逐步释放，体现区域差异和品质差异的市场价格体系初步形成，农产品价格市场形成机制不断健全，市场价格的真实性为农业保险提供了对称的保险信息，也开辟了巨大的市场化需求空间。

一是加快完善农业支持政策体系，打好农业保险与价格支持、涉农信贷、农产品期货的"组合拳"。今后一个时期，应将农业保险打造成为创新完善支持保护政策的重要支柱，并作为承接新增农业补贴的重要内容，借鉴发达国家经验，重点用于农业保险保费补贴、再保险补贴、经营费用补贴和大灾基金等领域，推动建立多元化农业保险支持政策体系。创新发展农业再保险、巨灾保险、农产品期货等金融工具，探索建立保险、补贴、信贷、期货联动机制,使农业保险真正成为现代农业发展的"稳压器"。健全中央财政、地方财政和农户合理分担的保费补贴机制,充分发挥财政补贴资金的杠杆作用,引导更多农户参保和调动市场主体积极性,实现"愿保尽保"。合理分担政府与农民、政府与保险机构的责任,合理设定政府与农民承担比例,避免政府大包大揽或农民买不起保险;合理设定中央与地方分担比例,避免地方政府负担过重而抑制农业保险发展;合理设定农业保险费率,进一步强化农业保险成本费用管控,既要实现保险机构可持续发展,又要避免经营主体投保成本过高。

要坚持政府引导、市场运作,坚持农业保险政策性定位,强化企业市场主体地位,使市场在资源配置中起决定性作用和更好发挥政府作用。统筹考虑中央和地方财政承受能力以及保险机构的风险承担能力,分类有序实现由覆盖物化成本向覆盖完全成本乃至收入保险的转变,逐步构建以农业保险为重点的种粮收入安全网,切实防范农业生产风险和市场风险,保障农民种粮收入基本稳定。截至2020年,中央财政拨付农业保险保费补贴资金达到285.39亿元。历史和实践表明,财政支持已成为加快农业保险高质量发展的重要保障。根据《关于加快农业保险高质量发展的指导意见》,到2022年,我国"稻谷、小麦和玉米三大主粮作物农业保险覆盖率达到70%以上,收入保险成为我国农业保险的重要险种,农业保险深度(保费/第一产业增加值)达到1%,农业保险密度(保费/农业从业人口)达到500元/人。"要加大财政对政策性农业保险支持力度,围绕主粮品种和产粮大县,加快构建广覆盖、多层次、可选择的粮食作物保险体系,支持在更大范围内实施粮食作物完全成本保险和种植收入保险,并加快实现粮食主产区的产粮大县全覆盖。要高度重视防范系统性风险积聚,随着试点加速扩容提标,跟进完善农业大灾风险分散机制,健全农业保险再保险制度体系,确保产业风险总体可控、试点持续稳步推进、农民收益得到保障。

二是适应农业农村现代化发展要求,推动农业保险保障对象从广覆盖向新型经营主体聚焦。中央财政要努力扩大农业保险保费补贴品种,适当扩大大宗农产品补贴范围,加快开发满足新型农业经营主体需求的保险产品，逐步将量大面广、事关国计民生、主体需求比较强烈的大宗农产品纳入中央财政补贴范围，把农业保险支持的重点与粮食生产功能区、重要农产品生产保护区"两区"建设结合起来，提高财政支持的精准性和有效性。

探索农业保险差异化补贴制度，不断扩大中央财政对地方优势特色农产品保险"以奖代补"政策。按照"中央保大宗、地方保特色"的思路，深入开展地方优势特色农产品保险奖补试点，做好试点品种选择、保险产品设计、服务模式创新等工作，逐步扩大品类范围和覆盖面。鼓励各地因地制宜发展特色优势农产品保险，持续调动地方政府发展特色农业保险积极性。

大力推进农业保险产品和服务创新，给予农业经营主体更多选择权。鼓励发展气象指数保险、区域产量保险、目标价格保险等新型险种，发展贷款保证保险产品，优化"保险+期货"模式，发展"订单+保险+期货"模式，探索构建"基本保障+附加保障"多层次农业保险体系，更好稳定农业生产经营预期。对于覆盖面广、涉及农户规模大的险种创新，要充分开展试点，循序渐进，不断完善产品设计和试点方案，及时总结各地实践经验，逐步形成一批可复制推广的保险产品和经营模式，并加快从面上推开。农业保险试点无论试对还是试错、证实抑或证伪，都具有重要的实践价值，对于加快变"盆景"为"风景"具有重要的战略意义。

三是坚持抵御百年一遇灾害的目标导向，全面构建风险闭环管控运行体系。从世界范围看，美国、加拿大、日本等发达国家农业保险体系日臻成熟完善，与之相应，由政府支持的农业再保险体系也较为系统完备。尽管目前我国农业保险保费收入已经超过美国，成为世界第一农业保险大国，但是距离农业保险强国还有很长的路要走。早在1938年，美国就颁布《联邦农作物保险法》，明确了政策性农业保险的制度框架，经过长期探索实践，农业保险已成为其农业安全网的重要支柱，这为全球农业保险运作乃至农业支持保护模式提供了现实借鉴。美国农业再保险制度大致分为直接保险、再保险、大灾基金和应急预案，这四个层次从低到高形成了系统完备的风险分散链条。美国农业再保险作为农业大灾风险分散体系的基石，也是整个农业保险体系的核心内容，由联邦农作物保险公司（FCIC）专职履行职能，是典型的政府主导型模式。目前，我国的农业保险风险分散机制，主要由农业生产经营主体、直接保险、再保险三个层级构成，不仅缺乏后端更高层级的农业大灾风险分散安排，而且风险分散安排边界和角色也不清晰。

加快健全农业再保险制度，建立农业大灾风险分散体系，不断提升农业保险保障水平和抵御极端灾害能力，是当前和今后一段时期农业保险的重要工作。要充分整合行业资源，提升农业保险统筹层级，优化农业再保险供给，加快推动设立和统筹管理国家农业保险大灾风险基金，推动建立多方参与、风险共担、多层分散的农业大灾风险分散机制。尽快开展农作物风险费率区划研究，构建中国农业生产风险地图，建立健全保险费率决定、保障水平动态调整机制，实现定价合理、风险匹配。

完善农业保险基础设施建设，加强涉农数据信息对接共享运用。农业保险与其他财政补贴和信贷支持相比，对农业大数据的精准性、覆盖面和历史跨度要求也更高。农业数据信息"取之于农、用之于农"，未来"盘活数据、用好信息"潜力巨大，服务农村金融助力乡村振兴前景广阔。要加强农业保险数据信息对接，先行加快推进约定分保业务信息系统建设，为推动财政补贴精准落地提高效能和服务保险监管提供基础支撑，逐渐将其打造成为政府管理农业保险的重要工具。要注重农业基础数据、灾害风险数据和业务经营数据积累，加强各领域各部门涉农数据共享，提高农业保险信息化水平，防范信息不对称引致的逆向选择和道德风险问题。要逐步提升数据服务质效，拓宽信息运用领域，建设面向中央、地方和行业的国家农业保险数据信息系统，更好服务政府宏观调控和农业保险高质量发展。

四是坚持农业保险真正"姓农""为农"的本质属性，加强农业保险服务与监管能力建设。加快推进农业保险立法，进一步健全农业保险法律法规，强化农业再保险配套制度建设。坚持以农为本、加强监管，科学把握农业保险准公益性的基本定位，把落实国家强农惠农富农政策作为发展农业保险的出发点和落脚点。鼓励引导服务机构下沉，建立适应农业保业务发展需要的基层服务体系。制定重要农作物定损标准，健全第三方专门性专家队伍查勘定损机制，进一步提高基层干部农民和农业专家参与度。完善农业保险法律法规体系，规范市场秩序，保护农户合法权益，营造适度竞争的市场环境，守住不发生区域性系统性风险的底线。

强化农业保险成本费用管控，挖掘运用现代科技手段降成本增效益的潜力。地方反映，大多数保险机构多措并举降低综合费用率，减少农业保险运行成本，仍然存在一定挖潜空间。目前，综合费用率主要表现为"三个不平衡"，地域之间的不平衡、经营机构之间的不平衡、农业保险内部以及其他险种之间的不平衡问题较为突出，由此导致农业保险运行成本出现一定程度分化。通过推广应用科技手段，统一规范工作经费标准，科学确定防灾减损费用，防止费用"虚列""转嫁"，推动农业保险节本增效是现实可行的。随着农业保险加快扩面增品提标，"大数法则""规模效应"将进一步显现，预计保险机构费用率总体将呈现下降趋势，这也是实现农业保险高质量发展的内在动力。

2019年5月，中央全面深化改革委员会第八次会议审议通过《关于加快农业保险高质量发展的指导意见》，明确了未来一个时期农业保险发展战略性、分阶段的目标任务。第一阶段到2022年，"基本建成功能完善、运行规范、基础完备，与农业农村现代化发展阶段相适应、与农户风险保障需求相契合、中央与地方分工负责的多层次农业保险体系"。第二阶段到2030年，"农业保险提质增效、转型升级，总体发展基本达到国际先进水平，实现补贴有效率、产业有保障、农民得实惠、机构可持续的多赢格局"。通过两个阶段的大致划分，中央基本明确了加快农业保险高质量发展的时间表和路线图。

展望未来，世界面临百年未有之大变局，巨大的"不确定性"成为最大的确定性。但正是由于农业不确定性的存在，才催生了农业保险业。各种不确定性越大，发挥农业保险的"防火墙"作用就越发重要，未来发展的潜力空间也会越大，这就是农业保险的"确定性"逻辑。从大数法则来看，农业保险需要在更大的覆盖范围、更广的空间维度和更长的时间跨度，来系统审视这种"确定"未来的过程。开启新征程，农业保险业需要立足当前、面向未来，关键是要解决好自身的"不确定性"问题，牢记管理好"不确定性"的初心使命，胸怀对"世界百年未有之大变局"更大时空的敬畏，摒弃急功近利的短视思维。只有深化对农业保险经营基本逻辑的认识，深刻把握"为了谁发展、为什么发展"，科学回答"从哪里来、到哪里去"，清晰界定"政府和市场边界"，统筹权衡规模和效益、承保和投资的关系，完善农业大灾风险分散机制和再保险制度，进而稳定输出"确定性"，才能在新发展阶段抓住历史机遇、挖掘新增长空间，在风险挑战中织密兜牢农业稳产保供的"安全网"，扛稳扛好肩负的确定未来、稳定未来、发展未来的新时代使命。

第四章

市场化改革大方向

古代统治者和思想家普遍主张"重农抑商""农本商末",这成为贯穿整个农业社会的传统经济思想主调。而实际上,在这一主调下也出现了"农商并重""农末俱利"的利商主义思潮,典型代表就是范蠡。范蠡是春秋末期政治家和经济学家,曾辅佐越王勾践复国兴越灭吴,也因"十九年中三致千金"被尊为经商鼻祖。在春秋时期,商业非常受重视,粮食流通快速发展,自由的私营粮商纷纷出现。范蠡作为新兴商人阶层的代表人物,提出的粮食流通"平粜"思想,奠定了国家宏观经济调控的理论基础,对平抑物价、促进生产和流通有序运转具有重要功能,在之后长达2000多年的粮食流通史上,都产生了极其深远的影响。

在长期实践中,范蠡总结提出了农业生产周期性循环理论,包括"十二岁一大饥"大周期和"三岁处金则穰"小周期,通过对粮食丰歉规律的考察,指出"论其有余不足,则知贵贱",对粮食市场价格的变化规律进行了探讨,认为"八谷亦一贱一贵,极而复反","贵上极则反贱,贱下极则反贵",清晰地认识到商品价格受供给变化影响波动的运行规律。由此,范蠡提出了著名的粮食"平粜"理论,主张通过储备吞吐调节市场,依据"贵出如粪土,贱取如珠玉"的原则,使粮食价格在合理的波动区间内运行,统筹兼顾粮商和农民的利益关系,实现"农末俱利"。也就是说,当丰年粮食供过于求,引起价格畸低时,国家应以较高价格进行收储,相反,当歉年粮食供不应求,导致价格暴涨时,国家应以较低价格抛售库存,把粮价控制在可容忍的限度之内。范蠡进一步指出,当每石粮价处于三十钱至八十钱区间时,"上不过八十,下不减三十,则农末俱利",就能使农民和商贩都有利可图,粮食供给流通就会趋于正常状态。而"九十病末","末病则财不出",也就是说,当粮食收购价格涨到每石九十钱时,商贩利益就会受到严重损失,粮食就无法正常流通到社会中去。正所谓,"平粜齐物,关市不乏，治国之道也"。范蠡的"平粜"论顺应经济规律，通过市场调节模式平衡各方利益，实现粮食正常流通和市场平稳运行。

新中国成立以来，一部波澜壮阔的粮食流通体制演变史，也是一部沿着市场化大方向在迂回曲折中不断行进的改革史。在新中国成立初期，我国对粮食由实行自由购销政策转向统购统销政策，这与工业化进程紧密相连，也成为计划经济体制确立的一个重要标志。这一决策从1953年付诸实施，到1984年为止，延续了长达32年之久，对此后农产品的生产和流通体制产生深远影响。1985年取消农产品统购派购制度，改为实行合同定购，1993年开始加快粮食流通体制改革，全面取消粮食统销政策，粮食购销逐步走出"双轨制"。1998年开启新一轮粮食流通体制改革，以"三项政策""一项改革"为主要内容。从2004年开始，全面放开粮食收购和销售市场，实行购销多渠道经营。党的十八大以来，党中央作出粮食等重要农产品价格形成机制和收储制度改革的重大部署，农产品收储制度改革取得重要进展。新中国成立70多年来，从农产品统购统销制度到粮食购销市场全面放开，粮食流通体制改革坚定不移地沿着市场化大方向深入推进。

第一节　农产品统购统销制度

——粮票：粮食短缺时代的产物和饥饿记忆

习近平总书记在2013年底召开的中央农村工作会议上发表重要讲话，讲到"对我这个年龄的人来说，使用粮票就像是昨天的事情。我们这一代人或多或少都有吃不饱、饿肚子的记忆"①。他在讲话中回忆了三年自然灾害在校吃住和"文化大革命"期间亲身经历的那段记忆犹新的"穷日子"。从1953年开始，在粮食短缺时代开始实行粮食票证制度，采取城镇居民口粮定量供应，历经长达40年之后，直到1993年粮油商品全部敞开供应，票证时代至此终结。2013年是我国取消粮票20周年，总书记的这番讲话是几代人对吃饭问题的集体记忆，也展现了农产品市场化随着粮食生产发展和供给充裕而行进的波澜壮阔的改革之路。为客观认识粮食统购统销政策，需要沿着统购统销政策产生的逻辑起点，对其历史背景进行全面回顾和考察，对政策框架体系进行深入剖析和把握，对政策的利弊影响进行全面评价和研究。

新中国成立初期，1953年以前国家对粮食实行自由购销制度，此后之所以实行粮食统购统销政策，与整个国家发展战略选择以及当时所处的国际、国内的历史条件都是密切相关的。陈云同志说："只有采用这种办法，才能保证我国人民生活日益增长的需要，才能制止投机活动，保证市场物

---

① 《在中央农村工作会议上的讲话（2013年12月23日）》，载《十八大以来重要文献选编》（上），中央文献出版社2014年版。

价的稳定,才能使发展国民经济的第一个五年计划得以顺利地进行。"①

新中国重工业优先发展战略的确立,成为粮食统购统销制度建立的逻辑起点。新中国成立初期,我国的工业基础十分薄弱。1952年,现代工业在我国工农业总产值中的比重只有26.6%,重工业在工业总产值中的比重仅为35.5%。毛泽东同志认为,没有工业,便没有巩固的国防,便没有人民的福利,便没有国家的富强。当时国家要在政治上完全独立,就要实现国家工业化。作为一个拥有近6亿人口的社会主义大国,如果不努力建设工业,特别是重工业,那就不堪设想了。1949年,中国人民政治协商会议第一届全体会议通过的《中国人民政治协商会议共同纲领》,提出应以有计划有步骤地恢复和发展重工业为重点,创立国家工业化的基础。1953年,我国开始实行以实现国家工业化为目标的大规模经济建设,第一个五年计划(1953—1957年)的基本任务之一,就是集中主要力量发展重工业,建立国家工业化和国防现代化的初步基础。"一五"计划规定,五年内全部基本建设投资的58.2%用于工业基本建设,其中88.8%用于重工业建设,这在我国历史上是空前的。

我国发展工业化没有沿袭英国"圈地运动"式的资本原始积累模式,而是借鉴苏联经验优先发展重工业。加快实施重工业优先的国家工业化发展战略,必然要以大规模的资金和技术支持为前提。时不我待,如果等民间资本自发积累到足以能够投资发展重工业,将是一个非常漫长的过程。从现实情况看,当时的国民经济是典型的以农业为主的产业结构,第一产业增加值在国内生产总值中的比重超过一半。粮食生产在农业中占有很高的比重,在1950年的财政概算中,公粮收入占全部财政收入的41.4%,是国家财政收入的重要来源。可以说,为解决优先发展重工业所面临的资金资源短缺、经济剩余匮乏的难题,在很大程度上也只能从农业特别是粮食中来提取。

粮食供求关系面临非常严峻的形势,是统购统销政策出台的直接诱因。土地改革激发了农民的种粮积极性,到1952年,包括老解放区在内,已

---

① 陈云:《陈云文选》(第二卷),人民出版社1995年版。

完成土地改革的农业人口占全国农业人口总数的 90% 以上，当年粮食产量达到 3278.4 亿斤，比 1949 年增长了 44.8%，比 1936 年 3000 亿斤的历史峰值增加了 9.3%。尽管粮食出现增产，但全社会消费需求更加快速增长，粮食产需矛盾日趋尖锐，国内粮食供求平衡的脆弱性进一步凸显。一方面，广大农民长期受压抑的粮食消费得到释放。到 1952 年，农村人均粮食消费量从 1949 年的 370 斤增加到 440 斤，增幅达到 18.9%。新中国成立初期，5.4 亿人口中有 4.84 亿生活在农村，农村人口占比接近 90%，农民人均粮食消费的小幅增长，都会形成巨大规模的粮食需求。另一方面，随着工业化优先战略的实施，吃商品粮的城镇人口快速增加。1953 年，全国城镇人口达 7826 万，比 1949 年增加 2061 万。1953 年是我国正式开始"一五"计划建设的第一年，随着大规模经济建设的展开，我国工矿业就业人数急剧增加，1953 年全国职工人数比 1948 年增长 5.7 倍。这些新增城镇人口大部分是从农村转化而来的，农民转成工人后，商品粮需求量相应大幅上升。1952 年 7 月至 1953 年 6 月，国家征购粮食 547 亿斤，但粮食销售量却高达 587 亿斤，粮食购销出现倒挂局面。夏收以后，粮食购销形势进一步恶化，超出预期，粮食购销赤字不减反增，整个第三季度又新增了 26 亿斤赤字。当时，全国不少地方的粮食市场已经发生混乱，北京、天津面粉不够供应，粮食供需形势已经到了非常严峻的地步。如果任其发展，1953 年年底前公粮的征收和粮食的收购都将大为减少，据当时估计，1954 年夏粮上市前粮食供需缺口将达 117 亿斤。

当时，国家实行的还是国营领导下的粮食自由购销政策，私商与国营企业争购粮食，国家掌握的粮源非常有限。而且，余粮归集方式由地主向小农户转变，对建立新的粮食收购机制提出迫切要求。农村土地改革后，农民分散的个体经济难以满足城市和工业对粮食等农产品原料不断增长的需要，政府直接面向 1 亿多小规模农户收粮的成本也是很高的。所以，当时不仅粮食供求关系非常紧张，而且征收公粮和商品粮所占比例也非常低。从粮食商品率看，短期内农民消费增加明显快于产量增加，而且余粮也不急于出售，造成粮食商品率徘徊不前。新中国成立初期，全国粮食商品率约为 18.2%，1950 年为 18.7%，1951 年为 20.4%，1952 年为 18.7%。从政府收购量看，1949 年，公粮征收数量只占新解放区人民全年实际收获量的 16%～17%，在老区也只有 20% 左右。1952 年，国有粮食机构和供销合作社系统在整个农村收购到的粮食只有 620 亿斤，只占当年粮食产量的 18.9%，根本无法满足城镇居民和工业用粮需求。

在当时的历史环境下，面对日益尖锐的粮食供求矛盾，若不果断采取措施，将有可能很快导致全国性的粮荒，直接影响到国民经济的正常运行，甚至引发社会震荡，并冲击工业化战略的实施和新生政权地位的巩固。

新中国成立初期，对稳定粮食市场采取的宏观调控措施为实行统购统销积累了实践经验。新中国成立之后的前三年，虽然我国粮食供应一直偏紧，但并没有采取全面的粮食管制措施。在实行粮食自由购销制度的情况下，使得私商利用粮食供给的紧张形势大量投机贩运粮食有利可图、有机可乘。这就很容易引发粮食市场价格出现大幅波动，作为百价之基的粮价出现暴涨，将会带动整个物价全面上涨甚至剧烈动荡。从 1949 年 5 月至 1950 年 3 月，短短 10 个月时间内，就发生了四次大的物价波动，主要是 1949 年 5 月、1949 年 7 月、1949 年 11 月和 1950 年春节期间，其中前三次物价波动都是从粮食价格上涨开始的。在这一阶段，上海粮食批发市场粮食（中白粳）价格飙升了 66 倍多，引发了全国性的粮价上涨，对市场稳定产生了强烈冲击。面对如此严峻的粮食市场形势，新生的人民政权绝不能放任自流，必须果断采取强有力的粮食宏观调控措施。

1949 年 12 月，中央人民政府贸易部召开城市供应会议，对全国粮食、纱布等主要物资的统一调拨作了部署，认为只有完成了调剂物资和统一贸易这两件事，才有希望达到免除粮荒、回笼货币和掌握物价的目标。同年 12 月，中央人民政府财政部召开第一届全国粮食会议，拟订了 1950 年公粮调度计划，决定除去军粮和其他必要开支外，把 51 亿斤公粮交贸易部调剂市场，在全国范围内开启了前所未有的大规模粮食统一调度。1950 年，中央人民政府决定成立中国粮食总公司和粮食管理总局，分别隶属于贸易部和财政部，当时的粮食部门分属于财政和贸易两个系统。到 1952 年，合并中国粮食总公司和粮食管理总局成立粮食部，各地区也健全了国营粮食机构，这为后来实行统购统销政策提供了组织保证。

实际上，在粮食自由购销阶段，国家采取了一系列宏观调控措施，全面部署调运，组织直接供应，大量抛售粮食，及时平抑物价，控制批发市场，严禁场外交易，取缔投机活动，有效制止了粮食投机助长的四次恶性通货膨胀，这对粮食统购统销政策的出台产生了极为深刻的影响。

进入1953年上半年，粮食购销矛盾进一步加剧，6月14日召开中央财经会议，与会粮食组代表对粮食问题进行了集中讨论，结论是粮食购销形势"问题很大，办法不多，真有点难以为继"。在这种困难形势下，党中央要求当时的中财委拿出具体的解决办法。经过反复研究，中财委酝酿提出了"又征又配"等8种可供选择的方案。第一种方案是"又征又配"，既在农村征购，又在城市配售；第二种方案是"只配不征"，只在城市配售，不在农村征购；第三种方案是"只征不配"，只在农村征购，不在城市配售；第四种方案是"原封不动"，继续坚持自由市场，自由买进卖出，不受干预；第五种方案是"临渴掘井"，先自由购买，维持不下去，再到主要产粮区征购；第六种方案是"动员认购"，强迫而不命令，以期达到理想的控制数量；第七种方案是"合同预购"，产前订预购合同，产后依合同进行收购；第八种方案是"各行其是"，中央不搞统一办法，各地自主出台政策。

1953年10月10日，全国粮食会议紧急召开，陈云在会上作了《实行粮食统购统销》的报告，详细分析了全国粮食问题的严重形势。他说："我现在是挑着一担'炸药'，前面是'黑色炸药'，后面是'黄色炸药'。如果搞不到粮食，整个市场就要波动；如果采取征购办法，农民又可能反对。两个中间要选一个，都是危险家伙。"如果坚持"只征不配"，就容易出现"边征边漏"，农民卖粮后又会到城市将粮买回来；而如果坚持"只配不征"，虽然征购阻力小，但不可能搞到足够的粮食，其他方案也都难以实现预期目标。根据对多种方案的讨论情况，"两害相权取其轻"，中央最后采纳了陈云提出的"在农村征购、在城市配售"方案（即后来的"统购统销"），同时严格管制私商。时任粮食部部长章乃器提出把"配售"改为"计划供应",相应把"征购"改为"计划收购",合起来简称"统购统销"。也就是说,农民生产的粮食统一收,政府收了以后统一卖,这样就可以保证政府手里有足够的粮食,也可以保障粮价的稳定。1953年10月16日,中央政治局讨论通过了《中共中央关于实行粮食的计划收购与计划供应的决议》(以下简称《决议》)。11月19日,政务院会议通过《关于粮食计划收购和计划供应的命令》并下达执行。

统购统销政策的基本内容包括计划收购政策、计划供应政策以及由国家严格控制粮食市场的政策和中央对粮食实行统一管理的政策。《决议》规定:"(一)在农村向余粮户实行粮食计划收购(简称统购)的政策;(二)对城市人民和农村缺粮人民,实行粮食计划供应(简称统销)的政策,亦即是实行适量的粮食定量配售的政策;(三)实行由国家严格控制粮食市场,对私营粮食工商业进行严格管理,并严禁私商自由经营粮食的政策;(四)实行在中央统一管理之下,由中央与地方分工负责的粮食管理政策。上述四项政策,除少数偏僻地区和少数民族地区之外,必须全国各地同时实行。"《决议》指出:"上述四项政策,是相互关联的,缺一不可。只实行计划收购,不实行计划供应,就不能控制市场的销量;只实行计划供应,不实行计划收购,就无法取得足够的商品粮食。而如果不由国家严格地控制粮食市场,和中央实行统一的管理,就不可能限制投机商人的非法活动,且将由于人为的粮食山头的相互对立,给投机商人以更多的捣乱机会,结果计划收购和计划供应亦将无法实现。"

据当时估算,每年国家必须掌握700亿斤左右的商品粮,才能有把握控制粮食市场,满足城市和乡村缺粮人口的需要。除了全国农业税收的275亿斤粮食外,还需要向农民计划收购400多亿斤粮食。但政府以市场价向农民收购余粮,财力又难以负担得起,所以也只能低价征收粮食。

统购统销是新中国成立初期粮食供应极度紧张、粮食市场价格剧烈波动以及投机盛行的历史背景下建立的一种流通体制。回顾实施粮食统购统销制度的演变进程,从初步建立框架到探索完善政策,再从巩固强化制度到体制出现松动,历经长达32年的时间跨度,大致可以分为三个阶段来考察。

从 1953 年开始到 1957 年，粮食统购统销制度进入探索完善阶段。统购统销制度一经确立后，各地区按照党中央"全党动员，全力以赴"的指示精神，迅速深入农村进行全面的政治动员，确保粮食统购统销任务顺利推动落实。

但由于缺乏实践经验，在政策执行的前两年，在购销两方面都暴露出一些问题。在统购方面，只规定了农民余粮出售的幅度，并没有明确具体的年度计划收购数量，而对农民粮食余缺情况难以进行具体核定，有些地方农民余粮较多却隐粮不报或少报，该购的没有收上来。尤其是有些地方征了"过头粮"，导致一些农民对统购统销政策产生"统购无底、增产无益"的抱怨，有些地方出现了国家跟农民的关系紧张的问题，农民种粮积极性受到抑制。在统销方面，则出现供给不平衡甚至一定的盲目性。农村供给偏紧、城市相对较松，有的该供应却没有供应或供应不及时，也有的不该供应却供应了或该少供应却多供应了，多供或少供问题导致有些人出现不满情绪，认为统购统销政策缺乏规程。

1955 年 3 月，党中央、国务院发布《关于迅速布置粮食购销工作安定农民生产情绪的紧急指示》，将 1955 年至 1956 年粮食年度的征购量减为 900 亿斤，而且还将购销办法改为定产、定购、定销的"三定"措施，"春耕以前，以乡为单位，将全乡的计划产量大体上确定下来，并将国家对于本乡的购销数字向农民宣布，使农民知道自己生产多少，国家收购多少，留用多少，缺粮户供应多少"。1955 年 8 月，国务院发布《农村粮食统购统销暂行办法》，进一步把粮食统购统销政策制度化，明确规定实施粮食"三定"办法，提高农民生产积极性。一是在"定产"上规定，核定的粮田单位面积常年产量，自 1955 年起，三年不变，增产不增购；定产以后，新垦荒地，自开始收获之年起，三年不计产量，利用田埂、场地、宅基空地生产的粮食，可不计算产量。二是在"定购"上规定，国家向余粮户统购粮食，一般应占其余粮数量的 80%～90%；按单一比例规定购率，不累进；对富农余粮的购率应适当提高；如必须向丰收地区增购粮食时，增购数字不应超过农户因丰收而增产部分的 40%。三是在"定销"上规定，对缺粮户的粮食供应，应根据何时缺粮何时供应的原则，分别评定各户开始供应的时间和分月供应计划，严格按照粮食供应证上规定的供应数量、时间和地点进行计划供应。

上述农村粮食统购统销"三定"办法的实行，得到了广大农民的普遍拥护，1955年、1956年人均粮食占有量分别增加到597斤、612斤，比1954年增加33斤，改变了人均粮食占有量连续下降的局面。

从1958年开始到1977年，粮食统购统销制度进入巩固强化阶段。1958年发动"大跃进"和人民公社化运动，在粮食生产上追求"高指标"，提出粮食产量1958年比1957年增产80%、从3900亿斤增至7000亿斤左右，1959年比1958年增产50%、从7000亿斤左右再达到10500亿斤。随着"浮夸风"盛行，各地逐级虚报粮食产量，导致对农业生产形势产生严重误判，认为粮食供给充足、有粮可征，进而出台了高征购的措施。据统计，1958年粮食征购量达到1175亿斤、比上年增加22.3%，1960年粮食征购量占粮食产量的比重上升到35.6%，比1957年提高了11%，不少地方不可避免地征了"过头粮"。

实际上，当时农民生产积极性受到严重挫伤，粮食生产大幅滑坡，到1958年粮食产量仅增至3953亿斤，随即在1959—1961年连续3年大幅下滑至2730亿斤，比1958年减少30.9%。1960年农村留粮仅剩1885亿斤，农业人口人均粮食仅为352斤，比1957年减少35.3%。而"共产风"泛滥更加剧了粮食供需矛盾，各地人民公社开始办"吃饭不要钱"的公共食堂，普遍出现了"敞开肚皮吃"的现象。与此同时，在国内粮食收不抵支的情况下，国家又连续3年大批出口粮食，1958年、1959年全国粮食净出口量分别比1957年增加73%、153%，1958—1960年净出口达到180亿斤，相当于1957年的4.8倍，进一步加重了国内粮食困难。由此，一些地方农业生产已经难以为继，国家掌握的粮食收不抵支，不少农民基本生活难以保障，库存越来越空虚，粮食调拨也越来越紧张。

面对粮食供求矛盾非常突出的形势，国家采取了一系列措施来扭转困难局面。一是提高粮食收购价格，调减粮食征购量。1961年夏收开始，全国粮食收购价格平均提高了25%，1962年粮食征购量降至810亿斤，比上年减少20.7%，占粮食产量的比重比上年减少了8.2%。二是减少城镇人口，降低口粮标准。1962年全国吃商品粮的非农业人口减到10941万人，比1960年减少2694万人，同时降低了城市人口的口粮标准，并进一步压缩农村留粮标准，国家粮食销量由1960年的967亿斤降至685亿斤，减少了282亿斤。三是加强粮食区域调拨。1960年南方11个大米产区调出粮食90.6亿斤，其中通过挖库存调出72.8亿斤。1958—1962年连续5年进行季节性调剂，先是在夏秋季节"以早济晚"，即把南方早熟粮食调剂到东北地区，以接济东北秋粮收获前的市场供应，再在冬春季节"以晚济早"，即将东北地区晚熟粮食返调关内以帮助缺粮地区渡过春荒。四是增加粮食进口。粮食贸易从1961年开始由"净出口"转为"净进口"，当年上半年抢运到国内43亿斤粮食，及时化解了部分大城市和重灾区粮食脱销风险。粮食贸易从1958—1960年净出口180亿斤，到1961—1963年实现净进口262亿斤，在一定程度上缓解了国内收支缺口，补充了粮食库存。五是强化统购统销管理体制。中央决定从1962年开始，进一步加强对粮食购销的集中统一管理，中央统一安排全国的粮食征购、销售、调拨，实行分级管理，以及时应对粮食供求关系紧张的形势。

　　随着粮食供求形势逐步好转，1965年10月，中央决定实行粮食征购"一定三年"办法，将对生产队的粮食征购任务稳定下来，三年内不再变动，以避免加重农民负担。为确保歉收地区因灾减免后仍可完成中央征购计划，各省落实征购基数时可增加5%～10%的机动数，用于以丰补歉。

　　从1966年5月到1976年10月，我国发生了持续十年的"文化大革命"，粮食供求形势由缓和转入紧张。在粮食生产方面，中央决定从1966年新粮上市起提高粮食统购价格，全国稻谷、小麦、玉米、高粱、谷子、大豆6种主要粮食每百斤平均统购价格从1965年的9.24元提高到10.82元，提价幅度为17.1%。在粮食管理体制上，实行中央统一征购、统一销售、统一调拨、统一库存的高度集中的"四统一"粮食管理体制，地方灵活机动的自主权力很小。从1971年起，国家将粮食征购基数由"一定三年"改为

"一定五年"不变。从 1972 年开始，国家要求严格控制非农业人口，各地相应制定控制吃商品粮的城镇人口数量的措施。总体看，在这一阶段，粮食产需矛盾较为突出，连年存在收支缺口，1971—1976 年，粮食收支净亏空 200 多亿斤，余粮区调出粮食减少，各省份之间年均调出粮食数量比 1966—1970 年下降了 12.8%，国家从生产、购销到调拨管理，进一步强化了粮食统购统销体制。

第二节 粮食购销制度"解冻"演变

——改革开放以来全国粮食供求形势明显缓解

从 1978 年开始到 1984 年,粮食统购统销制度进入松动调整阶段。党的十一届三中全会以来,以家庭联产承包责任制为标志的中国农村改革拉开序幕。随着家庭联产承包责任制的普遍推行,粮食连续几年获得大丰收,极大缓解了多年以来粮食供求紧张的形势,粮食购销体制随之开始出现松动。

一是提高粮食收购价格。在 1967—1978 年长达 12 年时间里,主要粮食统购价格基本未作调整,每百斤粮价已明显低于生产成本(加农业税),统购价格偏低的问题日益突出。从 1979 年夏粮上市开始,粮食统购价格提高 20%,超购加价幅度由原来的按统购价加 30% 提高到按新统购价加 50%。

二是减少粮食统购数量。在这一阶段,粮食统购数量大幅降低,超购数量逐年增加。粮食征购基数经过连续 4 年调减,到 1982 年已减少到 606.4 亿斤,比 1978 年的 755 亿斤调减 148.6 亿斤,大大减轻了农民负担。而超购粮食数量占征购粮食数量的比重大幅提升,从 1979 年的 37% 上升到 1984 年的 70.5%。同时,免除缺粮地区农民统购任务,对稻谷产区人均口粮低于 400 斤、杂粮地区口粮低于 300 斤的,一律免购。

三是实行粮食购销调拨包干。1979—1981 年,在粮食征购较少、销量快速增加的情况下,国家粮食收支缺口加大,余粮地区实际调出量减少和缺粮地区调入量需求增加的矛盾较为突出。从 1982 年起,国务院决定对绝大部分省份实行粮食购销调拨包干"一定三年"的管理办法,计划外缺粮主要通过市场调节解决。各省份多购的粮食由地方掌握，若发生新的粮食亏空由地方自行解决。1983—1984年全国粮食连续丰收，购销调拨包干出现新的变化，部分地区出现农民"卖粮难"现象。为保护农民种粮积极性，国务院宣布在完成征收包干任务后，对农民出售的余粮一律按照超购价全部收购。

四是恢复发展粮食集市贸易。从1978年12月开始，中央明确提出，在完成征购任务后，允许农民自主出售多余农产品，允许粮食进行集市贸易和议价经营，粮食市场化改革和商品化进程开始起步。在发挥国营粮食商业主渠道作用的同时，实行多渠道经营。全国20多个省份先后建立了粮食议购议销公司，截至1984年年底，全国农贸市场已经发展到5.65万个，其中农村有5万个，城乡市场日益活跃。集市贸易的大量涌现，活跃了城乡物资交流，带动了农产品商品生产与流动的发展，农产品生产专业户、运销专业大户大量产生，独立的市场主体开始发育。随着农产品商品量的增加和流通范围的扩大，在一些地方的集贸市场基础上，适应农产品大宗交易的批发市场开始萌芽和出现。

总体来看，这一阶段粮食生产和购销形势发生了重大变化。粮食产量在1978年、1982年、1984年先后突破6000亿斤、7000亿斤、8000亿斤大关，国家粮食库存量比1978年增加92%，社会余粮普遍增加，粮食商品率达到30%以上，超过历史上任何一年，为粮食流通体制改革提供了物质基础。

回顾改革历程，粮食统购统销是在农业发展落后、工业化处于起步阶段、粮食供求形势紧张的困难情况下，国家采取的一项重大战略举措和制度安排，曾在很长的一个时期内对保障供给和支持建设发挥了积极作用。但从实行粮食统购统销政策的那一天起，围绕着这项政策究竟是"弊大于利，还是利大于弊，或是利弊相抵"的争论就未中断过。

统购统销制度是粮食供给极度短缺的历史产物。新中国成立初期，国家粮食形势非常严峻，粮食供求关系十分紧张，国内粮食流通严重不畅，一些资本投机势力囤积居奇、哄抬物价，1949—1950年曾发生了四次大的物价波动。据统计，1949年全国粮食产量2264亿斤，人均粮食产量仅

209公斤。从1952年下半年开始，全国许多地区出现了抢购粮食的现象。在物资匮乏时期，粮食价格处于整个物价体系的基础地位，粮食价格的上涨，不仅对脆弱的国民经济造成了巨大的压力，也引起了人民群众对稳定市场粮价的疑虑。1952年全国粮食产量增加到3386亿斤，人均粮食产量285公斤。但与此同时，国家开始大规模的经济建设，对商品粮的需求快速增长，粮食短缺矛盾更加尖锐。

党中央明确提出，粮食工作面临保证供给、平抑粮价和稳定金融三大任务。只有国家征收足够的公粮、掌控充足的粮源，才能保障粮食供给、平抑市场和稳定粮价，才能减少财政赤字并维持金融市场稳定。据统计，1953年粮食商品率由上年的18.7%快速提高到25%，明显高于自由购销时期。在1953年7月至1954年6月粮食年度内，国家粮食征购量比上个粮食年度增加29.3%，超额完成当年全国粮食统购任务，购销相抵、库存增加，扭转了粮食市场上国家购少销多的局面。1953—1957年，尽管"一五"时期国民经济以年均11.3%的增幅快速增长，但物价指数年均上涨幅度只有1.1%，全国经济社会保持相对平稳发展。粮食统购统销政策的实行，对于抑制投机行为、稳定市场价格、缓解粮食紧张局势发挥了重要作用。

直到1979年，全国粮食产量达到6642亿斤、人均粮食产量达到341公斤，粮食供需矛盾逐步得到缓解，1984年首次出现"卖粮难"，统购统销政策延续的必要性随之降低，逐步松动直至取消。从粮食产需矛盾看，实行统购统销制度的全过程，贯穿了粮食供求关系由长期短缺转向短期过剩的周期性变化，由粮食供给极度短缺而生，又因粮食供给相对充裕而终结。

历史地看，农业为重工业优先发展战略发展作出了巨大贡献。我国长期存在粮食短缺问题，但不必然在各个历史阶段都实行农产品统购统销制度。应当看到，面对粮食严重短缺的客观现实制约，统购统销制度是在计划经济体制框架下，服务于我国重工业优先发展战略而作出的重大制度性安排。在当时特定的历史背景和条件下，一些西方国家对我国实行政治上孤立、经济上封锁，我国既不可能通过对外掠夺来实现资本的原始积累，也不可能通过引进外资来弥补国内资本的巨大缺口，必须独立自主、自力更生探索工业化所需资本的积累机制,这就需要建立一套相应的资源计划配置制度,以确保紧缺的物资和资源能够配置到国家优先发展的产业上来。纵观一些工业化国家发展的历程,在工业化初始阶段,农业支持工业,为工业化提供积累带有普遍性的倾向。从逻辑上看,在新中国优先发展重工业战略框架下,实施统购统销政策是压低重工业发展成本最为适当的制度安排,也具有一定的历史必然性。陈云同志在《1952年财经工作的方针和任务》中提到,"粮价涨了,物价就要全面涨。物价一涨,工资要跟着涨,工资一涨,预算就要超过"。在当时,不仅要向农民征购粮食和棉花、油料等主要农产品,而且还要压低收购价格。只有这样,才能实现整个国家的低物价、低工资、低福利,进而将工商业产生的利润更多地转化为国家工业化所需资本积累的源泉。由此,国内的农业特别是粮食产业必然要承担起服务于启动和推进工业化战略的历史重任。

我国是在小农经济基础上开始大规模的工业建设的。毛泽东同志曾说:"为了完成国家工业化和农业技术改造所需要的大量资金,其中有一个相当大的部分是要从农业方面积累起来的。"陈云同志早在1950年6月就讲到:"中国是个农业国,工业化的投资不能不从农业上打主意。"1949—1978年,中国的工业总产值增长了38.2倍,其中重工业增长90.6倍,工业产值占工农业总产值的比重从26.4%提高到57.3%。中国农民对此作出了巨大牺牲,据专家估计,从1953年实行统购统销制度到1978年改革开放前期,通过工农业产品价格"剪刀差"获取资金总计约达6000~8000亿元,而截至1978年,国家工业固定资产总计仅9000多亿元,以粮食为主的传统农业为支撑工业化发展提供了巨大的经济积累。在"一穷二白"的情况下,正是因为统购统销制度,国家才有可能主要依靠农业提供积累、农民作出巨大贡献,为支撑工业化进程快速发展获得巨额资本积累和低成本原料,使我国建立起了比较完整的工业体系和国民经济体系。过去,确实是农业长期支持工业,农村支持城市,现在农业农村优先发展已经上升为国家战略,工业要反哺农业,城市支持乡村。

时过境迁,粮食统购统销政策弊端显现并产生了负面影响。不可否认,农产品统购统销制度的出台具有一定的历史必然性，其作为我国计划经济体制的重要组成部分，对新中国成立后30多年的经济社会发展产生了深远影响，对早期国家工业化战略功不可没，但在后期随着经济社会的发展也产生了负面的影响。20世纪50年代我国计划经济体制有两个重要支柱，一个是粮食统购统销，另一个是户籍制度，目前这两个方面的改革依照没有真正彻底完成。

首先，城乡居民食物消费处于偏低水平均衡状态。粮食统购统销制度是以服务于国家工业化发展战略作为历史使命，难以兼顾满足人民物质生活水平的改善和提高。在当时全国粮食供求极度紧张的情况下，通过统购统销制度实行计划定量供应，大致集中合理配置资源粮食这一紧缺物资，基本保障了城乡居民的基本食物消费需求。但是农村留粮水平过低，到1978年仍有约2.5亿农民没有解决温饱问题，城镇居民采取粮食定量分配政策，在票证供应管理制度下主要依靠购粮本和粮票，粮食消费也处于较低水平。

其次，市场在资源配置中的作用长期得不到发挥。在计划经济体制下，对农产品实行计划收购和计划供应，粮食价格由国家统一规定，排斥了市场机制在资源配置中的作用。1957年粮食统购价格提高11.4%、统销价格提高8.7%，1961年统购价格提高25.3%、统销价格不动，1963—1965年统销价格逐步提高，总体与统购价格持平，1966年统购统销价格提高17.1%，1967—1978年粮食价格10多年未动，长期相对固化的粮食价格被低估、扭曲。统购统销的垄断经营也阻碍了多渠道流通，长途贩运遭到禁止，各种农产品集市贸易也处于被遏制的状态。在国家粮食收购任务没有完成之前，是不允许私自经营粮食的，农村跟市场的联系就彻底被割断了，农产品市场实质上处于关闭状态。在这种制度下，农民无法根据市场的价格信号配置资源，只能根据政府计划指令来安排。在"以粮为纲"方针的指引下，多年来在农村形成了单一抓粮食的产业结构，农民收入越来越低，农业劳动生产率越来越低。农民种粮也不是为了自己出售商品，而是为了完成政府计划任务为国家种粮，种了以后按规定的低价把粮食卖给国家，这就损害了农民的经济利益。国家收购的粮食占到了粮食市场总量的 87.3%，市场的调节部分只占 12.7%。农民几乎不可能向市场自由销售农产品，种粮积极性受到严重挫伤，削弱了农民发展生产的内生动力，农业生产的潜力也就难以充分释放出来。

最后，城乡二元经济结构相对固化。除了在统购统销制度下，工农业产品价格"剪刀差"长期吮吸农业使得农业生产发展缓慢外，户籍制度也使得人口流动受到严格限制。由此，农村人口被禁锢在土地上，农业内部劳动力剩余不断增加，农村劳动力得不到充分就业，农村经济活力和农民收入受到极大抑制，城乡二元结构更加凸显，工农业之间的利益矛盾不断加剧。

在过去 40 多年里，中国农村改革取得的一个重大突破，就是突破了统购统销的计划经济模式。正是这一重大突破，使农民得以率先进入市场。我国农产品流通体制改革得益于农村经济体制改革和农产品生产的发展，与农业商品化、市场化进程相辅相成、互为支撑。农村经济体制改革以后，逐步破除了市场发展的各种政策障碍，为农产品市场的兴起开辟了道路。

第三节　粮食流通体制改革艰难曲折

——从购销"双轨"运行到全面放开购销市场

回顾我国粮食流通体制改革的进程，可以分为统购统销时期、"双轨制"时期、流通体制改革时期、市场化购销时期四个历史阶段。总体上，以市场化为取向的粮食流通体制改革在探索中不断前进，从缩小粮食计划管理范围、扩大市场调节比重，到全面放开粮食购销市场，在国家宏观调控下充分发挥市场机制在资源配置中的决定性作用，逐步实现粮食购销市场化、市场主体多元化，为保护种粮农民利益、促进粮食生产稳定发展、保障国家粮食安全，发挥了十分重要的作用。

从 1985 年开始到 1997 年结束的"双轨制"时期共历时 13 年，先后经历了合同定购时期（1985—1989 年）、国家粮食定购时期（1990—1991 年）、粮价放开时期（1992—1994 年）和恢复定购时期（1995—1997 年）四个阶段。在 1985—1992 年，国家取消粮食统购，改为合同定购，后来成为国家定购，形成粮食"双轨制"体制。在 1993—1997 年，国家放开粮食销售，"保量放价"政策出台，实行"米袋子"省长负责制。粮食"双轨制"的产生有其历史背景。到 1984 年，全国粮食总产达到历史最高水平，在我国第一次出现了粮食低水平的相对过剩，为改革统购统销制度提供了契机。1985 年，中央决定取消粮食统购，实行合同定购制度，并在 1986 年的中央农村工作会议上正式提出粮食流通"双轨制"概念。粮食流通"双轨制"，即对一部分粮食实行合同定购，另一部分粮食实行市场价收购，也就是管一块、放一块、死一块、活一块，"双轨制"的推出使粮食流通开始按价值规律办事，促进了农产品流通的市场化，农产品的真实价格得到了体现，进一步调动了农民发展粮食生产的积极性，使我国粮食生产进入一个快速发展阶段，全国粮食供给也由统购统销时期的严重短缺开始转变为供需基本平衡，到1998年全国粮食总产量已经达到51229.5万吨，与1984年相比增加了25.8%。

"双轨制"时期是粮食流通市场化的萌芽时期。在这期间，国家先后七次调整定购粮收购价水平，使其尽可能向市场价靠拢；压缩平价粮食销售，逐步理顺了粮食购销价格倒挂；顺利处理了历史遗留的数百亿斤粮票；开始处理历史遗留下来的巨额粮食财务挂账；探索国有粮食企业政策性业务和商业性经营两条线彻底分开的运行机制。1992年，随着党的十四大召开和我国社会主义市场经济体制的确立，全国大多数地区抓住这一历史性机遇，进行了放开粮食价格和经营的积极探索，不少地区取消了粮票和城镇居民粮食的定量供应。虽然1993年年底出现的粮价暴涨使国家在1995年重新恢复粮食定购制度，并实行"米袋子"省长负责制，但这些探索为粮食流通市场化改革积累了宝贵经验。

与此同时，国家财政负担日趋加重。1985年实行"双轨制"以后，产生了"议转平"制度，即将议购收购的粮食平价销售，其差额需要财政进行补贴。而且在政府的合同定购价低于市场价时，粮食收购合同难以兑现，进而统销价低于定购价的差额以及流通费用，也需要财政进行补贴。因此，国家的价格补贴压力就越来越大，1986—1991年，财政对粮油棉价格补贴高达1363亿元，约为同期财政农业支出的80%。在这一阶段的后期，粮食连年丰收，供求形势明显好转，1996年粮食产量首次突破1万亿斤大关，对粮食实行保护价收购，财政的支出压力不断加大。粮食系统销售量下降，导致经营性亏损猛增，粮食财务挂账日趋增多，给各级财政、银行造成很大负担。

国有企业一直是粮食流通的主渠道，在收购粮食和稳定市场方面发挥了重要作用。但是由于其政策性业务获利非常有限，产权不清晰，经营者缺乏动力，盈利能力较低。而且由于国有粮食企业冗员过多，经济负担越来越重，企业亏损日益严重，1991年年末粮食部门挂账总额545亿元，其中政策性挂账486亿元，1993—1998年，国有粮食企业累计亏空2140亿元。国有企业政策性业务和商业性业务不分，为企业钻国家的空子提供了机会。不少企业不仅不能根据市场供求状况自觉地发挥吞吐调节职能，反而为粮食价格大幅涨跌推波助澜，压级压价、"打白条"、截留国家资金、扣留补助款，经常出现向农民强行销售高价农资的现象，损害了农民的利益，加重了国家的负担。

政策"寻租"现象也随之出现。由于同样的粮食存在两种不同的价格，较大的价格差额诱惑使得有些部门或个人的政策"寻租"冲动十分强烈，使粮食工作的管理出现了一定的混乱，而政府给粮价的补贴及农民应得的好处从各种非法渠道中流失。粮食收购资金被挤占挪用现象相当严重，调销资金回笼缓慢，影响收购资金周转。

从1998年到2003年，是我国粮食流通市场化改革的过渡阶段，粮食流通政策实行"四分开一完善"、"三项政策一项改革"和"放开销区、保护产区、省长负责、加强调控"。在这个阶段，我国粮食总量开始出现过剩，并出现较为突出的结构性矛盾，加之进口粮的冲击，国内市场粮价急剧下跌，市场竞争日趋激烈，国有粮食企业高度垄断、一统天下的购销格局被彻底打破，粮食流通表现出市场经济条件下买方市场的种种特征。为保护农民种粮积极性，巩固国家粮食安全基础和粮食流通体制改革成果，1998年，国务院先后下发推进粮食流通体制改革的15号、35号等两个重要文件，并批转了6个配套文件；颁布了《粮食收购条例》《粮食购销违法行为处罚办法》；完善了粮食风险基金制度；提出了"三项政策、一项改革"的改革政策；确立了"四分开一完善"的改革原则。

在党中央、国务院一系列政策的作用下，粮食生产迈上新的台阶，粮食流通体制改革取得了一定进展。但粮食流通体制仍然没有摆脱"大锅饭"的模式，不适应社会主义市场经济的要求。按照党的十五大提出的目标任务，1998年中央一号文件进一步明确了"四分开一完善"的改革原则，即政企分开、中央与地方责任分开、储备与经营分开、新老粮食财务挂账分开和完善粮食价格机制。1998年5月，国务院作出进一步深化粮食流通体制改革的决定，按照"四分开一完善"的原则，转换粮食企业经营机制，实行政企分开；合理划分中央和地方的粮食事权，全面落实粮食省长负责制；完善粮食储备体系，实行储备和经营分开；建立和完善政府调控下市场形成粮食价格的机制；积极培育粮食市场，促进粮食有序流通；妥善解决粮食财务挂账，改进资金管理办法。"四分开一完善"的实施，对于缓解中央财政负担，促进国有粮食企业扭亏为盈，保护农民的种粮积极性发挥了积极的作用。

自1998年开始，国家开始实行以"三项政策一项改革"为主要内容的粮食流通体制改革，即按保护价敞开收购农民余粮，国有粮食购销企业实行顺价销售，农业发展银行收购资金实行封闭运行，深化国有粮食企业内部改革。这次改革是在我国粮食连年丰收的背景下进行的，采取了政府垄断一级市场、促进企业自身改革的方式。也就是说，在以保护价收购粮食的基础上，国家控制粮源并形成垄断地位，将粮食以较高的价格销售出去，这样国家财政可以减轻负担，种粮农民也取得了较为理想的价格。为防止粮食收购资金挤占、挪用现象的发生，粮食收购资金必须实行"钱随粮走"、封闭运行。要实现顺价销售，必须实行垄断收购，将定价权掌握在国家手里。政策实施的难度和力度非常大，较为成功地保护了农民种粮利益，对稳定市场价格起到了重要作用，促进了粮食生产发展。1998年和1999年全国粮食产量连续两年保持在10000亿斤以上，为我国国民经济持续快速发展奠定了基础。这次改革对加强粮食宏观调控，促进粮食生产结构调整，进行了积极的尝试，再次探索了我国粮食流通体制改革的新模式。

针对我国社会主义市场经济体制初步建立，粮食生产和流通形势的变化，以及加入世贸组织给粮食产销带来的机遇与挑战，2001年7月，国务院下发了《关于进一步深化粮食流通体制改革的意见》。2001年底召开的全国粮食工作会议进一步确定了"放开销区、保护产区、省长负责、加强调控"的改革思路。北京、天津、上海、江苏、浙江、福建、广东、海南8个粮食主销省（市）率先放开了粮食购销市场。粮食主产区在继续坚持按保护价敞开收购农民余粮政策的同时，按照粮食省长负责制的要求，进行了粮食购销市场化改革的尝试。如安徽、湖南、湖北、内蒙古、新疆5个省（区）全面放开粮食收购市场和价格，在全省范围或省内部分地区对农民实行直接补贴试点；河北、河南、吉林、辽宁、江西5个省在坚持保护价制度的同时，在省内部分地区实行对农民直接补贴或价内补贴，在实行直接补贴的地区放开粮食收购市场和价格；黑龙江、山东、四川、陕西4个省缩小保护价收购范围，放开省内部分非主产区的粮食收购市场和价格。产销平衡区的广西、重庆、云南、贵州、青海5个省（区、市）也实行了粮食购销市场化改革。这一步粮食流通体制改革，奠定了我国粮食市场化改革的基础，在市场放开的时机与节奏上，充分吸收了以往历次改革的经验教训，采取了循序渐进、分类推进的方式，充分体现了党中央、国务院对粮食市场内在规律认识的深化，决策更为科学，为在全国全面放开粮食购销市场积累了经验。

2004年以来，全面放开粮食市场，不断完善粮食流通体制改革的政策措施，推动改革继续深化。粮食流通体制改革进入市场化购销时期，其主要特征是实行国家调控下的粮食市场购销。2003年党的十六届三中全会通过《中共中央关于完善社会主义市场经济体制的决定》，标志着我国社会主义市场经济体制从建立走向完善。随着国民经济市场化程度的提高、粮食流通体制改革的深入和农村税费改革的全面实行，进一步推进粮食购销市场化改革的条件基本具备。2004年5月，国务院出台《关于进一步深化粮食流通体制改革的意见》（粮食流通体制改革的总体方案），决定在总结经验、完善政策的基础上，按照有利于粮食生产、有利于种粮农民增收、有利于粮食市场稳定、有利于国家粮食安全的原则，全面放开粮食收购市场。深化粮食流通体制改革的基本思路是：放开收购市场，直接补贴粮农，转换企业机制，维护市场秩序，加强宏观调控。

在这一时期，粮食市场价格机制初步形成，市场主体多元化格局基本确立，国家宏观调控体系逐步建立，国有粮食企业改革发展进一步加快，我国粮食流通进入了在法律制度框架保障下的市场购销新阶段。这一步粮食流通体制改革，从真正意义上全面放开粮食购销市场和价格，标志着粮食流通体制完全迈上社会主义市场经济的轨道。

随着粮食购销市场的全面放开，实现了粮食购销体制从过去统购统销到购销市场化的根本性转变。从统购统销到合同定购，从购销、价格"双轨制"到放开收购市场，直接补贴粮农，转换企业机制，维护市场秩序，加强宏观调控，粮食购销体制发生了根本性变化，在日益发挥市场配置资源基础性作用的同时，促进粮食生产，引导粮食消费，维护了国家粮食安全。第一，以国有粮食企业为主渠道、市场主体多元化的新格局已经形成。截至2008年年底，全国各类取得粮食收购资格的市场主体达到77498户，其中多元主体占到75%左右。2008年全国各类粮食企业累计收购粮食29180万吨，其中国有粮食企业收购17035万吨，占总收购量的58.4%。第二，粮食价格形成机制逐步完善。正常情况下，粮食价格主要由市场供求形成，各类粮食市场主体随行就市收购、销售粮食。第三，粮食市场体系进一步健全。在积极培育和发展各类市场主体的同时，全国已形成由20家国家粮食交易中心、533家区域性粮食批发市场、遍布城乡的集贸市场、期货市场以及国家粮食竞价交易系统等构成的统一开放、竞争有序的市场体系。

随着粮食宏观调控能力的不断增强，初步实现了粮食管理体制从过去高度集中的计划管理向国家宏观调控下的粮食省长负责制的转变。从国家统一管理，到购销调拨包干，逐步发展到国家宏观调控下的粮食省长负责制，粮食管理体制发生了深刻变革。中央和地方粮食管理事权划分合理，地方重农抓粮的积极性增强。中央政府主要负责制定粮食流通的中长期规划、搞好全国粮食总量平衡、确定粮食购销和价格政策、管理中央储备粮和粮食进出口以及应对全国性粮食市场波动等宏观调控，支持主产区粮食生产；省级政府对本区域粮食生产、流通和安全全面负责。

随着国有粮食购销企业改革不断深化，初步实现了国有粮食购销企业从"计划主渠道"向"市场主渠道"的转变。统购统销时期，国有粮食购销企业接受粮食行政管理部门的购销调拨指令，按国家计划收购、销售和调拨粮食。购销、价格"双轨制"时期，国有粮食购销企业仍由粮食行政管理部门直接管理，承担了部分政府职能，发挥着"计划主渠道"作用。

全面放开粮食购销市场后，粮食行政管理部门切实转变职能，与粮食企业"人、财、物"完全分开。国有粮食企业通过战略性改组，调整产权结构，转换经营机制，基本解除"三老"（老人、老粮、老账）历史包袱，建立现代企业制度，成为自主经营、自负盈亏、自我发展的市场主体，活力明显增强。截至2008年11月底，全国国有粮食企业总数18989个，与1998年比减少34251个，降幅为64.3%。全国国有粮食企业职工总数69.9万人，与1998年比减少260.7万人，降幅为78.9%。安置分流职工再就业131.4万人，占全部分流职工数的50.4%。在粮食购销市场全面放开的新形势下，国有企业继续发挥在粮食流通和宏观调控中的主渠道作用，同时企业经济效益不断提高，2007年国有粮食购销企业实现了自1961年来的首次盈利。据统计，2008年全行业国有粮食企业统算盈利21.3亿元。

随着粮食购销市场化改革的不断深入，经营粮食的市场主体和粮食流通数量迅速增加，粮食产销格局出现新的变化，粮食宏观调控任务加重，对粮食市场体系建设提出了新的要求。但粮食市场发育仍不健全，市场发展状况与其所担负的重要任务还不相适应，影响了粮食流通产业发展的效率。一是粮食市场主体发育不够充分。粮食生产者种植规模小，合作组织化程度低；部分国有粮食企业产权制度改革比较滞后；其他所有制市场主体多数经营量小，特别是缺少一批大型的、有国际竞争能力的粮食企业集团；粮食市场行业中介组织发展尚不完善。二是各类粮食市场发展不够完善。粮食收购市场有序、公平竞争的机制还不健全。粮食批发市场在地区间发展不平衡。粮食零售供应网络不健全，质量安全保障体系不够完善。粮食期货市场交易品种偏少，现货和期货市场联动性不够。三是市场发展环境不够理想。粮食市场建设缺乏科学规划和政策指导，市场重复建设和功能缺失并存。缺少粮食市场管理的专门法规规章，市场监管比较薄弱。一些市场基础设施条件差，政府资金投入不足，扶持市场发展的政策措施不到位。四是市场信息对粮食生产、流通的引导作用发挥不够充分。跨部门粮食市场信息发布体系的协同性和权威性还不高，信息监测和处理系统建设比较滞后，亟待建设面向全社会的公益性粮食市场信息服务系统。

粮食物流体系建设滞后，物流设施不能适应粮食现代物流发展的需要，成为粮食流通产业发展的瓶颈制约。从总体看，我国粮食现代物流发展还比较落后，物流成本高、效率低、损耗大的问题仍很突出，粮食物流设施与市场经济条件下粮食跨省市流通的需要不相适应，严重制约了现代粮食流通的发展。一是仓储设施不能适应散粮接卸的需要。当期完好仓容中只有约11%是适合粮食散装散卸的立筒仓、浅圆仓，其余89%的平房仓不适应散粮接收发的需要。关内主产区交通枢纽地区和南方部分主销区，散粮中转库容不足。二是运输方式落后、运力不足，存在瓶颈制约。全国粮食的3/4以上采用传统包粮运输方式。铁路运力严重不足，我国年铁路运力约20亿吨，只能满足全国实际运输需求量的1/3，粮食的铁路运输需求常常得不到满足；粮食海运能力挖掘不够，北粮南运海上运输比例仍然不高。三是装卸自动化水平低。绝大部分粮食的装卸仍采用传统肩挑背扛的人工搬倒装卸方式。目前，全国只有约1.2%的粮库配备铁路散粮卸车设施，严重影响了铁路散粮车在全国范围使用。四是组织化程度低。物流资源分散，粮食经营企业数量多、规模小、产销脱节，难以形成规模效益。以东北地区为例，粮食发运人多、户年均发运量低，不能满足运输部门整列、整船发运的要求，影响运输效率的提高。

随着粮食商品化程度的大幅提高，要着力打造大宗农产品大流通格局，畅通"北粮南运"粮食物流主要通道，加大东北、黄淮海、长江中下游等三大主要流出通道，以及东南、京津、西南、西北以及沿海进口流入通道建设力度，进一步优化物流节点布局，提升物流组织化程度，实现现代化散粮运输全过程无缝对接。重点加快东北粮食流出通道建设，完善铁路散粮发放设施和铁水联运物流系统，破解"北粮南运"入关瓶颈制约。强化黄淮海粮食流出通道建设，推动"北粮南运"承东启西、贯通南北。优化长江中下游流出通道，实现公路、铁路和水运有效衔接。

国民经济发展是粮食流通市场化改革的物质基础，粮食供求形势的阶段性变化制约着行政调控和市场化取向两者之间的权衡。在高度计划经济时期，我国经济的发展处于工业化初级阶段。从发达国家农业政策的经验来看，这一阶段农业支持工业、为工业提供积累带有普遍性的趋向。由于美国等一些西方国家对我国实行政治上孤立、经济上封锁，使我国在工业化初期根本不可能从外界取得经济援助和投资，进入20世纪60—70年代，国民经济得到了恢复和发展，但是仍然处在相对较低的水平。这一时期国民经济是典型的以农业为主的产业结构，粮食生产在种植业中占有极高的比重，国内农业特别是粮食产业必然要承担起启动和推进工业化所需的资金积累的重任。在国民经济发展落后和优先发展重工业的背景下，"统购统销"的粮食流通制度安排逐步形成，旨在完成国家粮食收购计划和保障工业化建设的需要。

纵观改革开放以来我国粮食供求形势，实现了由过去的长期供给不足，到"总量大体平衡，丰年有余"格局的转变。应当看到，随着经济社会发展，粮食需求日益大幅刚性增长，粮食供求均衡表现出明显的动态性，在艰难曲折中由低水平相对均衡向较高水平均衡过渡。从中长期看，我国粮食供求形势"紧平衡"的格局将成为常态，保障粮食安全的压力依然巨大。粮食供求形势的不断变化，对推动粮食流通市场化改革产生了深远影响。以粮食流通"双轨制"时期（1985—1997年）为例，全国粮食总产量相比计划经济时期已经有了相当大幅度的提升，粮食供求状况发生了深刻的变化，为市场化改革提供了经济基础和物质条件。其间，我国"卖粮难"和"买粮难"现象交替发生，共出现了三次"卖难"和两次"买难"：1983—1985年出现"卖难"，国家改革统购统销制度；1986—1988年出现"买难"，国家加强行政管控粮食市场；1989—1993年出现"卖难"[①]，国家建立粮食市场

---

① 从1989年开始，国民经济连续三年在低谷中运行，城市有购买能力的需求下降导致粮食"卖难"。在1993年上半年，我国粮食还为"卖难"所困扰，到1993年下半年形势发生了逆转，紧接着出现"买难"。因此1993年是一个特殊的年份，一年之内先后出现了"卖难"和"买难"现象。

宏观调控体系；1993—1995年出现"买难"①，国家强化粮食行政调控手段；1996—1998年出现"卖难"，部分粮食政策调整迂回前进。总体来看，当粮食供给相对充裕时，流通体制改革具备了一定的物质基础，改革步伐加快、力度更大，总体上倾向于市场化改革趋向；而当粮食供给相对紧张时，往往出于对"米贵伤民"以及粮食"百价之基"引发物价上涨甚至诱发社会问题的考虑，改革稳中求进、以稳为主，总体上倾向于采用行政手段调控粮食市场。

鉴于充分发挥市场配置资源的决定性作用，以及对于粮食安全公共属性的定位，粮食流通必然兼顾行政调控和市场手段。在特定历史条件下，受外部环境制约，不可避免出现一定的波动性和反复性。但总体上看，将会更加倾向市场化改革的取向，尊重市场规律，尽量避免扭曲市场价格。当然，这与加大政府对农业特别是粮食的支持力度并不矛盾，财政支农惠农的力度不但不应减弱而且还应继续加强，关键在于采取何种运作方式，其实农业发达国家提供了很多可资借鉴的做法。因此，在服务宏观调控的目标导向下，粮食市场化改革这条逻辑主线不能改变，要努力通过市场手段发挥作用，尽量减少不必要的行政性干预，逐步健全粮食宏观调控机制和政策体系。

---

① 1994年粮食减产，我国粮食又为"买难"所困，这种状况一直持续到1995年上半年。1995年秋收之后，市场供需紧张的状况趋于缓解，但仍然保持"买难"的态势，到1996年夏收后，粮食出现供大于求的局面，开始出现"卖难"。

第四节 粮食价格形成机制和收储制度改革

——农业供给侧结构性改革深入推进

自20世纪90年代末至21世纪初期，受粮价低迷以及农业产业结构调整的影响，农民种粮积极性下降，我国粮食生产进入下行周期。全国粮食播种面积从1999年开始连续5年下降，2003年粮食产量连续下滑至8614亿斤，成为1990年以来13年的最低谷，比1998年的10246亿斤减少1632亿斤、降幅15.9%，减产的数量超过新中国成立初期粮食总产量的7成，这一持续减产的幅度在历史上是罕见的。当时国内粮食供应缺口主要依靠消耗库存进行弥补，国家粮食库存也降到历史低点。由于农业连续减产，许多传统农区相当一部分主要依靠农业就业的农民收入增长困难，从1997年到2002年，农民人均收入增长不到4%，仅为城市居民收入平均增长率的一半，农民的种粮积极性明显下降。到2004年，全国粮食供求形势较为紧张，粮食价格指数同比上涨26.4%。从当时情况看，粮食问题已经严重影响到经济社会发展稳定大局，引起了各界高度关注。

应当看到，我国农产品收储"托底"政策发挥了历史性的巨大作用。2004年5月，国务院出台了《关于进一步深化粮食流通体制改革的意见》，即粮食流通体制改革总体方案，全面放开粮食收购市场和收购价格。在粮食市场全面放开的同时，国家逐步建立了重要农产品收储制度，以最低收购价政策和临时收储政策为重要标志。该文件明确提出，"当粮食供求发生重大变化时，为保证市场供应、保护农民利益，必要时可由国务院决定对短缺的重点粮食品种，在粮食主产区实行最低收购价格"。2004年国家在稻谷主产区实行最低收购价政策，2006年开始在小麦主产区实行最低收购价政策，2007年以来先后对玉米、大豆、油菜籽、棉花、食糖等实行临时收储政策。

这两大政策的实行，释放出国家重视粮食等重要农产品生产的信号，给农民一个种粮的托底价格，让农民吃下"定心丸"放心种粮。旨在通过政策托底功能，来保护种粮农民利益、调动重农抓粮积极性、稳步提高粮食产量、保障重要农产品供给。在市场价格高于这个价格的常态情况下，由市场起决定性作用。这是在充分发挥市场机制作用的基础上，国家完善粮食宏观调控机制、调整粮食供求关系的重要手段。也就是说，只有当市场粮价低迷时，政策的托底功能才发挥作用，稳稳托住市场价格下行的底线，卖粮农民面对的是政策性价格，这样就能保障种粮农民保本有收益，并防止出现农民"卖粮难"；而当市场粮价恢复常态，高于政府的托底价格时，完全由市场价格在发挥作用，政府制定的政策性价格实际上是一个虚拟价格，卖粮农民面对的是市场价格，多元市场主体入市收购活跃，粮食购销处于正常的市场化状态。应当说，这两项政策实施以来，国内粮食产量稳步回升，对促进农民收入较快增长发挥了重要作用。经过几年发展，全国粮食产量走出低谷，2007—2010年站稳10000亿斤台阶，2011年首次攀上11000亿斤台阶，2013年以来更是连续站上12000亿斤的新台阶。

当然，任何政策都不是一劳永逸的，需要根据形势变化而不断调整完善。粮食最低收购价政策和临时收储政策实施以来，国家多次启动政策性收储，发挥的重要作用功不可没。较大幅度提高政策性收购价格，极大调动了种粮农民生产积极性，对于扭转粮食产量下滑态势并连续跨越新台阶，保护农民种粮利益增加种粮收入，缓解粮食供需多年的紧张形势，稳定经济社会发展大局发挥了极其重要的作用。但不可否认，这两项政策在实施过程中，也出现了背离政策发挥"托底"的初衷，市场机制作用发挥的空间越来越小，并随之积累了一些矛盾、暴露了一些问题，需要相应地进行调整完善。随着形势的变化，粮食等重要农产品收储制度改革已经迫在眉睫。

一是政策性收购价格持续抬升，市场机制作用难以发挥。在最低收购价政策和临时收储政策实施初期，基本遵循了"常态不启动、非常态启动"的政策设计初衷。但随着农业生产成本持续攀升，为保护种粮农民利益，国家从2008年开始，对粮食、棉花和油料等大宗农产品，相继较大幅度提高政策性收购价格。其中，稻谷和小麦最低收购价格连续7年提高，稻谷从0.70~0.75元/斤提高到1.35~1.55元/斤，小麦从0.72~0.77元/斤提高到1.18元/斤。2014年早籼稻、中晚籼稻、粳稻、小麦分别比2008年提高92.9%、91.7%、106.7%、71%。玉米临时收储价格也大幅增加，2014年达到1.12元/斤的历史高点，比2008年的0.75元/斤提高0.37元/斤、增加49.3%。大豆临时收储价格到2013年增加至2.3元/斤，比2008年的1.85元/斤提高0.45元/斤、增加24.3%。油菜籽临时收储价格到2014年增加至2.55元/斤，比2008年的1.85元/斤提高0.7元/斤、增加37.8%。

从实际执行情况看，托市收购基本变成了敞开收购，临时收储变成了常态收储，这直接导致国家收储规模快速膨胀。政策性收储任务主要由中储粮集团公司等承担，由于政策性收储价格不断提高且超过了市场价格，实际上形成了所谓"政策市"的局面，导致各类市场主体预期发生改变，都不愿意入市，市场发挥作用空间越来越小，这就背离了"托底收购"政策设计的初衷。

二是粮食越收越多导致高仓满储，财政负担不断加重。由于连年大幅提高政策性收购价格，粮食等重要农产品供求形势持续宽松。农产品政策性收储价格已经全面高于市场价格，多元市场主体入市收购的局面难以形成。新季生产粮食高度依赖政策性收储来消纳，国库里的粮食既"储不下"，又"销不动"，越积越多难以消化，顺价销售和拍卖越来越困难。各地粮食仓储能力普遍紧张，一些托市收储的粮食只能露天存放，安全隐患大。21世纪之初，中储粮总公司成立时，其职能定位是受国务院委托，"具体负责中央储备粮的经营管理"，"对中央储备粮的总量、质量和储存安全负总责"，同时接受国家委托执行粮油购销调存等调控任务。在这一时期，稻谷、小麦和玉米连续启动大规模政策性收储政策，中储粮总公司的功能已经不仅仅局限于"中央储备粮",而是快速向"政策性粮食"拓展,成为政策性粮食收购的执行主体,其政策性粮食规模远远超出中央储备粮实际仓储能力,长期超负荷运转,"小马拉大车"的情况越来越突出。

由于国家粮食收购规模过大,这就使得收购、保管和利息等费用不断增加,而且粮食储存久了质量也在下降,加之各地粮食生产增量和仓储空间不平衡,使得新陈价差损失、调运补贴等支出也大幅增长。这段时期形成的过高粮食库存,大大加重了财政负担。除了每年国家要支付大量的粮食保管和利息费用之外,由于国库里的粮食价格比市场价格还高,"高价进、低价出"的风险开始显化,潜亏的风险也越来越大。久而久之,粮食超期储存和浪费现象随之逐渐显露,面临的潜在品质损耗以及库存挂账亏损压力也不断增加。

三是农产品国内外价格严重倒挂,大量进口对粮食产业形成冲击。一方面,国内连年大幅提高政策性收储价格;另一方面,受全球粮价走低、海运费用下降、人民币汇率变动等多种因素影响,国际市场价格进入下行通道,由此形成国内外价格倒挂局面。从2010年开始,我国粮食价格已经全面高于国际市场离岸价格,到2013年全面高于配额内进口完税价格,到2015年小麦的国内价格比配额内进口完税价格高34.2%、大米价格高39%、玉米价格高43.8%。国内外粮食价格倒挂,高粱、大麦、木薯、玉米酒糟(DDGS)等非配额管理的玉米替代品进口猛增,大米等粮食走私凸显。2013—2016年,进口到我国的玉米及其替代品多达2277亿斤,这相当于每年挤占了国内569.3亿斤的玉米市场。大豆由于国内持续产不足需,进口逐年增长。可以说,大米、玉米、小麦、棉花、食糖等农产品配额内进口完税价格是第一道"天花板价格",配额外进口完税价格是第二道"天花板价格"。当时小麦和稻米等农产品国内价格已顶破第一道"天花板价格",有的农产品已逼近甚至在个别时段顶破了第二道"天花板价格"。一旦国内农产品价格突破第二道"天花板价格",关税配额的"防火墙"作用将会丧失,粮食等重要农产品的大规模进口也就面临全线"溃堤"风险,"国货入库、洋货入市"可能趋于常态化,回旋的空间随之越来越小。

四是加工流通企业经营陷入困境，全产业链综合效益难以提升。过高的政策性收储价格打乱了原有的产业利益格局，特别是处于产业链中游的加工企业受到的影响尤其之大，很多农产品加工企业难以走出"不开工难以生存、开工又难以为继"的困境。2015年，粮食加工业市场的低迷程度较往年偏重，大企业的开工率尚能维持一半，中小企业的开工率只有20%～40%，停工停产现象较为普遍。棉花和食糖在2012年、2013年也出现类似现象，国内纺织企业承担不起储备棉的顺价销售价格，纺织业竞争力大幅下降。而随着食糖价格的下跌，相当一部分制糖企业出现亏损，企业和蔗农种植积极性受到很大影响。

五是农业资源要素配置扭曲，优化粮食生产结构面临现实制约。政府收储价格偏高，导致优质品种与普通品种的合理价差得不到有效体现，农作物种植结构严重失衡，边际产能过度利用，资源错配现象凸显。特别是政策性收储价格的大幅度提高，改变了不同粮食品种之间的合理比价关系。大豆和玉米临储价格比从最高时2.49∶1降低到最低时2.02∶1，导致大豆种植面积锐减，国产大豆供给急剧减少。2008—2015年，东北地区玉米临储政策实施期间，全国玉米面积增加近1.3亿亩，增幅近30%，"镰刀弯"地区①的非优势产区玉米种植大幅增加，产量低而不稳，越区种植现象越来越严重。其中，东北地区玉米面积增加7000多万亩，增幅近45%，而东北大豆种植面积减少了3215万亩。棉花也出现了同样的现象，新疆次宜棉区生产面积扩大，大量水土资源透支，越来越难承其重。另外，高价玉米还推高了畜禽养殖成本，进一步削弱了畜产品在国际市场上的竞争力。

农产品收储制度改革是推进农业供给侧结构性改革的重要内容，始终遵循渐进式的改革路径。通过实施一系列稳健有力的改革举措，实现了农产品价格形成机制、农产品市场调控方式和农业补贴方式的重大转变。玉

---

① "镰刀弯"地区是俗称，包括东北冷凉区、北方农牧交错区、西北风沙干旱区和西南石漠化地区，其中有相当部分是玉米非优势产区。因其在地形版图中呈现东北—华北—西北—西南分布，以形似而得名。

米收储制度改革深入推进，将临时收储政策调整为市场化收购加生产者补贴机制。大豆临时收储政策改为试点目标价格改革后，与玉米统筹实行市场化收购政策。棉花临时收储制度取消以后，开始启动实施新疆棉花目标价格补贴政策。在粮食最低收购价政策框架下，稻谷和小麦实行更具弹性和灵活性的收购运行机制。

改革开放以来，我国玉米生产快速发展，从2007年开始成为面积最大的粮食作物，单产水平也在快速提升，自2010年以来成为产量最高的粮食作物。2020年玉米种植面积增加到6.19亿亩，占整个粮食面积的35.3%，玉米产量达到2.61亿吨，占粮食总产量的38.9%。自2008年建立玉米临时收储制度以来，2010—2013年玉米临时收储价格连续四年上升，从0.75元/斤提高到1.12元/斤。在实际执行过程中，玉米收储政策逐渐由"临时收储"演变成"固定收储"，政策性收购价格刚性上涨，客观上扭曲了市场价格信号，出现了玉米生产量、进口量、库存量"三量"齐增的局面。受内外价差驱动，2015年玉米进口472.8万吨，原料玉米价格长期居于高位，也制约了畜牧养殖业健康发展和玉米加工企业正常运行。

2015年国家将东北玉米临时收储价格从1.12元/斤下调至1元/斤，部分调整了市场供求关系，也给了农民一个调整预期的缓冲期。2016年国家对东北玉米临时收储政策作出调整，推行"市场定价、价补分离"改革，建立起市场化收购加补贴的新机制，守住了不发生大范围"卖粮难"和保障农民基本收益两条底线。玉米市场化改革之后，价格随行就市，多元市场主体积极入市收购。政府设立收购贷款信用保证基金，在很大程度上解决了市场主体收购贷款难的问题。随着玉米价格回归市场，上下游产业链开始活跃起来，大型饲料企业和养殖企业加速布局并扩大生产规模，加工企业经营效益明显改善。玉米外运"绿色通道"加快开通，优先保障东北玉米外运外销。玉米购销市场总体平稳，种粮农民加上玉米生产者补贴，收益基本保持稳定。从2016年以来，全国玉米播种面积连续四年调减，2019年玉米播种面积6.19亿亩，比历史峰值2015年减少4176万亩。2020年玉米种植开始企稳，基本接近2013年水平，全国玉米产量5213亿斤，比 2013 年增加 244 亿斤，连续六年保持在 5000 亿斤以上。

20 世纪 70 年代以来，我国棉花生产形成了黄河流域、长江流域和新疆"三足鼎立"的格局。2007 年，全国棉花种植面积为 8889 万亩，到 2020 年已经持续减至 4755 万亩，降幅 46.5%。近年来，新疆棉区种植面积总体保持稳定增长态势，2020 年新疆棉花种植面积达到 3753 万亩、占全国的 78.9%，产量达 516 万吨、占全国的 87.3%。而内地棉区种植面积持续大幅萎缩，2014—2020 年，黄河流域、长江流域棉区种植面积从 3371 万亩降至 1000 万亩左右，降幅超过 70%。

近几十年来，我国棉花政策改革从统购统销到合同定购，再从临时收储到目标价格改革，趟出了棉花市场化改革的新路径。20 世纪 50 年代中期至 90 年代，在棉花供给短缺阶段，我国一直实行统购统销和合同定购，对棉花实行严格的计划管理政策，国家统一指定棉花价格，不放开经营、不放开市场、不放开价格。到 20 世纪 90 年代中后期，我国棉花由供不应求转向供过于求后，国家开始深化棉花流通体制改革，决定放开棉花收购，加大供销社棉花企业改革力度，实行棉花储备与经营分开。

我国实施棉花临时收储政策，有其特定的历史背景。进入 2008 年以来，我国棉花产量连续三年大幅下滑，世界主要产棉国开始采取限制出口的措施，尤其是 2010—2011 年国际棉花价格暴涨急跌，国内棉花价格随之高位下滑，农民种棉收益大幅下降。为防止国内棉花价格过度下跌，保护棉农生产积极性，稳定棉花市场供给，我国自 2011 年开始实行棉花临时收储政策，由中央储备棉公司按照政府确定的临储价格入市收购。2011—2013 年棉花临储价格分别为每吨 19800 元、20400 元、20400 元。在国际棉价大幅下跌的情况下，临储政策有效保护了国内棉农利益，保障了棉花生产稳定。但由于全球棉花价格持续低迷，我国成为国际棉花价格"高地"，过高的政策性收储价格打乱了原有的产业利益格局。国储棉库存严重积压，财政不堪重负；下游纺织企业用棉成本上涨，普遍经营困难、竞争力下滑；受内外价差驱动，棉花和棉纱进口激增。

在棉花临时收储政策连续实施三年之后，已难以为继，国家决定在

2014—2016年启动为期三年的新疆棉花目标价格改革试点。主要做法是政府根据生产成本加基本收益，确定并提前公布棉花目标价格水平。当市场价格高于目标价格时，不需要进行价格补贴；当市场价格低于目标价格时，启动目标价格补贴，按照二者价差给予棉农补贴，保持种植收益基本稳定。2014—2016年棉花目标价格水平分别为每吨19800元、19100元和18600元。通过实行棉花目标价格改革，价格形成机制由政府定价转向市场购销随行就市，国内外棉花价差大幅缩小，并逐步实现与国际市场接轨。实行改革之后，新疆纺织企业的用棉成本下降至20%～40%，纺织服装产业固定资产投资超过新疆1978—2013年35年的投资总和，服装产能提升近4倍，棉花全产业链得以激活。

在全面总结评估上一轮三年试点（2014—2016年）经验的基础上，自2017年起，在新疆进一步深化棉花目标价格改革，完善目标价格形成机制、合理确定定价周期、优化补贴方法。棉花目标价格也由一年一定改为一定三年（2017—2019年），棉花目标价格水平保持每吨18600元。同时，对棉花补贴数量提前采取上限管理模式，超出预先限值的棉花数量不再享受目标价格补贴。这样按照世贸组织有关规则，现行的棉花目标价格补贴政策就由"黄箱"转为"蓝箱"，有效化解了挂钩补贴受限的窘境，打开了补贴机制的政策空间。基于这一轮深化棉花目标价格改革，从2020年起进一步完善相关政策，棉花目标价格水平为每吨18600元，同步建立以三年为一个周期的定期评估机制，根据棉花产业发展形势动态优化调整。总体来看，棉花生产形势保持基本稳定，新疆棉农收入得到基本保障，棉花价格与市场接轨，从生产、加工、流通、纺织到服装行业集聚效应明显增强，全产业链战略布局加快形成。

我国是全球第二大棉花生产国、最大的棉花消费国、最大的纺织服装出口国，棉花产业是制造业和实体经济的重要组成部分。新疆棉花产量占全球的1/5，国际地位举足轻重，种植和收获也早已普遍实现大规模机械化，北疆机械化水平高达97%。近年来，美国乃至西方部分国家开始炒作涉疆议题，打压抵制新疆棉花。在日趋复杂的国内外形势下，稳定内地棉花种植面积，既是稳定全国棉花生产的重要部分，也是分散风险、应对贸易冲击的必要途径。下一步，要重点做好"一提、二保、三统筹"工作，扎实推动棉花"提质量"满足国内优质棉需求，切实推动棉花生产"保数量、保多样"，拓展国内市场打通"内循环"，统筹新疆和内地棉花生产、统筹内地棉花和粮食生产、统筹棉花数量和质量，增强标准制定话语权，确保国内棉花产业发展和市场供应安全。立足棉花生产战略布局，稳定完善新疆棉花目标价格政策，重视并支持内地棉花生产。加大内地棉花基础设施和科技推广投入，支持华北漏斗区、黄河三角洲盐碱地、苏北盐碱地、湖南重金属污染区等生态环保压力较大以及具有植棉优势的区域。加大对节本增效技术的研发集成和推广，集中科研优势力量，加大对内地机采棉的研发力度。推动建立以绿色高质量为导向的补贴政策，支持棉农进一步提升棉花质量，推行高效节水等绿色生产方式，防止盲目无序扩种，缓解资源环境压力。

近 20 多年来，为适应国内消费升级形势变化，我国大豆供求格局发生了深刻变化。从 1996 年开始我国由大豆净出口国转为大豆净进口国，目前已成为世界第一进口国和消费国。2020 年我国大豆进口量增长到 10033 万吨，随着大豆振兴计划的实施，大豆产量也实现了稳中有增，产量达到 1960 万吨，创历史最高水平。

2008 年以来，大豆临时收储价格连续五年提升，由 1.85 元/斤提高到 2.3 元/斤，价格增幅达到 24.3%。到 2013 年，国产大豆价格比进口大豆到岸完税价高出 412 元/吨，当时大约每年有 500 万吨临储大豆积压在库，难以顺价销售。2014 年，国家取消对东北四省（区）①的大豆生产临时收储政策，开始实行为期三年的目标价格改革试点。2014—2016 年大豆目标价格水平为 4800 元/吨。但在试点过程中，由于市场价格采集困难、政策操作成本较高等原因，导致试点改革效果未及预期。从 2017 年开始，调整大豆目标价格政策，与玉米统筹实行"市场化收购+生产者补贴"政策，

---

① 东北四省（区）：黑龙江、吉林、辽宁、内蒙古。

在世贸组织规则下由"黄箱"补贴政策转为"蓝箱"迈出了实质性步伐。2019年全国大豆播种面积扩大到1.4亿亩,大豆产量增加至362亿斤,是1949年的2.4倍,达到新中国成立以来的最高水平。

稻谷和小麦是我国的两大口粮品种,产量保持稳定增加的态势,口粮在整个粮食产量中始终保持50%以上,市场供给充足、库存充裕、绝对安全。我国稻谷自给有余,小麦产需平衡略余,这几年两大口粮品种连续产大于需,阶段性库存压力较为突出,市场供给充裕。近年来,国家根据市场供求形势的变化,不断增强最低收购价政策的灵活性和弹性,推动形成合理市场比价关系。2015年,稻谷、小麦最低收购价在连续7年提高后首次保持稳定。2016年,早籼稻最低收购价首次下调,每50公斤下调2元。2017年,稻谷最低收购价全面小幅下调,早籼稻、中晚籼稻、粳稻最低收购价每50公斤比上年分别下调3元、2元和5元。2018年,小麦最低收购价下调0.03元/斤,粳稻下调0.2元/斤、籼稻下调0.1元/斤。2019年,小麦最低收购价下调0.03元/斤,稻谷最低收购价保持上年水平不变。这既保持了政策稳定性和连续性,又释放了明确的改革信号,改变了价格只涨不跌的市场预期。

根据2018年国家发展改革委等6部门联合印发的《小麦和稻谷最低收购价执行预案》,最低价收购执行预案启动条件为,当年生产的粮食且符合三等及以上国家标准,四等及以下的粮食由地方政府组织引导实行市场化收购;粮食市场收购价格持续3天低于最低收购价格,当市场价格回升到最低收购价以上时停止实施;中储粮分公司会同省级相关部门提出启动建议,中储粮集团公司报国家粮食和物资储备局批准。小麦预案执行区域为河北、江苏、安徽、山东、河南、湖北6省,执行时间为当年6月1日至9月30日。早籼稻预案执行区域为安徽、江西、湖北、湖南、广西5省(区),执行时间为当年8月1日至9月30日。中晚稻(包括中晚籼稻和粳稻)预案执行区域和时间为:江苏、安徽、江西、河南、湖北、湖南、广西、四川8省(区)当年10月10日至次年1月31日,辽宁、吉林、黑龙江3省当年11月1日至次年2月末。

2020年，国家稳定完善粮食最低收购价政策框架，并进一步优化调整政策运行机制，不断增强政策弹性和灵活性，实行提前"限定收购总量"政策。其中，限定最低收购价稻谷收购总量为5000万吨（籼稻2000万吨、粳稻3000万吨），限定最低收购价小麦收购总量3700万吨。根据完善后的政策设计，分两批次进行，第一批数量为限定收购量的90%，原则上实际收购量应不超过第一批次收购量，不分配到省；第二批数量为限定收购总量的10%，视收购需要具体分配到省，当收购量达到本省批准数量时，立即停止该省最低收购价收购且不再启动，由多元市场主体开展市场化收购。

农产品收储制度改革取得重大进展，反映供求关系的价格信号逐步释放，体现区域差异和品质差异的市场价格体系初步形成，优质优价逐步得以实现，成效明显。玉米收储制度改革的推行，实现了从国家政策性收储唱"独角戏"到多元市场主体收购"大合唱"的转变，推动了收购资金从"来源单一"到"渠道多元"的转变。东北粮食市场一改多年萧条，"北粮南运"日益活跃。粮食加工企业和贸易企业购销空前活跃，成为农民售粮的主渠道，出现了多年少有的多元市场主体积极入市收购的新局面。油菜籽临储政策取消以后，不同地区特别是产销区之间合理价格逐步形成，品质差价拉开。

过去，在玉米、棉花、大豆、糖料、油菜籽等农产品临储政策实施过程中，政策性收购大包大揽，如东北玉米和南方油菜籽在国内基本没有了市场，几乎全部进入临时收储。财政要支付大量的收购费用、保管费用、利息补贴等，是一笔很大的开支。随着上述农产品临时收储政策的取消，政府不再进行大规模政策性收储，大大缓解了财政补贴和收储库存压力。多元市场主体入市收储新格局形成以后，企业商业性库存大幅增加，国家仓容压力大幅度减轻，缓解了由国家收储带来的仓容紧张矛盾，降低了损失损耗和坏粮风险。与此同时，玉米价格回归市场后，国内外玉米价格"倒挂"幅度渐趋收窄并逐步并轨，进口玉米的价格优势基本消失，为挡住国外玉米及其替代品进口提供了"屏障"，有助于提升我国玉米产业竞争力。实践表明，农产品收储制度改革的方向是正确的，为推进其他领域改革积累了宝贵经验。

一是坚持以保障国家粮食安全为底线，是农产品收储制度改革的根本前提。应当看到，当前我国农业综合生产能力不存在过剩问题，而是弱而不强、脆而不稳的问题；粮食产销并不存在总量上的供过于求，而是结构性的有多有缺，现在只是部分农产品出现了产大于销、滞销卖难的局面，绝不意味着农产品多了、农业过关了。推进农业供给侧结构性改革，是三农领域的一场深刻变革，关系农业的长远发展，在方向性问题上不能出大的偏差，不能犯颠覆性的错误，必须守住确保粮食生产能力不降低、农民增收势头不逆转、农村稳定不出问题的三条底线。历史经验表明，一旦粮食生产出现大的滑坡，几年甚至十多年都缓不过来，农业在整个国民经济中居于基础性地位，农产品生产的大起大落不利于宏观经济的稳定。深化农产品收储制度改革，必须把巩固提升粮食等重要农产品生产能力作为重要前提，调动地方政府重农和农民生产积极性，保障抓粮不放松、种粮不吃亏，确保"谷物基本自给、口粮绝对安全"。

二是坚持市场化改革取向和保护农民利益并重，是顺利推进改革的根本保障。历史经验表明，在农产品供求关系趋紧甚至短缺的情况下，更加倾向于政府调控作用的发挥；反之，在供给充裕甚至出现阶段性过剩的情况下，推进市场化改革具备了一定的物质基础，则更加注重运用市场化的手段。但无论形势如何变，市场化改革的大逻辑没有变，必须始终遵循改革的大方向。在推进市场化改革的过程中，必须协同发挥市场和政府"两只手"作用。既要使市场在农业资源配置中起决定性作用，深入推进"市场定价、价补分离"改革，健全农产品价格市场形成机制，使价格真正反映市场供求关系；同时，也要更好发挥政府作用，完善农产品调控机制，不是不要政府调控、削弱政府扶持，而是政府不能用行政手段去替代市场该做的事，不能重蹈完全计划体制的老路，要创新完善农业补贴机制。无论是东北地区玉米收储制度改革"市场化收购加生产者补贴"的运行机制，还是新疆棉花目标价格改革"生产成本＋收益"的定价原则，都要始终注重保障农民的基本收益。东北地区实施玉米收储制度改革，通过建立玉米生产者补贴制度，保障了多数农民特别是优势产区农民的基本收益。与此同时，多措并举保障市场化购销平稳运行，满足了农民集中售粮需要，没有出现大范围农民"卖粮难"现象。从长远看，引导农民根据市场需求调整种植结构、实现优质优价，以及通过改革带来的市场和价格变化，促进中下游产业发展，同时吸纳更多就业，可以进一步拓宽农民增收的新途径。由此，按照"市场定价、价补分离"的原则，既注重发挥市场形成价格作用，坚持市场化改革取向，又同步建立新的补贴制度，保障农民利益，成为成功推进农产品收储制度改革的基本经验。

三是坚持分品种施策和渐进式改革路径，实现政策有效衔接和平稳过渡。在农产品收储制度改革过程中，国家对稻谷、小麦、玉米、大豆和棉花等品种，采取了不尽相同的改革办法，就是考虑到了大宗农产品供需结构、重要程度优先序，以及区域布局、产业链条等方面的差异化特征，没有搞"一刀切""齐步走"。农产品收储制度改革涉及面广、参与主体多、利益关系复杂，不能急于求成、不搞"大跃进"。"欲速则不达"，必须把握好改革的时机、节奏和力度，把整个改革的过程与各方主体适应性调整结合起来，统揽全局渐进式加以推进，从着力解决好最紧迫的现实问题入手，稳扎稳打，步步为营，逐步从体制机制上破解深层次矛盾。

四是坚持系统考量整个产业链而不拘于单一环节，协同提升政策的集成效应。新形势下，农业主要矛盾已经由总量不足转变为结构性矛盾，主要表现为阶段性的供过于求和供给不足并存。推进农业供给侧结构性改革，提高农业综合效益和竞争力，是当前和今后一个时期我国农业政策改革和完善的主要方向。农产品价格形成机制和收储制度改革是一项系统工程，不能零敲碎打、只顾一头，必须统筹兼顾、超前谋划，加强顶层设计、综合施策。农业上下游产业链各环节是一个有机关联的体系，涉及生产结构调整、畜牧养殖、加工转化，以及收储政策、运输政策、价格政策、库存消化、贸易政策等众多领域，以前矛盾更多地集中表现在收储一个环节，现在更多需要系统考虑政策之间的衔接配套。从长期看，如果过度调减单一品种，可能会放大其他品种市场价格波动，容易诱发粮食大起大落的轮回；而养殖业大幅扩容会拉高农产品的需求，进一步抬升饲料粮价格，可能又会影响到整个加工业健康发展，削弱加工业的市场竞争力；库存消化力度和节奏把握不好也会对市场形成打压，而贸易政策又要与国内供需状况、价格政策改革相协调。因此，必须着眼于整个产业链，把供给侧结构性改革和需求侧调控管理有机结合起来，统筹考虑小麦、稻谷、玉米、棉花、大豆、油菜籽、糖料供求变化及其相互影响，通盘考虑农产品生产、收购、储存、加工、销售各个环节的关系，从新粮购销和老库存消化、国内市场调控和进出口调节、产业上下游协作和产销区衔接等方面共同发力，丰富政策"工具箱"、打出"组合拳"，才能系统性增强农业质量效益和竞争力。

五是坚持发挥部门和地方两个积极性，形成纵深推动改革落实落地生根的强大合力。在党中央、国务院正确领导下，各地区各部门凝心聚力，把实施农产品收储制度改革作为做好三农工作的一项重要任务，通力协作，合力攻坚，协调解决突出矛盾，加强市场预期管理，为改革顺利推进提供了有力保障。地方各级党委政府和基层干部敢于担当、真抓实干，精心组织、扎实推进，创新采取一系列针对性强、实效性好的办法。注重加强政策宣讲解读，积极回应社会关切，为改革营造了良好的舆论氛围。

第五章

"天下粮仓"大国重器

"为政之要,首在足食","积贮者,天下之大命"。从长期历史生产力考察,农业生产丰歉饥穰变幻,粮食价格暴涨暴跌无常,每遇凶荒之年或遭青黄不接,粮荒四起饿殍遍野,对经济安全、社会稳定、政权巩固和军事战争都形成严重威胁。正是基于这种认识,我国粮食储备思想历史悠久,历朝历代贯穿着"重农抑商""重储足食"的传统观念,春秋战国时期就有"备者国之重"之说,西汉时期开始建立"常平仓"制度,清朝康熙亦有"积贮米谷,最为要务"救荒理念,无不昭示着粮食问题关乎国家安全和社会稳定的思想。统观古今中外,鉴于粮食生产供给的季节性、区域性和波动性,与消费的常年性、全域性和刚需性存在客观矛盾,为缓解在时间和空间上的供需余缺矛盾,建立粮食储备制度已成通行做法。

第一节　重储足食思想的历史演进

——从"平粜""平籴"到"常平仓"思想

我国古代以农立国,鼓励农耕重视积贮。早在先秦,重储足食思潮就逐渐兴起,粮食储备思想开始孕育萌芽。

春秋战国时期,思想家们对粮食储备和应对灾荒饥馑就已经有了深刻的认识。《墨子·七患》认为"仓无备粟,不可以待凶饥","备者,国之重也"。《管子·国蓄》认为"五谷食米,民之司命也",《管子·八观》提出"稼亡三之一,而非有故盖积也,则道有损瘠矣","非有余食也,则民有鬻子矣"。《汉书·食货志》亦载"世之有饥穰,天之行也"。基于对粮食重要性、饥荒规律性及其灾难性后果的认识,春秋时期,管仲进一步提出"厚收善藏,以充仓廪","务在四时,守在仓廪",主张抓好农业生产,积极储备粮食充实国库。西汉初期,贾谊在给汉文帝刘恒的奏章《论积贮疏》中讲"民不足而可治者,自古及今,未之尝闻",认为"夫积贮者,天下之大命也",要重视农事、劝课农桑,注重积谷以备荒。

自古以来,国家重视发展粮食生产增加储备,既事关备荒安民稳定政权,也关系到军事战争统一大业。《孙子·军争》提出"无粮食则亡,无委积则亡",强调了粮食储备对军事战争的重要性。《管子·治国》认为"不生粟之国亡,粟生而死者霸,粟生而不死者王",就是说只有重视粮食生产并加强储备,才能实现富国强兵一统天下。《管子·轻重》讲到"天下有兵,则积藏之粟足以备其粮",认为军队统帅应"量蓄积"掌握"城粟军粮,其可以行几何年",重视发挥粮食积贮的备战作用。

随着古代重储足食思潮的演进,在不同历史阶段,对于粮食储备战略调控模式的主张也在演进之中。范蠡是春秋末期政治家，曾辅佐越王勾践复国兴越灭吴，因"十九年中三致千金"被尊为经商鼻祖。他重视发展粮食流通，也是救荒史上平粜理论的鼻祖。他提出了著名的粮食"平粜"思想，为国家宏观经济调控奠定了理论基础，对后世产生了极为深远的影响。在长期实践中，范蠡总结提出了农业生产周期性循环理论，认为农业丰歉饥穰取决于天时律动。《史记·货殖列传》载"六岁穰，六岁旱，十二岁一大饥"，当太阴（木星）分别运行到"金""水""木""火"的三年中，就会相应引致"穰"（大丰年）、"毁"（大荒年）、"康"（小丰年）、"旱"（旱灾年）。粮食生产循环往复，存在12年大饥荒循环周期、6年中周期以及3年小周期，这种周期性变化带来粮食价格的相应变化。

基于对农业经济循环规律的认识，范蠡指出"论其有余不足，则知贵贱"，并对粮食市场价格的变化规律进行了探讨，认为"八谷亦一贱一贵，极而复反"，"贵上极则反贱，贱下极则反贵"，深刻地认识到商品价格受供给变化影响的波动运行规律。对此，他提出了粮食储备调控"平粜"论的主张。依据"贵出如粪土，贱取如珠玉"的原则，通过储备吞吐调节市场，使粮食价格在合理的波动区间内运行，统筹调节粮商和农民的利益关系，实现"农末俱利"。一方面，他认为"二十病农"，"农病则草不辟"，意思是粮食出售价格跌到每石二十钱时，农民利益就会受到损害，田地则无人耕种出现撂荒。另一方面，他认为"九十病末"，"末病则财不出"，就是说当粮食出售价格涨到每石九十钱时，商贩利益就会遭受损失，粮食则无法正常流通到社会中去。可以说，范蠡的利商观念有着鲜明的时代烙印，这与春秋时期商业流通和私营粮商快速发展的背景是分不开的。

范蠡认为，当丰年粮食供过于求、价格畸低（每石低于二十钱）时，国家应以高于市场价格收储粮食；相反，当歉年粮食供不应求、价格暴涨（每石高于九十钱）时，国家应以低于市场价格抛售库存，把粮价控制在可容忍的限度之内。并进一步指出，"上不过八十，下不减三十，则农末俱利"，如果粮价每石最高不超过八十钱、最低不少于三十钱，就能使农民和商贩都有利可图，粮食供给流通就会趋于正常状态。所以，范蠡主张国家通过实行"平粜"措施,将粮食市场价格稳定在合理区间,兼顾生产者和经营者的利益,以维持粮食正常流通、市场平稳运行、供给持续保障。由此,《史记·货殖列传》讲"平粜齐物,关市不乏,治国之道也"。

到战国初期,李悝在继承范蠡"平粜"思想的基础上提出了"平籴"论(亦提出"平粜"主张),使其更加具体可操作。李悝是战国时期法家的始祖,曾任魏国国相,开创中国变法先河,使魏国走上富国强兵之路。他认为"籴甚贵伤民,甚贱伤农",而"民伤则离散,农伤则国贫",粮食价格过高过低都会带来严重后果。由此提出"善为国者,使民无伤而农益劝",应当兼顾生产者和消费者的利益。他主张要"善平籴",统筹把握粮食丰歉程度,根据上熟、中熟、下熟、小饥、中饥、大饥几种情况,通过相机采取"籴、粜"措施,来平衡"熟、饥"年度之间的粮食供求余缺,加强应对市场粮价的暴涨暴跌。通过分析研判粮食生产形势,"谨观岁有上、中、下熟",设计出国家实行平籴政策的具体方案,"上熟其收自四,余四百石;中熟自三,余三百石;下熟自倍,余百石。小饥则收百石,中饥七十石,大饥三十石"。

总体上,官府收购农民粮食,要做到"大熟则上籴三而舍一,中熟则籴二,下熟则籴一",把握好时机节奏力度,"使民适足,贾(价)平则止"。按照"取有余以补不足"的原则,遇到灾害饥荒年份,官府就把丰年储存的粮食抛售出去,"小饥则发小熟之所敛,中饥则发中熟之所敛,大饥则发大熟之所敛而粜之"。这样一来,"虽遇饥馑水旱,籴不贵而民不散",实现救荒济民平抑粮价,以成国家富强之道。总体看,李悝的"平籴法"与范蠡的"平粜法"本质上是共通的,但前者更加具体周密,注重兼顾生产者和消费者利益,认为价格要保持基本稳定。而后者尽管也提出平粜齐物,却相对笼统一些,在调控目标上对粮食价格波动幅度有更大的容忍空间,以照顾到私营粮商的利益。这体现了范蠡"农商俱利"的理念,与李悝"民无伤"和"农益劝"的思想是有所差异的。

管仲是春秋时期著名的经济学家和政治家,曾辅佐齐桓公成为春秋五霸之首。管仲在经济制度上提出了"敛轻散重"论,他认为"天下之数尽于轻重"。一般说到"轻重",就会与管仲相联系,其实早在此前就广泛运用了。对古代金属货币而言,币值大小主要体现在分量轻重上,故以轻重来区分价格高低。管仲认为国家应当关注粮食供求形势变化,当价格较低时敛积收储,当价格高位时散行抛售。这样可以增加财政收入,调节供求关系,平抑市场价格,一举多得。尽管《管子》并非管仲本人所作,但在很大程度上反映了他的经济思想。《管子·山权数》认为"重则见射,轻则见泄",应当"以重射轻,以贱泄平"。也就是说,当粮价高涨("重")时,社会预期价格会进一步上涨,就会"买涨不买跌",人们开始大量抢购囤积("射")粮食,以防可能出现更大短缺,尤其是私商会观望价格走势,期待在更高价位卖出获利,从而诱致价格暴涨。这时,国家应当以低于市场价格("贱"),尽快抛售("泄")储备粮食,调节过高价格使其尽快回落。反过来,当粮价跌落("轻")时,社会预期价格会继续下跌,私商就会争相抛售("泄"),以及时止损,从而进一步加剧粮价下跌。这时,国家应当以高于市场价格("重"),及时收储("射")粮食。由此,国家要根据市场形势变化,适时以"射、泄"调控市场"轻、重",维持粮食市场平稳运行。

《管子·国蓄》指出,"蓄贾游市,乘民之不给,百倍其本"。粮食供求变化失常,市场价格出现剧烈波动,往往与私商尤其是"大贾蓄家"囤积居奇、操纵市场、推波助澜有很大关系,这就需要"敛积之以轻,散行之以重"。也就是说,如果粮食供过于求、价格"轻"(跌落)时,应当适时"敛"(收购);反之,粮食供不应求、价格"重"(高涨)时,就要及时"散"(抛售)。这样根据市场"轻、重"相机"敛、散"调控,将使得粮食供给在不同区域之间合理配置,在季节丰歉之间的粮价异常波动得到平抑。《管子·国蓄》认为"万物之满虚,随时准平而不变,衡绝则重见。人君知其然,故守之以准平",关键要把握好春天"青黄不接"和秋天集中收获两个时间节点,适时通过国家粮食储备吞吐调节,确保粮食价格平稳、供求基本平衡。

商鞅是战国时期的思想家和改革家,曾辅佐秦孝公,实行"商鞅变法",

在经济上主张重农抑商、奖励耕战，使得秦国成为富强之国。他认为"善为国者，仓廪虽满，不偷于农"①，并通过实施"訾粟而税""纳粟拜爵"等措施，把粮食统一"上藏"国家粮食储备，使"商无得籴，农无得粜②"，完全禁止自由流通，关闭粮食市场。商鞅主张国家垄断粮食储备调节，重视充实粮食库存，提出要对粮食"贵籴贵粜"，通过高价收粮保护农民利益，使"市利尽归于农"，然后高价卖出减少商人私利，从而"重农抑商"，鼓励发展农业生产，保障兼并战争顺利进行，为秦国走向富强发挥了重要作用。

桑弘羊是西汉时期的政治家和理财家，也是汉武帝的顾命大臣之一。当时的汉王朝抗击匈奴连年征战、国库空虚，农民兵役徭役沉重。而富商大贾巧取豪夺、兼并土地，"财或累万金，而不佐公家之急"，财政危机不断加剧。桑弘羊先后推行算缗、告缗、盐铁官营、均输、平准、统一铸币等经济政策，这些举措为汉武帝推行文治武功事业奠定了坚实的物质基础。桑弘羊作为盐铁官营等经济政策的创始人，对后世经济发展产生了重大影响。应当说，桑弘羊创立的"平准法"，已经不局限于粮食，而是将平抑物价拓展到"万物"。据《史记·平准书》载，"置平准于京师，都受天下委输。召工官治车诸器，皆仰给大农。大农之诸官尽笼天下之货物，贵即卖之，贱则买之。如此，富商大贾无所牟大利，则反本，而万物不得腾踊。故抑天下物，名曰'平准'。"③与先前相比，桑弘羊改革更加强调以官代商、打压商人，国家干预经济的倾向更加强硬，使大量财富从富商大贾流向国家手里，实现了增加政府财政收入的主要经济目标，对西汉王朝化解财政危机、实现开疆拓土作出了巨大贡献。

西汉宣帝时期，是汉王朝继"文景之治"、汉武帝鼎盛时期之后的又一个盛世，史称"昭宣之治"。耿寿昌曾任大司农中丞，后封关内侯。历

---

① 商鞅：《商君书·农战》，上海人民出版社1974年版。
② 商鞅：《商君书·垦令》，上海人民出版社1974年版。
③ 司马迁：《史记·平准书》，中华书局1959年版。

史典籍中关于耿寿昌的记载并不多,但其关于粮食"常平仓"的制度思想,在财政税收、稳定市场、保护农业、救灾救荒等方面,对古今中外都产生了重大影响。司马光曾言"常平仓者,乃三代圣王之遗法"。据记载,"耿寿昌请于边郡皆筑仓,谷贱时增价而籴,贵时减价而粜,名曰常平仓,常平之名起于此也[①]"。从"常平仓"名称来看,就是通过政府调控"均贵贱""平谷价",使粮食价格"常平",长期处于相对平稳状态,这大致是其初始设立的基本目标。而"常平仓"制度的重要作用,并非拘于价格本身,其主张"当丰年谷贱的时候,政府用较高的价钱籴入,广为收贮;等到凶年谷贵的时候,便用较低的价格,供民间籴买。这样一出一入之间,也可稍获微利,用以充常平的基金,这可说是各朝共同的办法[②]",多元功能随之逐渐衍生和拓展。

通常认为,汉代的"常平仓"是古今中外"常平仓"制度的滥觞,由此正式开启设立并逐步完善。之后,在中国历史上运行了两千多年,其间虽有中断、职能延伸或者名称发生变化,但依然保留着这一制度的基本思想。在实践中,根据形势变化,国家择机收购和抛售粮食,调控粮食供求关系,在丰收年景收购粮食,以备灾荒之年紧急之需,在可忍受的较小区间保持市场价格基本平稳,为救荒稳市安民、弥补市场失灵发挥了重要作用。其间,及至北宋时期,随着商品经济日趋发达、流通量明显增加,以王安石"青苗法"为代表的"常平仓"思想有了新的发展,也被称为常平新法或常平敛散法。从以前的灾荒之年向农民"贷物"(提供粮食),转变为向农民"贷款"(提供现金),但仍然遵循"常平仓"的基本原理。具体来看,政府在粮食收获前,把钱借给农民(在唐朝即有预给"青苗钱"做法),帮助农民在青黄不接或灾荒之年渡过缺粮或生产难关,农民在粮食收获后,可以用粮食变现或抵值还贷。在具体还贷方式上,农民有主动权,

---

[①] 杜佑:《通典》卷26"太府卿",载李超民《大国崛起之谜——美国常平仓制度的中国渊源》,中央编译出版社2014年版。

[②] 邓云特:《中国救荒史》,商务印书馆2011年版。

可以根据当时的市场粮价高低，决定是卖粮变现后归还现金，还是直接抵值归还粮食。这样既可以调控不合理的市场价格，也可以保障农民合理的种粮收益，维护农业生产正常运转。在制度功能上，"常平仓"发挥的作用，已经从救荒救灾、调控市场、平抑粮价的基本功能，拓展到惠农利农、钱谷贷借、促进生产的融资功能。

实际上，耿寿昌倡立的"常平仓"制度，是以前人"平籴平粜"、"敛轻散重"以及"平准"等一系列思想为基础的集成发展。自古以来，"仓廪"体系作为特殊的财政制度渐成传统，西周时期也出现"司稼"依据粮食丰歉调控价格的制度雏形。由此，"常平仓"思想渊源可追溯至三四千年以前更为久远的历史，其在粮食调控和农业生产的理论和实践中不断创新，对后世影响极为深远、贡献不可磨灭。我国古代的"常平仓"以及"青苗法""市易法"和"均输措施"等，对美国农业发展也产生了非常大的影响。1929年，美国爆发空前的经济危机，随后的大萧条使农业遭受严重打击。罗斯福执政之初，面对愈演愈烈的农业危机，在1933年和1938年先后颁布了两个《农业调整法》。华莱士时任罗斯福政府的农业部长，他后来讲，接任农业部长后，在最短的时间内敦促国会通过立法，把中国古代农业政治家的实践——"常平仓"引入美国农业立法中[1]。当时美国国会《农业调整法》的重要思想，就是当主要农产品出现过剩时，国家对农民发放储存农产品的"无追索权贷款"，实行价格保护；当仓储爆满时，国家实行农产品配额销售，保证农民不竞相降价，以避免引发市场混乱；当农产品出现短缺时，国家用"常平仓"的库存弥补市场需求，保持农产品市场价格稳定。而华莱士的这一设想，正是来自中国留学生陈焕章在其博士论文《孔子及其学派的经济原理》中对中国"常平仓"制度的介绍[2]。

自古代重储足食思潮兴起以来，经过数千年的演进，我国官方粮食储

---

[1] 唯明：《华莱士在华言论集》(*Wallace in China*)，世界出版社1944年版。
[2] 陈锡文：《读懂中国农业农村农民》，外文出版社2018年版。

备制度和仓储体系逐步建立健全。汉代以后的"常平仓"多设于通都大邑，隋唐时期出现的"义仓"遍及州县，南宋时期出现的"社仓"设在乡村民间。清朝"康乾盛世"，通过实行减免田赋、限制土地兼并、兴修农田水利等一系列举措，促进农业生产快速发展，粮食供给也较为充足。《清朝文献通考》记载"直省则设有常平仓，乡村则有社仓，市镇则有义仓"。这一时期，太仓之粟常有余，从省会到府州县均设"常平仓"，市镇设义仓，乡村设社仓。其中，太仓也就是京仓，清朝京仓包括海运仓、北新仓、南新仓、禄米仓、太平仓、兴平仓等，各省运京漕粮都分储于此，所存粮食为皇家直接掌管。同时，清政府规定，各省省会和府、州、县都要设立"常平仓"，并设置了全国和各省的存储规模和相关储备管理制度。我国古代粮食储备体系的设立和完善，对历朝历代重农保供、备战备荒、救灾安民、调控稳市发挥了极其重要的作用。

第二节　粮食储备规模和结构

——"守底线"动态适应消费格局变化

在全球范围内，构建完备可靠的粮食储备体系影响重大而深远，多数国家和地区已经建立了相应的粮食储备体系。20世纪70年代初，全球自然灾害和粮食需求量骤增，引发一场严重的世界粮食危机。为此，1974年11月，联合国粮农组织（FAO）在第一次世界粮食大会上，正式提出了粮食安全的概念。粮食安全程度与储备量和消费量有关，FAO由此采用粮食储备消费比，也就是当年粮食储备量占下一年度粮食消费量的比值，来反映粮食安全水平。FAO把粮食储备量应占消费量的17%～18%，确定为最低储备安全线，并以此来衡量全球或一国的粮食安全水平。其中，11%～12%为周转储备，以满足粮食从生产地流向加工企业和终端消费者需要，包括零售商和消费者手中以及在途运输的粮食；6%为后备储备，是一国或地区周转储备以外的全部储备，以应对突发情形、调节供需、平抑市场波动，保护生产者和消费者利益，主要表现为政府储备。

中国古代积粟有"耕九余三"制度，也就是说，农事耕作九年大致应有满足三年消费的余粮积累。在春秋时期，我国思想家和政治家基于对灾荒规律和粮食收成的认识，对研究合理的粮食储备规模提出了重储足食的思想理论及相关观点。孔子经过长期考察发现，通常每四年会有一年遭遇灾荒，农作物歉收，由此提出"耕三余一"的思想，每年储备三分之一的粮食，这样连续积蓄三年便可存足一年所需的粮食，总体上就可应对规律性的自然灾害影响。据《礼记》载"三年耕，必有一年之食；九年耕，必有三年之食"。《管子》提出"王者岁守十分之三"，"藏三之一不足以伤民，而农夫敬事力作"，这样即使发生天灾凶旱水涝，也不会出现百姓饿死沟壑或沿街乞讨的现象，"人君之守高下，岁藏三分，十年则必有三年之余"，每年储备粮食产量的三成，十年就有三年的积蓄。可见，无论是"耕三余一"，还是"藏三之一""岁藏三分"，古人大致提出了粮食储备比例的参照标准。当然，年景不同，每年的粮食收成也会有较大的波动。实际上，在当时自然灾害和技术条件等多重因素制约下，国家每年稳定地收储1/3的粮食作为储备，显然是难以实现的。之所以提出粮食储备的目标，更多是古往今来梦寐以求的夙愿，体现出对粮食极端重要性的朴素认知。《管子》提出"视岁而藏"的思想，《汉书·食货志》也提出"大熟则上籴三而舍一，中熟则籴二，下熟则籴一"的理论，应视庄稼收成好坏来确定当年的具体粮食收储规模。

习近平总书记深刻指出，对粮食问题，要善于透过现象看本质，"粮食多了是问题，少了也是问题，但这是两种不同性质的问题。多了是库存压力，是财政压力；少了是社会压力，是整个大局的压力。对粮食问题，要从战略上看，看得深一点、远一点"。"我国地域广阔，国家粮食储备适当多储一点、多花一点钱，安全系数高一点是必要的，但也要讲性价比、讲效率效益。"粮食库存规模是反映粮食安全水平的重要指标，对具体的储存数量标准还存在不同的观点。如果规模不尽合理，会直接或间接地影响宏观调控效果。对于我国粮食储备规模的确定，不能脱离国情农情，需要充分考虑供给能力的稳定性。我国与新大陆国家不同，备用耕地资源较为匮乏。一旦一个季节严重减产，就难以大规模扩种粮食，而且作物生长周期也决定了种出粮食需要一个过程。如果仅靠下一个收获季节的粮食产量，就容易出现"青黄不接"并放大预期效应，既无法满足空档期的消费需求，也难以在短时期内恢复到正常供给水平。粮食库存规模不应一成不变，应随着消费规模增加动态调整和优化，科学设计库存规模和布局结构。一些专家据经验判断，认为当粮食库存消费比低于20%时，就容易出现市场异常波动；将粮食库存消费比设计在25%~40%，满足3~5个月以上的全社会消费需求，是相对合理的粮食库存总量区间。鉴于我国人口众多且粮食生产基础相对薄弱、地域辽阔且差异性较大的国情农情,综合考虑我国粮食长期供给能力、生产区域结构、市场发育程度以及国际经济政治环境等因素,适当调高粮食储备保险系数是完全有必要的。

历史经验表明,粮食库存规模畸高畸低都会影响粮食安全调控效果。如果粮食库存消费比过低,难以有效平抑粮食供求波动。当粮食库存过低时,容易出现局部地区和个别粮食品种供求紧张,粮价上扬造成市场波动,极易引发人们的恐慌心理,对保障基本粮食安全形成挑战。1952—1989年,在粮食储备制度建立阶段,我国粮食储备规模总量偏低,难以实现调控目标,更多的是采用行政管理手段。改革开放以前,我国粮食底子薄,不是"挖东墙补西墙",就是"寅吃卯粮"。我国粮食库存消费比例在20世纪50年代平均为14%～15%,60年代平均为13%～14%,70年代平均为14%～15%。改革开放以来,粮情开始好转,库存稳步增加,但库存消费比例仍然偏低,在20世纪80年代平均为20%左右。1980年全国粮食减产,国家收购和年末库存均出现下降,粮食库存消费比例不足16%且持续减少。其中小麦缺口可以通过进口缓解,但是大米调拨困难,通过进口调节的余地非常有限,上海等销区大米告急。1988年夏季出现全国性大米短缺局面,国务院决定从当年秋季开始由粮食部门统一收购大米。1988年10月,国务院又决定成立粮食货源组织和调运领导小组,负责粮源组织、分配、安排调运等工作,缓解了部分地区缺粮救灾问题。

但粮食库存规模不是越高越好,如果库存消费比过高,就会引发粮库仓容紧张,增加财政负担。而一旦形势发生变化,大量库存消化转为市场供给,叠加粮食产量大幅增加,又容易引起阶段性供过于求,导致粮价低迷不振,挫伤农民种粮积极性,加剧新一轮的粮食大起大落。针对1993年年底和1994年年初出现的全国大米供应偏紧的情况,国家采取措施大幅提高粮食收购价格,调动农民生产积极性,增加粮食供给。从1994年6月夏粮收购开始,粮食定购价一次性提高40%,从1996年新粮上市起稻谷、小麦、玉米、大豆等四种粮食平均定购价提高42.35%。经过先后两次提价,1996年的粮食收购价比1994年夏收前提高了1.05倍。1996—1999年粮食生产获得大丰收,国家粮食库存急剧增加,"1999年创历史新高,国家粮食安全库存系数也猛增到60%以上[①]"。粮食库存的大幅增加为保障粮食安全奠定了坚实的物质基础,但不可回避的是,过高的粮食库存消费比也带来了一些问题。一是粮食仓容严重不足。国务院决定从1998年6月开始,利用国债专项资金,总投资343亿元,先后分三批建设5750多万吨仓容的国家粮食储备库。尽管前所未有的建仓规模在很大程度上缓解了仓库紧张的问题,但是仓容仍显不足。二是增加国家粮食储备财政负担,占用的银行贷款大大增加,粮食在短期内供给相对过剩,造成粮食价格大幅下降,谷贱伤农,对以后的粮食短缺埋下了潜在威胁。

近年来,我国粮食库存一直保持较高水平,库存消费比远远高于国际上公认的17%~18%的安全线,完全有能力应对国内外重大经济政治、自然灾害、公共卫生事件以及输入性冲击等各种突发情形。中央和地方政府粮食储备数量充足,我国稻谷和小麦库存处于历史较高水平,能够满足一年以上的消费需求,口粮品种占比超过70%,粮食调控资源丰富。全国36个大中城市和市场易波动地区建立了相当规模的成品粮油储备,实际保障能力超过15天,加上企业商品库存,市场供应更加充足殷实。不少城市的面粉和大米等成品粮,市场供应能力超过30天。这些年,我国已基本形成应急储备、加工和配送体系,在应对地震、雨雪冰冻、台风等重大自然灾害和疫情等公共突发事件方面发挥了重要作用。随着铁路、公路等基础设施建设力度持续加大,国内物流配送能力也在不断增强。近年来,我国粮食物流骨干通道已全部打通,基本形成公路、铁路、水路多式联运格局,2017年全国粮食物流总量达到4.8亿吨,原粮散粮运输、成品粮集装化运输比重大幅提高,粮食物流能力明显提升。截至2018年,全国建成标准粮食仓房仓容6.7亿吨,简易仓容2.4亿吨,有效仓容总量比1996年增长31.9%。食用油罐总罐容2800万吨,比1996年

---

① 白美清主编:《粮食安全:国计民生的永恒主题——关于国家粮食安全课题系列研究报告》,经济科学出版社2013年版。

增长 7 倍。随着一批现代化新粮仓规划建成，仓容规模进一步增加，仓储现代化水平明显提高，安全储粮能力持续增强，总体达到了世界较先进水平。总体看，我国粮食储备和应急体系不断完善，政府粮食储备充裕，应急加工、储运、配送、供应网络健全，满足全国粮食应急市场供应是有保障的。

从中长期看，面对人口继续增长和居民膳食结构不断升级的叠加效应，我国粮食需求总量仍将继续刚性增长，肉蛋奶等农副产品的食用消费都还有较大提升空间，对玉米和大豆等饲料用粮的需求将会继续增加，预计未来15 年左右，粮食总需求将极有可能跨入 8.5 亿吨以上规模区间。近年来，随着农产品收储制度改革深入推进，粮食政策性库存分类有序消化，玉米临储库存基本消化完毕。适应城乡居民粮食消费的发展趋势，应按照"减临储""增国储""优结构"的思路，巩固提升后期市场调控能力，主动应对不稳定性不确定性。

下一步，要适应消费需求长期增长态势，科学论证合理的中央储备粮食规模，根据粮食市场变化，抓住有利时机充实政府粮食储备市场调节资源，提升收储调控能力。顺应口粮、饲料和油料品种消费的结构性变化规律，优化储备品种结构与消费结构以及加工企业布局的匹配程度，牢牢把好小麦、稻谷口粮战略储备并优化区域布局，重点充实玉米、大豆等紧缺饲料品种储备规模，增强粮食宏观调控的精准性和指向性。坚持"有所为、有所不为"原则，进一步探索中央储备粮政策性职能和经营性职能分离的实践方式，实现"不为所有、但为所用"，夯实政府储备基石，完善吞吐调节机制。聚焦全产业链重点领域关键环节，积极探索以中央粮食储备为源头整合上下游仓储、物流、加工产业链条的路径，带动优化粮食物流通道建设和仓储加工能力布局，集聚打造现代化粮食安全产业园区，改造提升传统粮食储备运行功能和调控效率。积极推动粮食市场调节储备与战略储备"一体两翼"、集成发力，探索差异化的储备粮管理机制、支持方式和运作模式，分类把握吞吐轮换规模和节奏。统筹实施政策性粮食库存精准投放，有序安排超期储存稻谷和小麦定向销售给饲料加工企业，严防流入口粮市场。建立粮食储备统计监测和早期预警机制，建立健全统一领导、分级负责的食物应急保障机制，强化面粉和大米等小包装成品粮油应急储备调节。完善分级粮食储备体系，健全中央和地方储备管理体制，强化储备协同运作机制，全面加强粮食储备风险管控和执法监督，防止削弱粮食安全宏观调控效能。

第三节 粮食市场调控功能的发挥

——紧急情形"调得动、用得上"

从 1952 年开始,我国粮食储备制度逐步建立,基本形成计划经济条件下的国家粮食储备框架,并一直维持到 1990 年。1954 年,党中央颁布《关于粮食征购工作的指示》,明确提出"为了应付灾害和各种意外,国家必须储备一定数量的粮食"。1955 年,国家开始从粮食周转库存中划出部分粮食作为储备粮,正式建立了以备荒为目的的储备粮,即"甲字粮",由中央建立并统一管理和调配使用,主要用于救灾和应对突发事件。这标志着新中国粮食储备制度开始形成,并逐渐构建起国家储备和农村集体分级储备的后备储备体系。在粮食总体供应紧张的背景下,这些粮食储备很快就被用于国家粮食的周转和应急之需。1958 年,按照"丰年多储存、平年少储存"的原则,适当增加了粮食储备规模,但由于"大跃进"和"浮夸风"导致当年粮食大幅减产,为弥补粮食收支缺口,粮食储备规模又急剧缩减。1961 年之后,国家在每年安排粮食购销计划时,都预留一定数量的粮食储备。从 1962 年开始,我国粮食储备制度逐步形成,党中央发布《关于粮食工作的决定》,明确提出要年年储一点,逐年增加粮食储备。由于当年台海局势紧张,国务院和中央军委决定建立"战备粮",这是以备战为目的的军用粮,简称"506 粮",即储备确保 50 个师 6 个月的粮食供应量,实行军政共管。

经过三年困难时期,各方面已经认识到建立国家储备粮的重要性。1964 年,国家粮食部重新制定了《国家储备粮管理暂行办法》,明确提出"国家储备粮的动用权属国务院"。1965 年,毛泽东提出了"备战、备荒、为人民"的战略方针。国家储备粮的建立对战胜当时的粮食紧缺,稳定社会预期,保障人民生活,支持国家经济建设,发挥了积极作用。

改革开放以来,我国推行家庭联产承包责任制,并开始大幅提高粮食统购价格和超购加价幅度,极大调动了农民种粮积极性,国家和社会的粮食储备规模也迅速扩大。这一阶段我国的粮食储备按照统计范围可分为国家储备和农村集体储备。其中,国家储备包括"甲字粮""506粮"、周转储备(商品库存)三大部分。"甲字粮"的目的是应付灾荒和各种意外,其粮权归属国务院;"506粮"的目的是应对可能发生的战争,其粮权归属中央军委,实行军政共管;周转储备的目的是保证城镇居民的口粮供应以及完成粮食计划调拨,是由粮食部门建立的,这时的周转储备实际上是商品库存。在1990年以前,国内沿用粮食储备概念并未把商品库存包括在内,政府所有文件中的粮食储备专指"甲字粮"和"506粮"两项,这两项属于后备储备。农村集体储备数量很小,只占粮食储备总量的5%左右,其粮权归属集体所有。1979年以后,随着农村经营体制的变革,农村集体储备数量急剧下降,并逐步消失。

在这一阶段,粮食储备性质的单一化和计划经济时期国家粮食流通运行的特征,决定了粮食储备发挥的作用是有限的。统购统销体制框架下,粮食价格完全由国家调控,当时粮食储备不可能涉及价格平抑功能,储备目标比较简单,主要是用于备战、备荒。而且粮食短缺时代的储备规模也长期处于较低水平,储备管理体制沿袭"块块式"粗放管理模式,主要委托地方粮食部门代储代管,这些都对粮食储备作用的发挥形成制约。

进入20世纪90年代以来,粮食流通体制改革逐步加快,为应对放开粮食市场带来的价格风险以及突发自然灾害等情况,我国开始进一步规范粮食储备运行机制,建立了国家专项储备制度。1990年,粮食总产量达到4.35亿吨,为此前历史最高水平,一些粮食主产区出现了农民"卖粮难"的现象。同年9月,国务院发布《关于建立国家专项粮食储备制度的决定》,推动国家专项粮食储备制度建设,并在商业部下设国家粮食储备局,具体负责粮食储备的管理等工作,以增强国家粮食宏观调控能力,搞好年度、地区之间的丰歉调剂，保护市场供应和粮价基本稳定。粮食专项储备制度的建立，首次涵盖了专门用于调节市场供求和平抑年际间波动的粮食储备，使得储备粮功能从备战、备荒开始向市场调节扩展，拓宽了我国现代粮食储备体系的调控范围。

经过多年努力，国家不断完善中央、地方粮食储备调节体系，初步形成中央与地方两级储备体系。在20世纪90年代以前，我国的政府粮食储备就是中央储备，统一由中央管理，没有地方粮食储备。直至1990年以后，各省（区、市）按照"米袋子"省长负责制要求，开始逐步建立地方粮食储备，共同承担起粮食安全的职责。1995年，国务院在《关于粮食部门深化改革实行两条线运行的通知》中，明确划分了中央和地方的粮食事权，把建立地方粮食储备作为实行"米袋子"省长负责制的一项重要内容。通知提出，粮食产区要建立3个月以上粮食销售量的地方储备，销区要建立6个月的粮食销售量的地方储备，以搞好区域性粮食市场调控，保障地方粮食数量平衡。由此，各省级政府开始建立了一定规模的粮食储备，不少地县级政府储备也相继建立，中央与地方两级储备体系架构基本确立。这一阶段的中央储备粮涵盖"甲字粮"、"506粮"、专项储备三大部分，之后统筹归并管理。除政府储备外，还包括一个数量庞大的农户储备。

我国经济体制改革目标确立之后，市场经济体制改革进程相应加快，新形势下粮食宏观调控面临着新的挑战和新的使命。随着全国粮食储备规模进一步扩大，原有的粮食储备管理体制弊端也逐渐暴露出来，直接影响到了储备调控效率。一是储备粮管理体制没有理顺，调控效能偏低。当粮食供求形势发生较大变化时，储备收购和抛售计划往往会因为部门意见不一、协调程序复杂、政策执行滞后，延误了最佳的操作时机，减弱了调控的实际效果，甚至还出现逆向调控的情况。一般情况下，粮食市场运行基本平稳，价格波动处于合理区间，政府的调控目标和企业的利润目标是基本一致的。但从理论上讲，如果粮食价格出现剧烈波动，政府稳价保供的调控目标和企业的盈利目标就容易出现背离。从经济学角度看，当市场粮食价格大幅度上涨时，政府调控的目标是企业轮出粮食尽快平抑粮价，而企业的理性选择是在粮价的最高点轮出，如果预期粮价还会上涨，就可能出现延迟轮出反而希望入市抢粮的情形。相反，当市场粮价大幅度下跌时，政府调控的目标是企业入市轮入粮食以托住粮价，而企业的理性选择是在粮价的最低点轮入，如果预期粮价还会下跌，轮入粮食的动力就会相应减弱。由此，要实现粮食宏观调控的目标，必须在保障必要粮食储备规模的前提下，打造坚强可靠的市场调控载体，确保调控指令畅通高效。二是储备粮的布局不尽合理，库点分散不利监管。到1998年9月底，国家专项储备粮食库点就有10000多个，相对分散的库点布局给粮食储备的监管带来了较大压力。三是储备粮的代储制度不完善，财政负担沉重。粮食储备的具体管理是委托地方粮食行政管理部门层层代管，大多数代储库没有经过严格的资格认定，地方各部门对中央储备粮管理的权利和责任不明确，产生了政企不分、粮钱脱节、责权不对等、管理漏洞多的现象。由此，可能出现储备粮数量不实、质量不好、账实不符、擅自挪用、调度不灵等问题的风险也就加大了，粮食储备利息费用和价差亏损越来越严重，中央财政逐渐不堪重负。四是储备粮轮换机制不健全，出现陈化变质。与市场经济条件下粮食宏观调节要求相比，实行"层层分配、落实计划"的中央储备粮吞吐调节方式，越来越难以适应，中央储备粮超期储存、陈化变质成为当时亟待解决的问题。

历史经验表明，我国粮食流通领域的改革是在市场化逻辑主线下迂回行进的。在供给相对充裕时期，粮食流通体制改革具备物质基础，倾向于市场化改革趋向；而在供给相对紧张时期，改革更加稳健审慎稳中求进，倾向于采用行政手段调控粮食市场。20世纪90年代中后期，全国粮食进入供求总量"基本平衡、丰年有余"的阶段，1996—1998年粮食年均产量历史性地超过1万亿斤大关。在这一有利情况下，国家抓住时机加快改革步伐，推动建立符合我国国情的粮食流通体制，以适应社会主义市场经济要求。

在1997年1月召开的中央农村工作会议上，朱镕基同志就指出"目前我国粮食购销方面出现的问题，在很大程度上是由于粮食流通体制不顺造成的"，"粮食流通体制已经到了非改不可、不改不行的时候了①"。在1997年12月召开的中央经济工作会议上进一步指出，"我们现在的粮食储备是历史上最高的，资金负担压得我们受不了。说老实话，我们为粮食付出的代价太大了，但是不付出这个代价怎么办呢？将来没有粮食，万一发生灾荒，整个经济都要动摇啊。还是把它当成一个愉快的负担吧！当然，这个体制要改革②"。在1998年4月召开的全国粮食流通体制改革工作会议上再次强调，深化粮食流通体制改革势在必行，"现在的问题是粮食企业的亏损在银行挂账严重，国家付出代价太大，不堪重负"。"之所以付出这么大的不必要的代价，归根到底是个体制问题"，"现行粮食流通体制的根本问题在于：中央拿资金，地方管企业，敞开花钱，吃'大锅饭'。这个体制再也搞不下去了！"③1998年5月，国务院下发《关于进一步深化粮食流通体制改革的决定》，提出了粮食流通体制改革"四分开一完善"的原则。之后，又进一步提出"三项政策""一项改革"。粮食流通体制改革涉及中央、地方、企业之间利益调整的深层次问题，是一项长期的历史任务，短期内难以一蹴而就。

在这种形势下，2000年1月，国务院决定组建中国储备粮管理总公司，对中央储备粮实行垂直管理。中储粮总公司在主产区和主销区组建中央储备粮管理分公司，并对分公司的人、财、物实行垂直管理，储备粮管理进入一个新的发展阶段。中央储备粮管理从传统的以地方为主的"块块"管理模式转向由国家发改委和粮食局行政管理、中储粮直接管理的"条条"管理。为进一步加强中央储备粮管理，2003年国家颁布《中央储备粮管理条例》，并于2011年和2016年进行了两次修订。该条例明确了中央储备粮的管理体制和运行机制，切实做到依法管粮，确保储备粮管理有法可依。中央储备粮代储资格认定工作逐步完善，代储资格企业布局进一步优化。中央储备粮管理机构不断健全，中储粮总公司、分公司、直属库、代储库之间的关系逐步理顺，

---

① 《朱镕基讲话实录》（第二卷），人民出版社2011年版。
② 《朱镕基讲话实录》（第二卷），人民出版社2011年版。
③ 《朱镕基讲话实录》（第三卷），人民出版社2011年版。

基本实现了"确保中央储备粮数量真实、质量良好和储存安全,确保中央储备粮储得好、管得好、调得动、用得上并节约成本、费用"的目标。

中央储备粮实行均衡轮换制度,每年轮换数量一般为中央储备粮储存总量的20%～30%,并根据中央储备粮的品质情况和入库年限,确定年度轮换数量、品种和分地区计划。根据粮油仓储管理办法,在常规储存条件下,粮油正常储存年限一般为小麦5年,稻谷和玉米3年,食用油脂和豆类2年。中储粮总公司具体组织实施中央储备粮的收购、销售,并根据当年粮食市场供求状况进行轮换,轮换空库期一般不超过4个月。中央储备粮常年购销轮换,每年将接近或达到储存期限的粮食销出,同时购入符合质量标准的粮食,确保品质良好。中央储备粮的管理费用补贴由中央财政实行"定额包干",不再兜底,轮换购销价格完全随行就市,采取市场化运作模式,自负盈亏。作为服务国家粮食调控的主力军,中央储备粮在轮换过程中,具体通过分公司和直属库进行购销和调控,协同发挥市场机制和储备调控"两只手"的重要作用。

中央储备粮的动用有严格的法律规定,由国务院发展改革部门及国家粮食行政管理部门完善动用监测预警机制,适时提出动用中央储备粮的建议。《中央储备粮管理条例》规定出现下列情况之一的,可以动用中央储备粮:"(一)全国或者部分地区粮食明显供不应求或者市场价格异常波动;(二)发生重大自然灾害或者其他突发事件需要动用中央储备粮;(三)国务院认为需要动用中央储备粮的其他情形。"国家相关部门根据国务院批准的中央储备粮动用方案下达动员命令,由中储粮总公司具体组织实施。如遇紧急情况,国务院直接决定动用中央储备粮并下达动用命令。任何单位和个人不得拒绝执行或者擅自改变中央储备粮动用命令。

全球新冠肺炎疫情爆发以来,我国"没有动用中央储备粮,绝大部分地区没有动用地方储备粮"[①]。这也充分反映出,近年来全国粮食库存总量非

---

① 伍岳、董瑞丰:《国务院联防联控机制:粮食供应可以满足需要 截至目前没有动用中央储备粮》,新华社,2020年4月24日。

常充裕，整个供给能力处于历史上最好时期，具备应对不确定性能力的坚实物质基础，完全可以做好保供稳价。从这次疫情的影响程度看，除中央储备以外的部分社会粮食库存就足以满足市场需求，并没有达到需要动用中央储备粮的程度。实际上，目前我国粮食库存主要分为四类。一是政府储备，包括中央储备粮和地方储备粮两大部分，这是守牢粮食安全底线、稳定市场预期的"压舱石"。二是政策性库存，主要是国家前些年实行最低收购价政策和临时收储政策，逐年积累形成的巨大规模粮食库存。三是企业商品库存，主要是企业为了自身经营需要建立的周转库存，现在有4万多家粮食企业纳入统计范围，库存规模也非常巨大。四是农户存粮，这部分粮食一般不统计在库存范围之内。总体来看，"目前稻谷、小麦的库存能够满足一年以上的市场消费需求"，如果加上新一季稻谷和小麦产量，基本可以满足14亿人口2年以上的消费需求。

曾有观点认为，中央储备粮不需要中央直管，通过委托地方粮食部门来管理就行。鉴于历次粮食紧张时出现的"调粮难"教训，整个粮政必须实行中央统一领导，中央储备粮由中央垂直管理，"全国粮食一盘棋"运作，地方储备粮由地方采取分级管理的办法，合理配置资源①。在古代历史上，各地粮食"闭籴""遏籴"等区域间粮食封锁现象并不鲜见，"丰年贸易不出境，邻部灾荒不相恤"②。粮食流通人为阻滞，"商旅不通，米价悬异"，灾荒地区保障自给、赈饥救灾、平抑价格往往成为"无米之炊"。明清时期，有些地方官员也时常假借本地遭灾歉收或补给储备之由，延续实行"遏籴"政策，禁止本地粮食外流。当时朝廷屡颁谕令，要求严惩遏籴行为，以保障粮食流通顺畅。乾隆认为"天下之大，疆域之殊，歉于此者或丰于彼，全赖有无相通，缓急共济"③。改革开放以来，1980年全国粮食减产，大米调拨困难，上海等销区大米告急。"当时只得由粮食部部长、副部长亲自分头去稻米主

---

① 白美清：《中国粮食储备改革与创新（1978—2013）》，经济科学出版社2015年版。
② 刘昫：《旧唐书·崔祐甫传》，中华书局1986年版。
③ 《清朝文献通考》卷36，上海古籍出版社2000年版。

产区安徽、江苏、江西、湖南、湖北、浙江等省商调大米,才勉强渡过难关。"①1985年取消粮食统购以后,粮食统销政策仍继续实行,"当时由于价格等原因,主产区不愿调出粮食,出现了分管的副省长、粮食厅长避而不见商业部派出的调粮人员的情况,调粮工作出现了极大困难"②。1988年10月,国务院决定成立粮食货源组织和调运领导小组,负责粮源组织、分配、安排调运等工作,这项工作直至1990年下半年才宣告结束。

建立中央储备粮垂直管理体制,是改革开放以来我国不断深化粮食流通体制改革的重要成果。此前,由于政企不分、责权不清,中央储备粮曾出现数量不实、质量不保、巨额亏损挂账等问题。中央粮食储备实行垂直管理之后,扭转了过去经营管理不善、中央财政不堪重负以及储备粮调不动、用不上的被动局面,完成了中央储备粮事权与管理权相统一的重大体制改革。与此同时,通过加强监管和常态化轮换,保障了储备粮推陈出新、常储常新。我国幅员辽阔、人口众多,粮食供求区域布局和品种结构性矛盾较为突出,保障应急救灾、稳定市场、供给精准、运转高效面临的挑战也进一步加大。确保国家粮食安全不出闪失,不仅要有数量充足、质量良好的粮源,关键是在国家急需时,还要"调得动、用得上",这正是"天下粮仓""大国重器"的使命担当。进入21世纪以来,中央储备粮经受全球粮食危机和突发重大疫情的严峻考验,历经应急救灾的实战检验,相机"高抛低吸""削峰填谷",迅速安排粮食投放和应急加工,防止"谷贱伤农""米贵伤民",为及时有效对接供需、保障粮食供应和市场稳定发挥了"蓄水池"调控作用。

回溯历史,中储粮总公司的职能定位是受国务院委托,具体负责中央储备粮的经营管理,对中央储备粮的总量、质量和储存安全负总责,同时接受国家委托执行粮油购销调存等调控任务,确保国家急需时调得动、用

---

① 中国粮食经济学会、中国粮食行业协会编著:《粮食安全——国计民生的永恒主题》,中国财政经济出版社2011年版。
② 白美清:《中国粮食储备改革与创新(1978—2013)》,经济科学出版社2015年版。

得上。自 2005 年中储粮总公司成为最低收购价和临储政策的执行主体以来，尤其是前几年，国内外粮食供求形势发生深刻变化，为保护农民利益和国家粮食安全，政策性粮食收储规模大幅增加，远远超出中央储备粮实际仓储能力，需要监管的委托和租赁企业数量过多，已超其所能、力所不及，中储粮总公司面临的"小马拉大车""责权失衡"等问题突出。应当坚持问题导向，遵循市场化改革方向，厘清政府和市场边界，明晰相关部门、地方和企业的责权关系，进一步完善粮食储备体制机制和政策体系。聚焦监管重点，严格完善监管制度，坚决堵塞漏洞，防止重蹈覆辙，避免再次造成政企不分、管理效率低下、财政负担加重的被动局面。同时，要坚持市场化改革取向和保护农民利益并重原则，激活粮食市场主体，鼓励多元市场主体入市参与粮食流通。

与此同时，地方粮食储备得到充实和加强。自 20 世纪 90 年代以来，各省（区、市）开始逐步建立地方粮食储备，对保障区域性粮食安全发挥了积极作用。地方储备粮粮权归地方各级人民政府，并实行库存月报告制度。粮食储备用于调节粮食供求，稳定粮食市场，以及应对重大自然灾害或者其他突发事件等情况。当重大自然灾害、重大疫情或者其他突发事件引起粮食市场供求异常波动时，国家实施粮食应急机制。广东省 1992 年建立地方粮食储备。在应对 2003 年"非典"期间的局部粮食抢购风波、当年底和 2004 年年初市场粮价快速上涨、2005 年百年一遇的洪涝灾害、2006 年"碧丽斯"台风袭击等突发事件和自然灾害中，地方粮食储备发挥了重要作用。2008 年雨雪冰冻灾害发生后，安徽、湖南、广东、广西、四川、贵州等地也及时动用地方储备粮，及时组织加工、调运和供应，保障了灾区粮食正常供应和市场基本稳定。2010 年舟曲特大山洪泥石流灾害发生后，甘肃省按照"每人每天 1 斤粮、保供 3 个月"的标准动用省级储备粮，保障受灾群众粮食供应[1]。2004 年国家出台了《粮食流通管理条例》，并于 2013 年和 2016 年进行了两次修订，明确了地方储备粮的管理体制和运行

---

[1] 白美清：《中国粮食储备改革与创新（1978—2013）》，经济科学出版社 2015 年版。

机制。该条例提出"国家实行中央和地方分级粮食储备制度",各省份"负责本地区粮食的总量平衡和地方储备粮的管理"。

地方储备粮实行均衡轮换制度,一般稻谷和食用油每2年、玉米和小麦每3年轮换一次,年度轮换数量一般为地方粮食储备总量的20%～30%,不同地区有一定差异。在轮换过程中,大部分省份的地方储备粮空库期最长不超过4个月,也有的省份架空轮换时间最长不超过6个月。近年来,国家制定了大中城市应急成品粮储备制度,储备品种为大米、面粉和小包装大豆油,并纳入地方储备粮管理范围,实现了地方储备成品粮油从无到有的转变,应急保障能力明显增强。北京、天津、上海、重庆等36个大中城市以及粮油价格易波动地区,已建立了相当规模的成品粮油储备,按规定要确保当地15天以上的市场供应量。实际上,很多城市的面粉和大米等成品粮,市场供应能力超过30天,保障能够随时投放市场,发挥应急保障作用。按照能够满足"产区3个月、销区6个月、产销平衡区4个半月"需求的市场粮食供应量,地方各级人民政府积极充实地方粮食储备规模,适当增加大中城市成品粮油储备,不断完善各项管理制度,增强了地方政府调控粮食市场的物质基础。

"养兵千日,用兵一时。"对政府粮食储备而言,亦是如此。实践证明,我国政府粮食储备体系在救急救灾动用、拍卖销售稳定预期、跨省移库粮食调运、政策性粮食收储等方面,发挥了无可替代的支柱载体作用。从新中国成立以后应对灾荒和可能出现的战争,在粮食极度短缺时代弥补年度粮食收支缺口,到进入20世纪90年代以来应对频发多发重发的灾害和市场急剧波动,如1991年淮河流域洪灾、1993年粮食价格上涨、1995年通货膨胀、1998年长江流域洪灾、2003年"非典"疫情爆发、2008年南方雨雪冰冻灾害、2008年全球粮食危机、2008年汶川地震、2010年西南地区严重干旱、2010年青海玉树地震、2020年全球新冠肺炎疫情等重大自然灾害和突发疫情事件,有力保障了粮食有效供给和市场平稳运行,政府粮油储备经受考验并发挥了"压舱石"作用。

总体来看,政府粮食储备运行机制不同于一般的市场粮食流通,具有明显的政策性和公益性特征，重点应对重大灾害风险、紧急突发事件、粮食供求大幅逆转、市场价格异常波动等"市场失灵"情形，主要服务于保障国家粮食宏观调控目标。下一步，要科学合理确定国家粮食储备规模布局结构，探索厘清战略储备、调节储备和企业商业周转储备的功能。战略储备是国家在特殊时期和特殊条件下救灾、救急的粮食，在平时不能动用，更多发挥"战略航母"稳预期和保安全功能。调节储备主要是通过吞吐来调控粮食供求，发挥收储调节作用，保障市场平稳有序运行，根据阶段性形势变化相机启动，更多体现"调节阀门"常态化的流量管控功能。周转储备应该由企业或其他市场主体承担，把周转储备放给市场，避免政府过度干预。依据地域人口密度以及养殖业和加工业区域布局，统筹考虑东北地区生产集中与东南沿海地区和京津地区消费集中的区域矛盾，科学规划粮食储备区域布局，并与粮食物流体系有机衔接，确保紧急情形下调运顺畅高效。在分级粮食储备体系框架下，中央储备主要调节全国性粮食供求和产销区平衡，地方储备主要保障区域性粮食市场稳定，两者财权和事权分级决策独立运行，协同互补，协调运作，逐渐打造成为政府粮食宏观调控的可靠载体，全面服务保障国家粮食安全。

除中央和地方两级政府储备外，强化农户科学储粮是不容忽视的长期性问题。应重点从四个方面来考量：一是"减损耗"，着力减少农户"地趴粮"等造成的大量损失浪费；二是"广积粮"，拓宽多元化存粮主体，缓解政府库存和财政支出压力；三是"增效益"，引导农户"错峰""适价"销售，解决"卖粮难"等问题，提高适度规模经营主体和普通农民种粮收入；四是"防风险"，打基础、利长远，提升农村备灾备荒抵御风险的能力。2009年开始实施农户科学储粮专项行动，主要是针对东北地区等部分粮食主产区，东北地区农户储粮1万斤以上、其他地区2500斤以上的农户。经过多年实践，农户科学储粮专项行动取得了积极效果，改善了主产区农户储粮条件，减少了粮食产后损失。

近几十年来，粮食流通格局和消费结构发生了深刻变化。目前，我国粮食商品率超过70%，各地粮食流通"大进大出"形成了全国统一大市场。

与传统农户相比,现代农户储粮模式已经发生了根本性变化。研究表明,农户存粮规模总体呈下降趋势,如不考虑集中收获的季节性因素,农户储粮占全社会比重已经大幅低于30%～40%。随着粮食市场化、专业化程度提升,更多农户由"存稻谷小麦"转向"买大米面粉"或加工制成品。已经很少有种粮农户直接消费自己生产的原粮,基本都是经过加工厂转化成米、面等成品粮后,农户再购买米面或终端产品进行消费。也就是说,如果发生粮荒农户缺粮,保障"自给自足"底线是可以实现的,但短期内自己储存的原粮和实际消费结构是不相匹配的。实质上,实施农户科学储粮并扩大规模,更多的是解决储粮条件减少损耗以及把推售粮时机卖个好价钱的问题,通过增加更多合理收益,以调动农民种粮积极性。应聚焦粮食主产区及产粮大县的家庭农场和合作社等适度规模经营主体,兼顾小农户,适时推动实现"小粮仓"广覆盖。在不稳定性不确定性增加的形势下,对农户储粮规模的支持应把握适度原则,统筹把握好实施时机,防止过度刺激农户储粮增多叠加企业囤粮,导致市场有效供给减少,进而引发市场缺粮担忧,诱致新一轮价格上涨。

现代粮食仓储的大方向是专业化、规模化,政府储备和商业库存损耗比例都要大大低于农户储粮。应当说,增加政府储备规模更具有趋势性规律,通过整合仓储、加工、物流整个产业链条,有助于全面提升供应链市场调控能力。当然,从种粮收益的经济角度以及防范风险的底线思维来看,仍应支持适度的农户储粮规模,减少农户当期直接损失,增加生产者售粮收入,协同提高政府、企业和农户系统性风险抗力。

第六章

"统筹内外"安全战略

首先,我们有必要搞清楚一个根本性问题,全球农业贸易到底是有利于保障国家食物安全,还是不利于国家食物安全。对于这个重大问题的回答,直接关系到大国农产品贸易政策的走向,也事关粮食安全战略框架的确立实施,有必要条分缕析、正本清源。实际上,改革开放以来,我们破除了"吃进口粮就是搞修正主义"的紧箍咒,利用对外开放之机,在自力更生解决中国人吃饭问题的基础上,适当进口一部分粮食予以补充和调节[①]。在不同的发展阶段,国家粮食安全的目标任务也有所不同。数十年来,我国粮食安全取得了举世瞩目的历史性成就,粮食供给总量已今非昔比。正常情况下,世界粮食供需和贸易格局是根据资源禀赋等比较优势形成的。发展农产品贸易不是"零和博弈",绝不是"要不要""进不进"的问题,而是"稳不稳""好不好"的问题。之所以主动扩大农产品进口,目的就是"为我所用"、防范未来不确定性风险,通过调剂弥补国内紧缺农产品缺口,满足人民美好生活需要,总体上提升了粮食安全保障水平。现阶段,牢牢把住粮食安全主动权,关键是坚定不移立足国内提升供给保障能力,提升"统筹内外"两个层次资源市场的能力,坚定不移扩大开放提升全球农业资源配置能力。要围绕"多元化""替代性""适度性"和"稳定性",统筹把握好进口的节奏和力度,谋篇布局做好"为我所用"的大文章,以动态实现粮食安全的内外平衡。

---

① 白美清:《中国粮食储备改革与创新(1978—2013)》,经济科学出版社 2015 年版。

第一节　国际国内"双循环"格局

——"以我为主、立足国内、适度进口"战略

为适应新形势新要求,党中央确立了新型国家粮食安全战略,涵盖"以我为主、立足国内、确保产能、适度进口、科技支撑"5句话20个字,从实际出发着眼长远设计,统筹国际国内系统考量,具有丰富的政策内涵和深远的战略意义。这一战略要求我们,决不能背离"以我为主"这个战略主动和根本前提、放弃"立足国内"这个战略依托和基本"家底",必须坚定不移夯实"确保产能"这个生产根基,坚持依靠创新打造"科技支撑"这个战略支点,坚决树牢"谷物基本自给、口粮绝对安全"这个新粮食安全观。

在这一战略框架之下,"适度进口"与其余4句话相辅相成、有机统一,不能把农产品贸易排除在解决食物安全问题的政策选项之外,而是要坚定不移扩大对外开放,充分发挥进口对国家粮食安全的积极作用。这也是宏观层面对"开篇之问"的基本观点和积极回应。为此,必须系统把握这5句话的内在逻辑,统筹处理好进口贸易与国内产业和农民利益的关系,该保的坚决保、该放的有序放、该进的适度进,做到长短结合、趋利避害、为我所用。关键是要平衡好进口和国内生产、库存、消费各个环节,重点是要实施多元化进口战略,"不把鸡蛋放在一个篮子里",在强化国际产业链和稳定供应链战略布局上下功夫,加强市场监测预警和输入性风险管控,主动出击分散积聚风险,未雨绸缪化解潜在威胁。从而实现紧缺品种可替代、来源渠道可拓展、供应链条有韧性,提升供需双向调控和应急保障能力,牢牢把住粮食安全主动权。

作为拥有14亿多人口的世界发展中大国，我国粮食安全取得了举世瞩目的历史性成就。随着收入水平的不断提高，食品消费结构持续升级，人民已由"吃得饱"向"吃得好""吃得健康"转变，对优质农产品的消费需求空间也越来越大。因此，仅仅局限于国内耕地和淡水资源，已经越来越难以满足居民食物消费和经济社会发展对农产品不断增长的需求。在全球化背景下，从我国人多、地少、水缺的资源禀赋出发，更加充分地利用国际国内两个市场两种资源，不断扩大农业对外开放，主动扩大同世界各国间的农产品贸易，既是构建新时代对外农业贸易开放新格局的重要内容，也是实现农业高质量发展的必然要求，更是满足人民群众日益增长的美好生活需要的现实选择。

加入世贸组织以来，我国农产品贸易规模持续扩大，对食用油和蛋白饲料的需求快速增长，在保证小麦、水稻、玉米等主粮产品基本自给的同时，对其他短缺品种可以更好发挥比较优势，通过适当进口来保障大豆等其他土地密集型产品的有效供给。事实上，随着城镇化水平提高和居民食物消费结构升级，我国已经成为粮食净进口国，而且每年进口的粮食包括大豆，以及肉蛋奶等粮食转化类产品，都在持续增加。据测算，若把我国2015—2019年这5年平均进口的农产品全部折算为播种面积，则相当于每年在境外使用了10.7亿亩的播种面积，是我国耕地总面积的一半以上（53.4%），进口水资源相当于我国农业灌溉用水的30%～40%。如果仅考虑植物性产品（除肉类和奶类外）进口，就相当于每年利用境外虚拟播种面积9.3亿亩，而同期我国农作物5年平均播种面积25亿亩左右。也就是说，我国每年消费了大约34.3亿亩的播种面积，由此测算我国农产品自给率为73%，对外依存度达到27%。从品种结构来看，进口农产品主要是饲料、食用油和肉奶等转化类产品，也都是符合国内需求的结构性紧缺农产品，仅这些产品就相当于10.3亿亩、占96.3%。其中，仅大豆一项就相当于7.1亿亩播种面积，其他油料作物及食用植物油（油菜籽、花生、豆油、菜籽油、棕榈油）9700多万亩，玉米及其替代品（大麦、高粱、DDGS、木薯）8900多万亩；奶类和肉类（猪肉、牛肉、羊肉、鸡肉）相当于1.4

亿亩，其中仅奶类就达到 1.1 亿亩；而稻谷和小麦两大口粮 1600 多万亩，只占使用境外土地总面积的 1.6%，比重非常低。据联合国粮农组织预测，到 2050 年以前，全球范围内的耕地面积将继续增长，目前全球可利用耕地 35 亿公顷（525 亿亩），实际利用耕地 14.2 亿公顷（213 亿亩），未来开发的潜力很大。

在加入世贸组织初期，2001 年我国农产品进出口贸易总额为 279 亿美元，到 2010 年首次超过 1000 亿美元（1219.6 亿美元），到 2017 年首次超过 2000 亿美元（2013.9 亿美元），并连续 4 年保持高位攀升，2020 年增加到 2468.3 亿美元，是 2001 年的 8.8 倍。从进口情况看，2001 年我国进口农产品额为 113.8 亿美元，到 2020 年增加至 1708 亿美元，是 2001 年的 15 倍，近 20 年间农产品进口额年均增速 15.3%，未来中国粮食和食物进口量还将持续增长。如今，中国已成为全球最大农产品进口国，进口额占全球农产品贸易额的 1/10，粮棉油糖肉奶等大宗农产品全面净进口。从 2018 年情况看，我国大豆、棉花、大米、高粱、大麦、木薯、乳品、羊肉、羊毛、天然橡胶等农产品进口额都位居全球第一位，牛肉、豆油、油菜籽、菜油、菜粕、棕榈油均居全球第二位，猪肉、食糖居全球第三位。我国农产品进口贸易已不再限于品种间余缺调节，而是满足国内有效供给的重要来源，未来中国粮食和食物进口量还将持续增长。在我国农业深度融入国际市场的背景下，无论是农产品总量平衡，还是农业结构调整，都不能不考虑国际市场的因素，都不能忽略国际市场和国际资源的积极贡献。

如何统筹用好国际国内两个市场两种资源，确保进口适度适当可靠，与国内生产和农民增收需要相协调，已经成为完善农业政策的重大课题。我国农产品进口市场高度集中，农产品进口额 60%～70% 来自美国、巴西、东盟、欧盟和澳大利亚。下面列举 2019 年我国农产品分品种进口数据，通过直观比较可见，进口来源渠道相对集中、结构相对单一、风险相对聚集。我国大豆进口 8851 万吨，涉及 16 个进口市场，99.4% 来自巴西（5767 万吨）、美国（1694 万吨）、阿根廷（879 万吨）、加拿大（227 万吨）、乌拉圭（207 万吨）、俄罗斯（73 万吨）等 6 个国家；玉米进口 479 万吨，涉及 30 个进口市场，99.1% 来自乌克兰、美国、老挝、缅甸、俄罗斯等 5 个国家；大米进口 255 万吨，涉及 18 个进口市场，95.6% 来自巴基斯坦、泰国、缅甸、越南、柬埔寨等 5 个国家；小麦进口 349 万吨，涉及 25 个进口市场，84.5% 来自加拿大、法国、哈萨克斯坦、美国、立陶宛等 5 个国家；大麦进口 593 万吨，涉及 9 个进口市场，86.5% 来自澳大利亚、加拿大、法国等 3 个国家；高粱进口 83 万吨，涉及 7 个进口市场，99.2% 来自美国、阿根廷、澳大利亚等 3 个国家；木薯进口约 284 万吨，涉及 5 个进口市场，97.6% 来自泰国、越南、柬埔寨等 3 个国家；棉花进口 194 万吨，涉及 41 个进口市场，84% 来自巴西、澳大利亚、美国、印度、乌兹别克斯坦等 5 个国家；油菜籽进口 274 万吨，涉及 6 个进口市场，98.3% 来自加拿大、俄罗斯、澳大利亚等 3 个国家；棕榈油进口 755 万吨，涉及 13 个进口市场，99.8% 来自印尼和马来西亚等 2 个国家；豆油进口 83 万吨，涉及 27 个进口市场，98.5% 来自阿根廷、巴西、俄罗斯、乌克兰等 4 个国家；菜油进口 162 万吨，涉及 28 个进口市场，91.8% 来自加拿大、阿联酋、俄罗斯、乌克兰、哈萨克斯坦等 5 个国家；菜粕进口 158 万吨，涉及 6 个进口市场，99.9% 来自加拿大、阿联酋、哈萨克斯坦等 3 个国家；食糖进口 339 万吨，涉及 47 个进口市场，86.3% 来自巴西、泰国、古巴、澳大利亚、韩国等 5 个国家；猪肉进口 199 万吨，涉及 17 个进口市场，69.1% 来自西班牙、德国、美国、巴西、加拿大等 5 个国家；牛肉进口 166 万吨，涉及 24 个进口市场，94.9% 来自巴西、阿根廷、澳大利亚、乌拉圭、新西兰等 5 个国家；羊肉进口 39 万吨，涉及 7 个进口市场，99.2% 来自新西兰、澳大利亚、乌拉圭等 3 个国家；家禽产品进口 80 万吨，涉及 14 个进口市场，94.2% 来自巴西、阿根廷、泰国、智利、俄罗斯等 5 个国家；乳品进口 298 万吨，涉及 65 个进口市场，78.7% 来自新西兰、德国、澳大利亚、法国、美国等 5 个国家；羊毛进口 59 万吨，涉及 41 个进口市场，92.7% 来自澳大利亚、新西兰、南非、蒙古、英国等 5 个国家；天然橡胶进口 511 万吨，涉及 31 个进口市场，93.7% 来自泰国、越南、马来西亚、印尼、缅甸等 5 个国家。通过上述农产品进口结构性数据的简单罗列，我们不难发现，在我国农产品进口规模快速扩大的同时，进口集中度和来源渠道并没有得到相应疏解。当然，这既有国际农产品出口市场本身相对集中的外部因素，也有我国优化进口品种结构和拓宽来源渠道不足的内部因素，都导致系统性风险随着规模扩大而不断积聚，必须重视防范化解进口供给链条的潜在风险隐患。

保障国家粮食安全是我国农业农村现代化的首要任务。当前，我国农业发展的主要矛盾已由总量不足转变为结构性矛盾，需要在深化改革和扩大开放中深入推进农业供给侧结构性改革。改革开放和扩大内需是国家战略，我们的既定节奏不会变。党的十八大以来，党中央提出的"以我为主、立足国内、确保产能、适度进口、科技支撑"的国家粮食安全战略，就是"统筹内外"的新战略。"以我为主、立足国内"，不是封闭起来所有农产品全部自给，而是要"适度进口"，根据资源禀赋、生态环境承载力，聚焦重点品种、必保品种，确保"口粮绝对安全、谷物基本自给"。在当前国内外复杂形势下，尤其需要统筹用好两个市场两种资源，健全农产品进口管理机制，拓宽食物来源多元化渠道，优化粮食尤其是大豆进口的全球布局，加强全球粮食产业链、供应链布局建设，形成稳定可靠的进口粮源。结合"一带一路"倡议，应加强粮食贸易合作，鼓励有条件的企业走出去，构建更高层次、更高质量、持续高效的国家粮食安全保障体系。

一方面，我们强调要"以我为主、立足国内"，必须确保谷物基本自给、口粮绝对安全，中国人的饭碗任何时候都要牢牢端在自己手上，这是由中国的现实国情所决定的。在目前贸易格局不稳定性不确定性的背景下，更加坚定了对保持战略定力的清醒认识和理性思考。中国始终是维护世界粮食安全的积极力量，完全有能力保障国内重要农产品供给。新中国成立70年来，中国立足国内实现谷物基本自给，用仅占世界9%的耕地和6.4%的淡水，养活了全球近20%的人口，这是对全球粮食安全的重要贡献。

需要明确的是，粮食具有私人物品属性，但并不是一般的商品，而是一种特殊的商品。其特殊性主要体现在粮食安全问题上，粮食安全具有明显的公共品属性，两者并不矛盾。在经济全球化的背景下，有学者认为粮食安全的实现依靠国内生产既不必要也不经济。全球耕地资源和人口分布极不均衡,世界各农产品出口国都有强烈的出口诉求,从长期看,国际贸易将呈增长的趋势。通过国际贸易可以发挥比较优势,国际贸易会对我国的粮食安全提供必要的保障。这种观点主要基于粮食的经济学属性,从经济效益上讲是有道理的。而粮食安全在国民经济社会中具有基础战略性和特殊重要性的地位,其公共品属性决定了粮食安全的实现不是一个单纯的经济学问题求解,更是一个政治问题、社会问题,面临多重动态约束边界。对农产品出口国而言,正常情况下扩大出口更多是经济问题,但一遇到风吹草动,往往就会采取出口管控措施,对进口大国而言,就容易诱发由经济问题向政治社会问题的转化。粮食安全是国家安全的重要基础,如果完全按照经济边界设定粮食安全标准将是很危险的。这就如同国家军事防御、建筑抗震级别、消防设施系统、机车安全装备的安全等级标准一样不能降低,确有必要把安全系数调得高一点。因此,将具有公共物品属性的粮食安全放在竞争性商品的框架内进行解释,可能会得出与现实有偏差的结论。

因此,必须坚持立足国内的方针解决吃饭问题,避免全球性自然灾害等因素造成的世界性粮食减产、库存量下降的威胁,摆脱由于政治、战争等因素造成的粮食禁运和运输通道切断的制约,我国决不能也不可能过度依靠国际粮食进口保障大国粮食安全。粮食大国过分依赖国际市场,长期受制于人,一旦粮食出了大问题,就容易陷入被动局面,难以保持社会大局稳定。长期以来,我们以我为主、立足国内,稳定发展粮食生产、保障国家粮食安全,是实现经济发展、社会稳定和国家安全的重要基础,必须政治地看、长远地看。实际上,社会大局稳定所带来的经济价值也是难以估量的,我国几十年来的经济稳定快速发展也充分证明了这一点。而且,粮食生产是劳动密集型产业,其产前、产中和产后环节可以吸纳大量的劳动力,并带动相关产业发展。"大国小农"的基本国情决定了相当长时期内小农户仍然是农业生产的主体力量,粮食等大宗农产品的国际竞争力难以在短期内赶上来。如果过度依靠进口,势必会对农业相关产业的持续健康发展,以及在生产环节的农民就业和在下游产业的农民工就业产生直接冲击,造成大量失业。

最关键的是能否持续获得稳定安全的外部粮食供给？这可能会受制于很多现实因素。如果世界主产国持续发生大的自然灾害或不确定性因素，将加剧农产品供应链产业链的脆弱性，进而使得通过过度依赖进口满足国内需求的潜在风险更加显化。一旦大国粮食供求出现重大缺口，首要问题是世界上是否有这么多的粮食可供出口。从世界粮食贸易的现实空间来看，全球粮食出口总量一时也满足不了我国的粮食消费需求。现在中国一年的粮食消费量约8亿吨（2020年粮食表观消费量8.12亿吨，其中大豆1.2亿吨），如果除去大豆，中国粮食消费量接近7亿吨（6.92亿吨），而全球谷物贸易量仅约4亿吨（2018—2019年度全球贸易量4.16亿吨），即使全部运到中国，也只能满足60%左右的谷物消费需求，因此过度依靠世界粮食贸易解决大国的粮食安全问题是不可能做到的。况且全球粮食贸易量的80%垄断在四大粮商手里，我国粮食进口来源的国家也较为集中。退一步讲，即使国际上有这么多粮食而且考虑到贸易空间的扩大趋势，如果短期内我国大规模增加进口，国际贸易的"大国效应"也会极大地改变国际粮食市场形势，必然导致国际粮价暴涨。过分强调发挥比较优势和市场化取向是有失偏颇的，也难以实现持续稳定获得大规模外部粮食供给的目的。我国农产品贸易体量巨大，即使进口量变化1%～2%，都会引起国际市场对中国需求的炒作，进而引起全球价格出现较大波动。这不仅将大幅抬高企业进口的成本，而且极易引起出口国采取贸易管控措施，在危机状态下"有钱也买不到粮"。1972—1974年全球粮食危机时期，1974年粮食价格指数上升到相当于1970年的262%。1980年国际粮食紧张时，发展中国家进口粮食数量比1969—1971年年均进口量增加了1.5倍，而外汇支出却增加了近6倍[①]。在正常年景所表现出的只是一个单纯的经济贸易问题，但是在关键时期，各国重在力保国内宽裕自给，并纷纷出台管控出口和支持进口的措施展开竞争性粮源争夺，加之无法排除的政治风险可能会直接冲击粮食安全底线。从全球范围来看，粮食大国大规模增加粮食进口，将可能

---

① 朱希刚：《跨世纪的探索：中国粮食问题研究》，中国农业出版社1997年版。

造成国际恐慌搅乱市场粮价,使其在国际政治外交中面临巨大的压力并陷入被动境地,国际粮价剧烈波动传导,也容易带来输入性通货膨胀风险。

另一方面,我们强调也要"适度进口",这是国家新粮食安全战略的重要组成部分。应当说,适当扩大国内相对紧缺的农产品进口,加快农业走出去步伐,已经成为新发展阶段"统筹内外"保障国家粮食安全不可或缺的重要内容。但是,这绝不意味着"以我为主、立足国内"基本解决吃饭问题的大政方针有任何改变,"饭碗里主要装中国粮"的战略决策有任何改变,也绝不能将此误读为可以放松国内粮食生产,可以长期过度依赖进口解决国家粮食安全问题。

新中国成立以来,我国粮食供求形势由过去供给不足到"总量大体平衡,丰年有余"再到中长期"紧平衡"格局,总体上实现了由低水平相对均衡向高水平动态均衡的转变,我国人民生活也实现了由解决温饱到总体小康再到全面小康的历史性跨越。在这一转变过程中,粮食进出口目标从解决饥饿到利用国际市场调剂品种余缺转变。如1959—1961年三年困难时期,我国进口粮食主要是解决饥饿问题,满足最基本的生存性粮食需求。目前,在保障国家粮食安全的前提下,粮食贸易趋于注重市场导向作用,在一定程度上发挥比较优势,优化资源配置,通过进口调剂品种余缺以满足多元化的食物需求。20世纪90年代中后期以来,特别是加入世贸组织以来,我国粮食进出口贸易格局发生了深刻变化,粮食进口量不断攀升。我们不得不接受这样的现实,我国粮食供给的增长速度越来越赶不上消费需求的增长速度,粮食供求动态紧平衡常态化成为我们长期面对的基本国情。如果过分追求国内粮食产量,在供求关系之弦绷得越来越紧的局面下,我国的耕地、淡水等资源难承其重,更谈不上休养生息,化肥、农药、农膜等农资的长期过量使用以及土壤酸化带来的重金属超标,造成生态污染和粮食质量安全问题凸显。长此以往,这种生产模式加剧代际之间的不平衡,必然难以为继。

保障国内粮食安全从来不排斥发挥国际市场的作用,特别是在资源约束趋紧和全球化条件下,我国新型粮食安全战略布局更需要理性选择利用好国内外两种资源和两个市场。关键在于，要清醒地把握粮食进口的度，理性守住立足国内自给的底线，牢牢把住粮食安全的主动权。这不仅取决于我国的现实需求，也取决于国际贸易的稳定性。正常情况下，世界粮食供需和贸易格局是根据资源禀赋等比较优势形成的，目前全球谷物贸易量占产量的11%~16%、大豆贸易量占产量的40%~45%。但自20世纪80年代以来，世界粮食贸易并不稳定。尽管世界粮食出口量总体呈现增加趋势，但是粮食出口量在部分年份间的波动表现得较为剧烈，以1985—1986年为例，世界粮食出口量比上年度减少了3788.8万吨，降幅为18%。世界粮食出口量占消费量的比重却呈现下降趋势，从1980—1981年到2011—2012年，出口占消费比重从14.8%降低到12.7%，年际间的贸易比重波动也较大。以全球最大的粮食出口国美国为例，前些年在国际油价不断飙升的刺激作用下，美国2007年年底通过《能源独立与安全法案》，鼓励大幅增加生物燃料的使用量，用于生物燃料的农作物消耗量随之增加，导致出口量相应减少。由此，试图完全依靠进出口贸易，来实现各个国家或地区的粮食供求平衡，面临的外部不确定性风险是需要稳慎考量应对的。

充分利用国际市场国际资源，也有赖于我国粮食进出口调控机制的逐步完善，积极应对全球粮食危机以及市场价格波动。经验表明，全球农产品市场价格走势大致遵循"10年牛市、20年熊市、30年一轮"的大周期规律。近百年来，伴随20世纪20年代的农业危机、30年代的经济大萧条、"二战"后经济缓慢复苏、70年代末至90年代末货币紧缩和经济增速放缓，全球农产品价格经历了3轮漫长的熊市。与第一、二次世界大战重叠，与两次粮食危机相关联，包括20世纪70年代石油危机、粮食危机和经济滞涨，以及21世纪以来货币宽松、需求扩大、全球降息和通胀，全球农产品价格经历了4轮牛市。世界银行研究指出，自第一次世界大战以来出现过四次"商品繁荣期"，金属、农产品、石油等大宗商品在周期性变化中伴随着共同的特征，涉及重大冲突和地缘政治不确定性、通货膨胀、大规模基础设施建设投资等方面。随着农产品进口对外依存度增加，国际贸易对国内市场价格的输入性影响也在加大，必须把握全球农产品市场形势的周期性规律，进一步完善贸易管理体制，发挥好进口对保障国内供给和价格稳定的作用。

理论上讲，粮食进出口贸易的作用在于调剂余缺，稳定国内粮食供求关系，平抑物价。在国内粮食供给宽裕的情况下，适度出口粮食，而在国内粮食供给紧张的情况下，适度进口粮食。但是，从前几十年粮食进出口的实际运行情况来看，我国粮食进出口存在一定的"逆向调控"现象，对平衡国内粮食供求关系的指向还不够精准，甚至在个别时段加剧了粮食安全的不稳定性。研究表明，在1979—2010年的32年间，有16年的粮食净进口方向和当年的粮食供需缺口变化不尽协调。其中一次比较明显的逆向调控是在1984—1986年。改革开放以来，通过实行家庭联产承包责任制和大幅度提高农副产品收购价格，极大地调动了种粮农民生产积极性，1984年粮食产量快速增加到40730.5万吨，当年粮食消费约为39352万吨，粮食供大于求为1378.5万吨，国内粮食涨库，出现农民"卖粮难"现象，但是当年粮食依然净进口688万吨，约占当年粮食商品增加量1476万吨的47%；到1985—1986年，由于国内粮食减产，加上经济过热粮食需求旺盛，连续两年出现粮食供需缺口，其中1985年为2632.2万吨，1986年为1903.8万吨，但这两年的粮食净出口却分别达到332万吨和169万吨，年均粮食净出口250多万吨，占年均粮食商品减少量585万吨的43%左右。粮食贸易的逆向调节，越发加剧了粮食供求关系的失衡，其中1985年粮食消费价格上涨10.9%，为改革开放以来的最高值。另外一次比较明显的逆向调控是在1992—1996年。1992年下半年开始，我国经济进入新一轮高涨期，大批农民工进入城市，粮食需求比较旺盛，从1992年到1994年，我国粮食供求形势比较复杂，粮食价格连年暴涨，粮食消费价格上涨率1992年为24.3%、1993年为27.7%、1994年为50.7%，但是这三年净出口粮食分别为189万吨、783万吨、348万吨。到了1995年，与上年相比粮食增产2152万吨，粮食供大于求2151.8万吨，但是当年粮食净进口1936万吨，到了1996年，与上年相比粮食增产3792万吨，粮食供大于求5293.5万吨，粮食价格开始进入长期下跌通道，但是粮食净进口依然达到

1051万吨，加剧了国内粮食总量相对过剩的状态。

应当说，我们以前的粮食进出口调控机制在很长一段时间内存在滞后性问题，有些年份不但没有及时发挥出稳定供应平抑市场的作用，反而加剧了供求矛盾和市场波动。主要表现在，一是在监测预警层面，从粮食实际运行偏离预定状态开始，到应当采取相应措施之前存在一定的时间间隔，需要对苗头性倾向及时作出反应。尤其是在计划经济时期，粮食供求关系指标数据信息比较缺乏且统计滞后，政策性价格水平往往又难以真实反映当期市场变化，客观上造成对形势判断的及时性和精准性不足。二是在决策会商层面，从分析研判粮食形势变化作出科学评估，到研究制定出台相应政策措施有一个过程，需要稳健决策提高效率。在此期间，一般需要多层面多部门反复沟通协调会商，全面对粮食生产、需求、价格、加工、库存、贸易及市场动态情况把脉问诊。这些年来，粮食形势变化受国际国内多种因素的复杂影响，精准、高效、动态做好粮食调控工作面临的挑战越来越大。三是在政策执行层面，从明确发布调控政策到具体抓好落实，需要统一认识形成工作合力，防止因政策执行博弈而贻误时机。根据当时的情况，从粮食形势开始发生变化到制定进出口计划，再到具体执行落实到位一般存在较长的时间间隔，粮食最终运抵国内大约需要半年甚至一年的时间。粮食供求形势变化是阶段性的、动态的，等到粮食真正运到国内时，国内的粮食供求形势可能已经发生了较大的变化，也就很容易出现"逆向调控"现象。

近年来，我们在建立健全粮食宏观调控机制方面做了大量工作，积极推动完善部门协调、信息共享、反馈及时、运转高效的会商协调机制，用好国际市场国际资源的战略战术日臻完善，为服务国家粮食安全大局奠定了基础保障。在农产品常态化进口形势下，可以探索设立农产品进口和国内市场之间的"蓄水池""缓冲区"，建立政府市场调节储备或商业动态储备，减缓农产品贸易对国内市场可能产生的即时性冲击，根据形势变化相机灵活投放市场，确保市场持续平稳运行。

从我国人多、地少、水缺的资源禀赋来看，未来随着农产品消费规模越来越大，食品消费结构不断升级，难以做到全部农产品自给自足。必须立足自身抓好农业生产，明确重要农产品优先序，合理配置生产要素投入，集中有限资源优先用于重点环节和必保品种，逐步由"保全部、全部保"向"保重点、重点保"转变，由"重数量、轻质量"向统筹"保数量、提质量、增效益"转变，由"铁板一块、均衡用力"向"突出重点、汇集合力"转变，更好确保口粮绝对安全、谷物基本自给。统筹用好两个市场两种资源，主动扩大符合国内需求的紧缺农产品进口，稳定增加粮食等重要农产品有效供给，促进食物来源多元化、绿色化、优质化。优化拓宽农产品进口多元化来源渠道，加强与经贸关系稳定、生产潜力大的国家和地区的粮食贸易合作，构建多元化进口格局。结合"一带一路"倡议，与沿线国家和地区加强农业投资、贸易、技术等领域合作，鼓励有条件的企业走出去，重点在粮食加工、仓储、物流等环节加大投入、加速布局，培育具有竞争力的国际大粮商和农业企业集团，形成稳定可靠的进口粮源。做好国际粮食市场和贸易的监测分析，建立全球粮食市场价格预警机制。统筹加强粮油市场调控，适度扩大相对紧缺品种的进口。建立与国内粮食供需形势变化相协调的贸易调节机制，制订完善应急预案，分品种把握好进口规模、节奏和时机。加强粮食等重要农产品进出口检疫和监管，打击农产品走私。

我国是全球农产品贸易大国，"统筹内外"已经成为实施新型国家粮食安全保障战略的重要组成部分。在国际农产品贸易总体增长的态势下，渐进式和可预期地扩大进口能实现互利共赢。农业贸易对于在更大范围内配置农业资源、提高资源配置效率、减缓国内农业资源和环境压力具有重要作用。在我国目前的农业资源禀赋条件下，主动扩大符合国内需求的紧缺农产品进口，可以节省国内大量的水土资源，有利于缓解资源环境紧张局面，更好聚焦保障主要粮食作物的自给，以牢牢把握粮食安全的主动权。与此同时，部分优质农产品的进口，更加丰富了国内市场产品种类和消费者的选择，提高了居民的生活质量。在一定程度上讲，我国进口农产品相当于进口耕地和淡水资源，有利于保护国内耕地，实现部分地区的土地轮作休耕，有利于化肥农药减量化使用,推进农业发展方式转变。适度进口可以减轻国内资源压力和促进休养生息,这与我国的农业可持续发展的政策目标是兼容的。通过适度扩大农产品进口,着力打造稳定可靠的供应链,稳步增强对国际一手粮源的掌控力,可以持续高效保障国家粮食安全和重要农产品供给。

第二节 大国农产品贸易伙伴

——构建互利共赢农业贸易关系

中美两国虽然相距遥远,但双方经贸交往源远流长。早在1784年,美国商船"中国皇后号"跨洋过海首航中国,拉开了中美经贸合作的帷幕。自中美建交40多年来,双边经贸关系历经风雨,但始终前行。截至2018年,中美两国货物贸易额超过了6300亿美元,比建交之初增长了251倍;双向投资累计超过2400亿美元。中美抓住经济全球化的历史机遇,充分发挥两国经济的互补优势,双边经贸合作实现从无到有、从小到大、从单一到多元的历史性跨越。作为世界上最大的发展中国家和最大的发达国家,中美经贸合作已经形成"你中有我、我中有你"利益深度交融的格局。加入世贸组织以来,中国成为美国第一大贸易伙伴,美国是中国第二大贸易伙伴。不可否认,中美经贸关系的发展并非总是一帆风顺。每一次中美关系的转圜,都离不开经贸关系的"压舱石"和"推进器"作用。可以说,在中美这组当今世界最重要的双边关系中,经贸合作是最积极、最持久的推动力量。

中美两国农业资源禀赋不同,农业是经贸合作起步最早的领域之一,农产品贸易合作快速发展,在两国经贸关系中占有重要地位。美国农产品贸易不仅在国民经济中占有重要一席之地,对于促进就业也发挥着重要作用。美国农产品出口比重很高,出口销售占美国大豆、小麦和大米产量的50%、占棉花和坚果产量的70%、占肉类和乳品产量接近20%。近几年,美国农产品出口额约为1400亿美元,农场主20%的收入来自贸易,农产品年出口额中每10亿美元可支持8000名美国人就业。目前中国是美国第一大农产品出口国,美国对华农产品出口比2000年增长了8倍多,占到美国总出口量的1/5。2001—2017年,中国自美国进口农产品从27.9亿美元增长至241.2亿美元(包括大豆139.5亿美元、畜产品29.2亿美元、谷物15.1亿美元),年均增长14.4%。大豆是其中贸易额最高、贸易量最大的农产品,2017年美国大豆对华出口了3285.6万吨,占美大豆生产总量的30%、出口总量的60%,出口总额约140亿美元,仅次于波音飞机的对华出口额。美国是中国第三大出口目的地(仅次于日本和中国香港),2017年我国向美国出口的农产品主要是水产品、蔬菜和水果,出口分别为32.2亿美元、11.5亿美元和7.7亿美元。中美双边农业交流与合作涵盖了农业科研与教育、农产品生产和加工、贸易促进等多个方面,在政策交流、人员交往、科技合作等方面都有广阔的合作空间。中美农业科技合作始于1978年年底,40多年来,两国在动植物遗传育种、农业生物技术、病虫害防治、农药管理、农业技术推广等方面均取得了显著的合作成果。

2017年以来,美国政府以加征关税等手段相威胁,频频挑起与主要贸易伙伴之间的贸易摩擦并不断加码。2018年以来,针对美国政府单方面发起的中美贸易摩擦,中国不得不采取有力应对措施,坚决捍卫国家和人民利益。美国对中国采取的一系列贸易限制措施,不利于中国,不利于美国,更不利于全球,其违反世界贸易组织规则,损害多边贸易体制,对全球产业链和供应链形成严重干扰。

美国政府挑起贸易摩擦,没有给美国带来任何益处。美国农业领域遭受贸易摩擦的持续冲击,农产品对华出口急剧下降、库存大量积压、市场价格大幅下跌、农场收入严重缩水,整个农产品供应链受到不同程度影响。美国大豆、谷物、乳品、肉类、水产品、水果和坚果等行业组织在华经营几年甚至几十年才获得如今的市场份额。一旦美国失去中国这个大市场,很快就会被其他国家填补。贸易摩擦将会导致市场发生急剧变化,随之进行大规模结构调整也存在很大的不确定性,在市场销量没有解决之前必然面临过剩问题。美国每年的大豆产量约为1.1亿吨,出口量约占50%,出口量的6成运往中国。过去10年来,美国对华出口大豆增加了26倍,美国产大豆出口对华依存度很高。之前受中美贸易摩擦升级影响，美国在农业领域受到的冲击是显而易见的，如任这一局面延续、反复甚至恶化，未来持续深入的影响也是可以预见的。

迫于美国对我国加征关税，我国采取相应反制措施，美国部分农产品对华出口基本处于停滞状态。2018年美对华农产品出口同比下降3成，其中大豆出口减少49.3%。2019年第一季度，美对华农产品出口同比下降6成，其中谷物出口下降高达97.4%，大豆、玉米出口骤减近8成，棉花出口下降6成。即使考虑到国内压榨消费和出口市场转移等因素，2018—2019年度美国大豆期末库存创历史纪录达到2709万吨，是上年同期的2.3倍。2019年5月以来，芝加哥期货交易所（CBOT）大豆价格一度跌破800美分/蒲式耳，再创近10年来的历史新低。假使中美贸易摩擦进一步升级，美国农产品在中国市场必然面临更高的成本，其市场份额必将受到极大削弱。在此情形下，预期未来市场可能形成新的平衡，全球农产品贸易流量流向都将出现重大改变。

作为拥有14亿多人口的世界发展中农业大国和贸易大国，中国有丰富的政策调控"工具箱"和实践经验，完全可以采取一揽子政策举措，对冲美国大豆进口减少可能产生的影响，化解国内食品价格上涨压力，保障国内供需平衡。一是从进口来源看，如果美国对中国的农产品出口受阻，可以根据国内需要适当从其他国家增加大豆进口，扩大其他油籽和粕类以及部分肉类进口，确保国内大豆供求基本稳定、市场总体平稳。近年来，全球农产品供给充裕，2018—2019年全球大豆产量高达3.62亿吨、期末库存1.13亿吨，巴西大豆产量1.17亿吨，阿根廷大豆比上年增产48%，产量达到5600万吨，除美国外的世界其他国家出口量达1.02亿吨。二是从国内消费看，我国进口大豆主要用于压榨后获取豆粕作为蛋白饲料原料，改进饲料配方和配料技术可减少大豆用量，这方面挖潜空间是很大的。根据市场形势变化，可加大低蛋白日粮应用技术研发与示范推广支持力度，引导养殖企业加快低蛋白日粮应用。三是从国内生产看，随着大豆市场价格上涨，多途径扩大饲料和油料作物种植面积将会释放更大潜力，实施国产大豆振兴计划也将进一步提速。通过大力发展油菜、花生、油茶等替代油料生产,加快推进国产油料作物节本增效,鼓励特色健康小品种食用油消费,形成更加多元化的食用油消费格局,将加大其他食用植物油供给力度。

在全球化背景下,中国农产品进口市场是一个高度竞争的市场。现在全球农产品供给总体充裕,世界各主要生产国都有扩大生产的巨大潜力。美国和巴西同为世界上最重要的大豆生产国和出口国。过去15年,世界玉米种植面积扩大了约50%,这主要是由于巴西在大豆丰收后扩大其第二作物玉米的种植规模。巴西农业资源丰富,扩大玉米和大豆种植的空间是非常巨大的。巴西计划建设的"粮食列车"和北部新建港口等项目有望缩减运输成本提升大豆竞争力,将刺激投资者开发出更多耕地,在现有8500万英亩的大豆种植面积基础上实现翻番并非难事,玉米产量也可实现与之大致相当的速度增长。实际上,尽管在中美贸易摩擦背景下,中国自全球进口农产品依然保持高位增长态势,2018年中国进口农产品1371亿美元,同比增长8.9%。也就是说,美国农产品在贸易摩擦期间对华出口出现的空缺,不仅已经完全被其他国家填补,而且中国农产品进口还实现了大幅的贸易增长。这也充分表明,中国坚定对外开放的既定战略不动摇,既稳定实现了大国农产品贸易总量的持续发展,也在拓宽农产品多元化进口结构和替代渠道上迈出了坚实步伐,妥善应对了贸易摩擦可能产生的影响。

中国开放的大门不会关闭,会越开越大。为了满足人民群众日益增长的美好生活需要,满足经济高质量发展的要求,适度扩大符合国内需求的紧缺农产品进口,对优化全球资源配置和保障世界粮食安全都有益处。未来中国经济仍将继续保持中高速增长,庞大的中等收入群体已经达到2~3亿,而且在未来5年内将达到5亿人。中国是世界上最具活力的食品和农产品市场,中国的人口规模、城镇化水平都还没有达到峰值,随着收入水平的不断提高,居民的食物消费结构仍在继续升级,对优质农产品的需求空间将会越来越大。

构建互利共赢的中美农业贸易关系,符合两国人民的根本利益,合作是双方唯一正确的选择。在正常贸易年份，中国自美国进口农产品平均在240亿美元以上（2015—2017年中国自美国进口农产品三年平均243亿美元），约占中国从全球进口农产品的12.9%（2015—2017年中国从全球进口农产品三年平均1911.7亿美元）。中美两国农产品互补性的贸易格局没有改变，中国农产品市场需求持续增长的巨大潜力没有改变，未来恢复并扩大自美农产品进口的前景依然广阔。

2021年是中美"乒乓外交"50周年，"以小球推动大球"，开启了中美关系正常化的历史性进程。2019年6月，习近平主席同美国总统特朗普在日本大阪会晤时说："48年前，也就是1971年，就在离这里100多公里的名古屋，参加第三十一届世界乒乓球锦标赛的中美乒乓球运动员进行了友好互动，这就是后来人们说的'乒乓外交'的开启，创造了'小球转动大球'的历史佳话。8年之后的1979年，中美建立了外交关系。"习近平主席指出："回顾建交以来的40年，国际形势和中美关系都发生了巨大变化，但一个基本的事实始终未变，那就是：中美和则两利、斗则俱伤，合作比摩擦好，对话比对抗好。"几十年来，中美关系虽历经风雨，但总体不断前行。2020年1月，中美签署第一阶段经贸协议，使双方在农业领域从互相加征关税到回应对方关切开放市场，消除了近两年扰动市场的不确定性因素，稳定了双方业界和消费者的预期，将中美农产品贸易重新拉入正常运行轨道。

第三节 "大豆王国"和贸易大国

——全球大豆贸易的百年沧桑巨变

《诗经·小雅》曰"中原有菽，庶民采之"。《史记》记载，中国最早在黄帝时期就已经开始种植大豆。大豆作为五谷之一，原产于中国，距今已有五千多年的栽培历史。现在世界各国种植的大豆，基本都是直接或间接从我国传播去的。欧美各国大约是19世纪后期才开始从中国引种，及至20世纪30年代，大豆才遍及世界各地。1936年，全球9成以上的大豆总产量（91.2%）仍集中分布在中国。至今，国外关于大豆的称呼，如英文（soy）、法文、德文、拉丁文等，也都保留着古代中国大豆"菽"（shu）的读音。我国的豆腐技术约是20世纪初传到欧美，生产豆腐、豆腐乳、豆芽菜等豆制品被称为"20世纪全世界之大工艺"，豆腐成了世界性食品[①]。

近百年来，透过东北地区农业发展的历史变迁，可以观察我国大豆产业在世界农业史中的曲折发展历程，剖析国际大豆生产贸易跌宕起伏的兴衰交替。清末民初以来，我国东北地区可谓"漫山遍野大豆高粱"，农业种植结构以高粱、谷子、大豆、小麦等为主，这四种粮食作物面积占8～9成。现在的东北地区放眼望去已是"漫山遍野玉米稻谷"，形成鲜明对比的"画面感"。

自清朝末期以来，各地封禁弛废、放荒、招垦政策开始实行，大规模的农业开发逐渐拉开序幕。新中国成立以来，东北地区作为第一个重要农

---

① 中国农业博物馆：《五千年农耕的智慧：中国古代农业科技知识》，中国农业出版社2018年版。

业基地，已经形成特色鲜明的农业经济体系，日益成为我国最重要的粮食主产区、商品粮生产基地和著名"大粮仓"。

东北地区是我国纬度最高的区域，土地资源富饶、地域辽阔平坦、土壤优质肥沃，区内平原相连、无山脉阻隔，形成了天然的整体性农业经济区，历史上开发较晚。全球这一纬度区域包括北美五大湖地区、日本北海道地区、欧洲南部地中海地区，是世界上的发达纬度带，相对应在南半球同纬度地带上也有这一特征。如加拿大、美国、法国、阿根廷、澳大利亚等，这些世界上能够出口粮食的国家都位于这一纬度区域地带上。我国东北地区平原面积约占土地总面积的56%，平原海拔大部分在150米以下，是世界三大黑土带之一，黑土面积占东北地区耕地总面积1/3左右。东北地区自然环境独特，农田集中连片程度高，适于农业机械化耕作，为发展粮食和重要农产品生产提供了得天独厚的条件。

清末民初，东北地区形成了以高粱、谷子、大豆、小麦四种粮食作物为主体的农业生产格局。其中，高粱和大豆是大宗农作物。高粱作为当地人民的主要粮食，其种植面积和产量的比重都居于第一位，而大豆作为商品性经济作物主要用于出口贸易，其产值比重占据第一位。民国初期，东北民族资本的农产品加工业得到了迅速发展，直接促进了整个农业商品经济的快速发展，粮豆出口贸易结构已经逐步由以原料出口为主向以加工品出口为主的格局转化，大豆、小麦的加工制成品粮豆饼、豆油、面粉等农产品的出口额超过了原豆和原麦的出口额，这也标志着东北民族资本的进一步发展和农业商品经济的初步繁荣。随着东北地区出现巨大的移民浪潮以及大规模的土地开发，农业生产蒸蒸日上，其粮食商品生产规模和粮食商品率都已经达到了旧中国历史上的最高水平，农业商品经济的发展进入了历史上前所未有的繁荣时期。在当时东北农业生产与国际市场需求及工业发展紧密结合的大背景下，在世界市场作用下促进了东北农业生产的集中布局，清代东北农业呈现"南豆北粮"的格局，民初大豆北移到中部松辽平原，成为这一区域占主导地位的作物。之所以形成这一农业发展格局，商品经济的发育程度是一个重要的诱致性因素，这对于自给性粮食作物和商品性经济作物的种植比例以及出口贸易的比例都产生了很大的影响。比如高粱、谷子是典型的自给性粮食作物，而大豆是典型的商品性经济作物，大豆除了一部分用于居民消费外，大部分主要用于出口贸易。随着农业生产的日趋商品化，东北地区粮食种植开始呈现区域化特征。

民国中后期，东北地区粮食作物结构又发生了一定的变化。其中，大豆的产量比例显著上升，并已经超过高粱成为第一大粮食作物，高粱的产量比例相应下降，退居成为第二大粮食作物。到1930年，东北地区大豆、高粱、谷子保持农作物的主体地位，这三种作物的产量占比分别为28.3%、25.6%、17.5%，共占粮豆作物产量的71.4%，而玉米产量超过小麦，成为第四大粮食作物，小麦相应退居成为第五大粮食作物。据史料统计，1930年黑龙江省粮豆面积占种植总面积的99.5%，其中小麦占18.8%，谷子占17.3%，大豆面积最大，占37%，大豆是进入市场交易和供输出的大宗产品之一。在耕地规模上，从1924年到1931年，东北耕地面积从815万公顷，增加到1407万公顷，净增592万公顷，其中仅大豆的种植面积就扩大了200余万公顷，从而促进了东北商品粮生产的发展。在产出水平上，据统计，当时我国东北大豆亩均产量为91.92公斤，而同期日本仅为80.36公斤，1930年东北农产品总量达到1900万吨，占全国农产品总量的20%，其中大豆约有500多万吨，占世界大豆产量的60%。我国东北地区向全国乃至世界提供了数量巨大的商品粮。

东北沦陷以前，东北地区成为世界性的商品粮生产基地，大豆生产已具有相当生产规模，占据了世界大豆市场约80%的市场份额。农产品商业化已经完全渗透到生产、加工、运输、销售、出口贸易等整个产业链条，形成了比较完善的市场机制。20世纪20年代东北规模巨大的粮食商品生产，日趋发达的粮食加工业，畅通高效的粮食运销业，繁荣旺盛的粮食出口贸易，相当程度的粮食商品率，共同组成了农业商品经济的繁盛局面。如人均粮食占有量、大豆播种面积和产量、大豆生产的集中化和区域化程度、大豆三品（大豆、豆油、豆粕）出口贸易额、大豆的输出率和商品率、大豆在国际市场上的地位等，一直保持较高的水平。据20世纪20年代末的统计，东北粮豆作物的平均商品率约达53%，其中大豆的商品率为80%～83%。1927—1931年东北大豆三品的输出量达到了300万吨的历史最高纪录，东北农业商品经济得以快速发展。

当时的东北农业经济以大豆为标志性特征，是在紧密依赖世界市场的基础上发展起来的。20世纪20年代东北地区商品经济繁荣背后暗藏着多重危机，大量农产品逐步卷入国际市场。全球农产品市场的波动性变化，都会对东北农业生产造成很大的影响。以1929年年底美国纽约股票交易所股价暴跌为起点，经济危机迅速向欧洲和日本蔓延，造成生产下降、失业增加以及工农的赤贫化，日益加剧的世界经济危机，使得各国纷纷转嫁经济危机对本国的影响。随着1929—1933年世界经济危机爆发，受到国外市场牵制和连锁影响，东北农产品出口锐减、粮价暴跌、市场凋敝，农业生产受到严重破坏，商品经济遭遇沉重打击，整个农业骤然陷入危机状态并急剧地衰退，20世纪20年代东北农业商品经济的繁荣局面一去不复返了。

以大豆为例，我国东北出口导向型的农产品价格主要受制于欧洲市场。德国是当时欧洲最大的大豆消费国。一方面，德国随着经济危机的深入影响，国内工人和底层农民购买力下降，使得油脂工业从价格高昂的大豆油脂生产转为较为低廉的鲸油生产业。另一方面，德国提高进口关税高筑贸易壁垒，限制东北大豆输入，大豆进口数量大幅缩减。我国东北大豆受上述双重挤压的影响，价格低迷不振。再加之，日本化学肥料充分，豆饼从肥料市场上被迫退出，原来运往荷兰的豆油数量也在下降，东北大豆三品等主要产品的出口需求大幅萎缩，导致原料大豆价格暴跌。在这一背景之下，高粱、粟、玉米、杂谷等主要农作物价格也跌落了五成，到1934年农产品价格才恢复到危机前六至七成的水平，东北农业生产遭到了系统性的沉重打击。据满蒙经济调查报告，"堆积在大连市之满洲大豆，约在20万石，其他南满路沿线各驿，堆积有30余万石。其他五谷杂粮，价格非常低落，如高粱，北满三角钱一斗，南满四角多一斗；大豆北满五角多一斗，南满九角多一斗；小麦北满产额颇少，南满产额较丰，一斗价在一元五角多；荞麦北满不产，南满四角多钱；谷子北满四角多钱，南满六角多钱；精米北满一元五角多，南满两元左右"①。根据大连商工会议所统计年报，1930—1934年大连大豆公定行市价格急剧下跌，由1930年每百斤5.56～8.46元骤减至1934年1月的3.12～3.54元，跌幅高达40%～60%，东北农民收入直线跌落谷底。

在世界经济危机和日伪"统制"政策的双重影响下，东北农作物种植结构发生了显著变化，农业经济结构受到严重破坏。一方面，世界经济危机导致大豆价格暴跌，使种豆农民遭受了很大经济损失。在商品经济因素的驱动下，农民纷纷弃耕或改种其他作物，这是东北作物结构变化的内在动因。"在近年来国际市场上大豆价格惨落之情形下，南满路大豆运费竟高出原产地价格的二三倍，农民因为把大豆运到市场上去出卖负担太重，所以只好把它留在家里当燃料用了"②。另一方面，在大豆价格急剧跌落的情况下，伪满政府为达到特需作物增产的目的，开始采取限制大豆等作物生产的措施，减少大豆、小麦种植比例，奖励扩种杂粮和其他经济作物。"本年度（1932年）播种期特有的现象，是农民不希望有剩余之产出，而尽量地努力于自用的最小限度的范围去播种的倾向。主要的播种是高粱、玉蜀黍及荞麦，而大豆、小麦则极少"③。在这一阶段，东北粮食作物种植结构呈现为商品性作物（主要是大豆、小麦，很大比例用于商品性贸易）缩减，自然经济作物（主要是高粱、谷子和玉米，主要供本地食粮消费）扩大的趋势。其中，大豆作为东北地区第一大商品性作物，种植面积明显下滑，尤以其北部地区最为显著。大豆和小麦

---

① 李方晨：《崩溃过程中的东北农村》（下），天津《益世报》，1934年8月4日，载李淑娟著《日伪统治下的东北农村（1931—1945年）》，当代中国出版社2005年版。

② 孙冶方：《财政资本的统治与前资本主义的生产关系》，《中国农村》第1卷第12期，1935年9月，载于春英、衣保中著《论近代东北农业历史的变迁（1860—1945）》，吉林大学出版社2009年版。

③ ［日］"满铁"调查部：《满铁调查月报》，1932年7月，载于春英、衣保中著：《论近代东北农业历史的变迁（1860—1945）》，吉林大学出版社2009年版。

两种典型的商品性作物种植比例，从1931年的54.0%跌至1934年的41.7%。可以说，农作物种植结构从商品性作物向自然经济作物转化的过程，贯穿着伪满前期东北农业商品经济衰退和结构失调的一般性趋向。

随着战时经济体制日益深化，东北沦陷后期的农业生产和流通产业政策也深刻调整，日伪当局对农产品的控制进入了疯狂劫掠阶段。日伪"粮谷出荷"政策给东北农民带来了极大的灾难，不仅出荷数量巨大，而且价格极其低廉。1940—1944年，粮食产量增长总体较为缓慢（这4年累计增产仅6.5%，其中，1942年较上年减产达9.1%），而实际出荷量竟增加了3/4以上。在一系列经济统制政策的强迫下，东北农民交纳了大量出荷粮之后，为解决自身最基本的吃饭问题，不得不减少单产较低的商品经济作物种植，进而导致大豆生产继续衰落。由此，东北的农作物种植结构出现失衡，进一步由商品化向自给化倾向发展。这与当时采取的"粮谷出荷"政策有直接关系。其中，在1943年大豆的征购比例达到74.2%，水稻达到69.9%，大大超过了高粱、谷子和玉米20%～40%的征购比例。在日伪强制威逼下，广大贫苦农民被迫将大量粮食以远低于市场价格水平，甚至仅以1/20～1/10的市场价格出荷，扣除用于交租的粮食外，种子、饲料和口粮部分所剩无几，遇有灾年，不得已连种子和口粮都要交出去，造成东北农民的严重饥荒。

东北地区自清末民初直到新中国成立以前，粮食单产水平长期徘徊不前，几乎没有明显的提高，甚至不少年份出现较大的下滑。实际上，当时农业生产的发展主要是依靠耕地面积的扩大实现的。据统计，从1911年到1930年，东北人口从1835.2万人增长到2919.8万人，总人口增长了1100万左右。仅在1924—1931年短短几年的时间里，东北的耕地面积由8148千公顷增至13733千公顷，增长了69%，农产品的总产量由1475.1万吨增至1845.7万吨，增长了27%。[①] 应当说，民国时期东北地区地广人稀、举

---

① 东北物资调节委员会研究组：《东北经济小丛书》，载毛英萍，《略论民国时期东北的农业经济政策》，《北方文物》1997年第2期。

目荒原的原始状况只是得到了初步改变，整个农业生产的全面提高和稳定发展任务主要是新中国成立以来完成的。

新中国成立以来，党和政府始终把解决人民的吃饭问题作为治国安邦的首要任务，经过艰苦奋斗和不懈努力，依靠自己的力量实现了粮食基本自给。1949—2019年，我国人口总量增加了近8.6亿人、1.6倍，粮食总产量增加了1.1万亿斤、4.9倍，人均粮食占有量增加到474公斤。我们坚持以我为主、立足国内，满足了14亿中国人的粮食消费需求。在谷物自给率超过95%、口粮自给率达到100%、粮食和重要副食品供给总体充裕的基础上，2020年我国大豆种植面积1.48亿亩、产量1960万吨，大豆产量创下了历史最高水平。从黑龙江情况看，经过70多年的发展，已从昔日的"北大荒"发展成为世人瞩目的"北大仓"。到2018年，黑龙江粮食产量1501.4亿斤，是新中国成立初期的15倍。其中，大豆产量131.6亿斤，是1949年的6.2倍，占全国大豆产量的41.1%；玉米产量796.4亿斤，是1949年的20倍，占全国玉米产量的15.5%；水稻产量537.1亿斤，是1949年的131倍，占全国水稻产量的12.7%。黑龙江已成为全国第一粮食生产大省，无论是大豆还是玉米、水稻，产量均居全国首位，粮食供给保障能力大幅跃升。

我们常讲，中国是大豆原产国，曾是世界上最大的大豆生产国，在国际贸易中也曾是最重要的大豆出口国。以前东北"漫山遍野的大豆高粱"已渐成乡愁记忆，现在高粱基本消亡，大豆也日渐式微。事实上，当前的大豆生产和贸易量级规模已远非昔日可比。在新中国历史上，我国大豆的最高产量不超过1600万吨，却还是大豆净出口国。再追溯至民国时期，1936年中国大豆产量为1130万吨，当时出口也不过在百万吨的量级，但无论是大豆生产还是贸易都占据了世界主体地位。近百年来，中国大豆生产贸易形势历经深刻调整，在产量长期增长的同时，贸易局面发生逆转，由出口转为进口且进口量急剧扩张。

中国大豆格局发生的历史性变化，主要原因在于国内消费需求比生产发展在更加快速的增长。随着我国城乡居民生活水平的提高和食物消费结构的升级，中国已经成为全球最大的大豆消费国，国内大豆需求在高水平持续稳定增长。大豆已经成为我国食用油脂和蛋白食品的主要原料，也是畜禽养殖的重要饲料来源。尽管国内大豆产量不断增加，但随着国内油脂加工业的迅猛发展，对食用油消费和饲料加工的消费需求更加快速增长，大豆原料的产需缺口不断拉大。有必要说明的是，"产需"缺口与"供求"缺口不尽相同，主要区别在于国内产量和总供给量的关系，除国内生产供给以外，总供给量还包括净进口量（进口量—出口量）、库存消化量（包括政府储备、政策性库存、商业库存、农民储粮）两大部分。对于进口或库存变化较大的品种而言，其产需关系和供求关系会有很大差异，最大的差异就体现在大豆上（主要是年度进口规模巨大），其次是玉米上（主要是这几年库存规模变化较大）。也可以说，粮食产需缺口可以通过扩大进口供给、释放库存供给弥补，当然也可以寻求替代供给，减少对特定品种的需求来实现平衡。而供求缺口更多是短期内的形势变化，从长期看，通过市场价格调节、压减消费需求，可以动态实现特定条件下的供求平衡。正如现在我国的粮食供求形势，其与改革开放以前已经完全不同，尽管当时都能实现供求平衡，日子都过来了，但从简单温饱走向生活宽裕，食物消费明显提档升级了，粮食供求也经历了从低水平的平衡向高水平的平衡的动态跨越。

近20多年来，适应国内消费升级形势变化，我国大豆供求格局发生了深刻变化，从1996年开始由大豆净出口国转为大豆净进口国，尤其是加入世贸组织以来进口大豆数量持续快速增加。目前我国已成为世界第一大豆进口国和消费国，大豆需求量达到1.1亿吨以上。与超过1亿吨的大豆消费量级规模相比，国内大豆产不足需且缺口持续扩大，2017年国内大豆产量1455万吨，仅能满足国内消费的不到13%，巨大的大豆产需缺口主要依靠进口满足。国产大豆主要通过豆制品加工满足食用消费，基本可以实现自给。而进口大豆则是重要的食用植物油和饲料蛋白来源，对外依存度不断增加。2001—2020年大豆进口量从1394万吨增长到10033万吨，年均增长9.5%。近几年，我国大豆消费需求在1.13

亿吨左右，其中，食用消费 1400 万吨、压榨消费 9500 万吨、损耗浪费等 400 万吨。国际市场大豆生产高度集中，全球产量的 70%、出口量的 80% 集中在巴西和美国。大豆进口填补了国内市场供给缺口，为发展现代养殖业和改善国民膳食结构提供了有效支撑，也成为带动全球大豆消费增长的主要动力。据美国农业部首席经济师办公室（OCE）发布的报告显示，到 2030 年，全球大豆进口将增长 4620 万吨，达到 2.19 亿吨，增幅 26.7%。未来 10 年，全球大豆需求增长的 79% 来自中国的需求，中国大豆进口预计将增加到 1.405 亿吨，用以满足畜牧业及植物油消费对大豆原料日益增长的需求。与此同时，全球前三大大豆出口国巴西、美国、阿根廷出口量也将分别增加到 1.215 亿吨、6460 万吨、1090 万吨，合计出口量高达 2 亿吨左右，约占全球大豆出口总量的 90%，理论上完全有潜力满足中国需求。

  国际四大粮商①从 20 世纪 90 年代开始在我国农业领域进行商业布局。进入 21 世纪以来，随着中国大豆压榨行业的兴起，四大粮商开始在中国大规模投资油脂加工企业，ADM 通过参股丰益控股（益海嘉里）来投资国内大豆压榨厂，嘉吉、邦吉、路易·达孚通过新建、收购、租赁等方式进军国内压榨行业。四大粮商掌握着美国、巴西和阿根廷等主产国大豆的收购、仓储和出口码头等设施，控制着全球 70% 以上的大豆货源，世界大豆贸易基本被跨国粮商垄断。从我国大豆加工领域看，据估计，四大跨国粮商在我国油脂市场原料与加工及食用油供应中，所占份额总体在 30%～40%。目前，国内油脂加工已形成"三分天下"格局，大型国企、跨国粮商和民营企业各占三分之一。2010—2017 年，中国大豆压榨产能从约 9000 万吨增长至 1.45 亿吨、增幅 62%，大豆压榨加工量从 5396 万吨增长至 8848 万吨、增幅 64%。据测算，在目前国内进口大豆压榨量中，ABCD 四大粮商占 35%，国有企业占 32%，其他民营企业占 33%。这种"三

---

  ① ADM（Archer Daniels Midland）、邦吉（Bunge）、嘉吉（Cargill）和路易·达孚（Louis Dreyfus），简称 ABCD，前三家均属美国公司，后一家属法国公司。

足鼎立"的市场竞争格局,短期内不会对国内市场调控造成较大影响。但从长期看,随着我国农业领域对外资开放程度进一步加深,尤其是在外资负面清单放宽农业领域准入后,应密切跟踪关注外资运作新的态势变化,重视化解可能产生的市场风险,防止对粮食和重要农副产品供给和市场价格形成操控力量,切实做好农产品保供稳价。

自从我国加入世贸组织以来,尤其是这些年,大豆越来越成为社会关注的热点话题。但过分炒作大豆受制于人、对外依存度高企甚至出现大豆主权丧失等"妖魔化"倾向,并不是理性的选择,也没必要过度担忧。之所以出现这种现象,主要是因为大豆消费需求增长较为迅猛导致进口已达相当规模,在中美贸易中也成为备受瞩目的最重要产品之一,叠加全球新冠肺炎疫情引发一系列不确定性因素,当时国内生猪生产又处于快速恢复的关键阶段。由此,高度关注大豆进口供给的稳定性是正常的,对潜在风险的应对也确需进行系统谋划。

如前所述,粮食安全不是理论的、抽象的,是现实的、具体的,不能把宏大的粮食安全问题看作铁板一块,"眉毛胡子一把抓",而要基于国情农情世情,在多元现实约束条件下进行多方程求解,把战略问题分解到一项一项政策举措上,落实到一个一个链条环节上。目前,我国大豆进口已经超过1亿吨,已经占到国内大豆消费85%,国产大豆基本是以食用为主,而进口大豆主要是转化消费。从表象来看,我们进口的是"大豆"本身,但实质上是由之加工转化而来的食用油以及饲料转化而来的肉蛋奶,而且在转化过程之中增加了就业、加工增值和养殖利润。在进口大豆转化背后,其实也是存在较强的多元替代性的。在大豆进口渠道上,目前我国大豆进口涉及16个国家和地区,进口企业可在世贸组织规则框架下,按照市场化原则自主选择大豆进口来源国家和贸易商。在大豆原料替代上,动物产品作为植物能量和蛋白的转化品,养殖业发展在能量类饲料和蛋白饲料之间存在替代性,大豆、油籽、玉米、小麦、稻谷、大麦、高粱和薯类以及加工副产品米糠、麦麸等之间在一定程度上也可相互替代,替代程度上取决于其营养成分比重和市场价格关系。在饲料蛋白替代上,大豆压榨后产生的豆粕是重要的蛋白饲料来源，但其与菜籽粕、葵花粕、棉粕、鱼粉等之间存在较强的替代性。在食用油替代上，食用油有花生油、菜籽油、茶油、棕榈油、橄榄油、核桃油等多种油料可供选择，进口渠道亦是非常多元化的。这与表面上大豆对外依存度和集中度畸高的情形显然是不同的。

应当看到，我们进口上亿吨大豆符合国内需求，是市场化形成的动态均衡，也是各国比较优势互补的结果，节省了国家的水土资源、降低了企业的经济成本、减少了居民的食品支出、满足了社会的消费需求，总体上于我有利。这是一般情形，在正常状态下保障国内大豆供给是没问题的，粮食出口国企业和农民扩大出口市场份额的愿望非常强烈，适度发展贸易互通有无是"双赢"的格局。但如果在极端情形下，受全球疫情流行、灾害或战争影响，出现供应链断裂或物流停摆，主要出口国优先自保并实施贸易管控，国际资本炒作加上国内定价权缺失，引起进口价格暴涨并对国内形成输入性冲击，大国之间的政治经济博弈频繁升级，可能导致正常的贸易往来陷入停滞状态。当然，这是极小概率事件，也是贸易的底线情形。为把住粮食安全主动权，必须运用底线思维，对如此大规模的进口贸易备有后手，做到长远战略有布局、中期回旋有替代、短期应急有预案。

从大的概念上来讲，有必要对粮食、谷物及大豆进行区分，这既有利于与国际惯例接轨，也有利于准确把握全国粮食供需基本形势。目前我国大豆消费已达相当规模，压榨主要依靠进口。在测算粮食自给率时，如果把上亿吨消费规模的油用大豆归在粮食"分母"里，就在很大程度上掩盖了谷物基本自给的保障水平，容易引起社会上对粮食安全不必要的担忧和渲染。如前所述，若按利用境外虚拟土地资源测算，我国 2015—2019 年进口稻谷、小麦、玉米相当于 2612 万亩播种面积，由此测算三大谷物自给率达到 98.2%，基本安全有保障。但是，如果把大豆算进来，四大粮食品种的自给率就下降到了 68.1%，这很容易造成对粮食安全形势的片面解读甚至误读误判。现行粮食统计口径包括谷物、豆类和薯类，与国际通用粮食概念（仅指谷物）不同。从 1994 年确定粮食主产区以来，全国产销区域划分已几经调整，现行区域划分是根据 2001 年粮食供需形势确定下来的。近20年来全国粮食供求形势和产销格局都发生了深刻变化，也有必要研究对产销区域划分适时进行调整完善，突出必保的重点粮食品种，适应新的粮食供需形势变化。

从大豆背后的用途来看，进口大豆几乎全部用于压榨加工，一块是食用油，压榨出20%的豆油是我国第一大植物油，另一块是饲料，剩余80%的豆粕是第一大饲料蛋白来源。由此，解决大豆的问题，应当跳出大豆本身，从油料、饲料及其转化成的肉蛋奶来探寻解决之道。一方面，从油料用途来看。2019年，我国食用植物油消费量约3500万吨，其中国内生产量1150万吨左右。总体来看，食用植物油消费大致是"1/3可自给、2/3靠进口"的格局。国内食用植物油主要来源于油料和大豆（我国大豆统计在粮食中），包括油菜籽、大豆、花生等草本油料和油茶、油棕、橄榄等木本油料。进口油料主要包括油籽（主要是大豆、油菜籽等）和食用植物油（棕榈油、菜籽油、豆油等）两大部分。另一方面，从饲料用途来看。我国饲料总需求3.5亿吨（豆粕占18%、玉米占52%）左右，饲料消费大致是"4/5可自给、1/5靠进口"的格局。而整个饲料消费又分为能量饲料和蛋白饲料两大部分。一部分是蛋白饲料消费1亿吨左右，约占整个饲料消费的30%。主要包括豆粕6300万吨、占65%，以及杂粕、DDGS、鱼粉、肉骨粉等，其中进口的蛋白饲料主要是大豆（9000万吨，大约80%的出粕率）、菜籽粕（160万吨）、葵花粕（150万吨）、豆粕（1万吨）和鱼粉（150万吨）等。总体来看，蛋白饲料消费大致是"1/4可自给、3/4靠进口"的格局。另一部分是能量饲料消费2.5亿吨左右，约占整个饲料消费的70%。能量饲料与谷物类似，主要包括玉米1.83亿吨、占76%，小麦300万吨、米糠2000万吨、麸皮2000万吨、高粱150万吨、大麦550万吨等，其中进口的能量饲料主要是高粱、大麦，加起来常年约为1000万吨，高峰时2000万吨左右。总体来看，能量饲料消费大致是"95%可自给、5%靠进口"的格局。

由此可见，我国大豆油用和饲用的替代品种是非常多元的，消费调节也具有一定弹性，对外依赖程度并不像表面上85%的大豆过度靠进口如此严重。但另据测算，我国大豆和豆油95%进口量来自巴西、美国、阿根廷，油菜籽和菜籽油95%进口量来自加拿大，棕榈油99%来自印尼和马来西亚，油料和食用植物油进口渠道相对集中，确实存在一定的潜在风险。如果"跳出来"从全局看，综合考虑不同油料品种、饲料品种以及肉蛋奶转化品种之间的交相替代，统筹起来谋篇布局做文章，而不是"陷进去"偏于一隅只盯着一两个品种，由此进口回旋空间就打开了，政策工具也就更加丰富了，特定品种的表观集中程度会相对降低，系统性的潜在风险随之更加分散。在国内生产上，稳定增加油料及蛋白饲料生产，还有一定的发展潜力。在消费调节上，通过优化饲料配方结构，调控过度食用油消费、减少损耗浪费，缓解供需矛盾也有相当大的空间。除此之外，更大的可做的文章，是在增强传统进口渠道供给稳定性的基础上，重点通过"西扩南延北进"，西扩黑海地带、南延大湄公河次区域、北进俄罗斯远东地区等，开辟新的进口来源渠道，发挥好"走出去"企业作用，建立生产贸易长效合作机制，打造稳定可靠有韧性的供应链，逐步实现部分油料和饲料来源可替代、多元化、能回旋。

长期来看，通过发展国内大豆生产主要保食用供给，以及主要靠进口满足饲料和榨油需求的"两个循环"格局难以改变。当然，这是基于常态的长期贸易流向均衡格局作出的判断。但在世界百年未有之大变局下，如遇非常之形势需作出重大抉择，就必须遵循统筹发展与安全的大逻辑，打破传统的贸易思维定势，通过构建新发展格局留有战略后手，不能陷入单纯经济比较优势的窠臼。应当说，缓解国内大豆产需缺口矛盾，关键是要构建供给端和需求端双向调控体系，广辟食用植物油和饲料蛋白来源，积极调控消费结构并遏制不合理消费，主动防范化解国际市场潜在风险。

研究表明，在正常情况下，预计未来一段时间中国进口大豆数量将保持扩大趋势。随着全球化日益向纵深发展，保障农产品有效供给，需要积极稳妥用好国际国内两个市场两种资源，适度扩大进口。据测算，2020年中国进口大豆超过1亿吨，相当于节省国内8.1亿亩的耕地资源。在中国目前的农业资源禀赋条件下，一方面，要加大对国内大豆生产的支持力度，实现国内食用大豆消费基本自给，确保大豆自给率保持在合理水平之上；另一方面，应继续适度进口大豆，以克服资源环境的刚性约束，推动农业的绿色发展和高质量发展，集中资源力量更好保障主要粮食作物的自给程度，以牢牢把握粮食安全的主动权。

面对中美贸易摩擦的复杂形势，大豆问题成为各界关注的焦点。中国是全球最大的大豆消费国，目前大豆需求量达到1.1亿吨以上，也是美国大豆最大的出口市场。美国是全球大豆第二大生产国和出口国，产量和出口量占全球的份额均超过3成，仅次于巴西。2017年美国大豆产量接近1.2亿吨，近一半大豆依赖出口，出口的近60%依赖中国市场。美国大豆出口转换市场的增长空间较为有限，难以找到任何一个市场完全取代中国大市场，而且开辟新的稳定市场需要一个相当长期的过程。

美国前期不断升级贸易摩擦，其国内利益受到严重损害是不争的事实，可谓"搬起石头砸自己的脚"。美国大豆主要种植在中部平原和密西西比河流域附近。2017—2018年度，美国大豆种植面积达到创纪录的3623.6万公顷，同比增长8.3%，35年来首次超过玉米。2018—2019年度，美国大豆丰产创历史最高水平，增加到1.24亿吨。我国对美国大豆加征关税后，美国大豆对华出口基本处于停滞状态。2017年，中国进口美国农产品总额为241亿美元，其中大豆独占鳌头，达到139亿美元、占58%。中国全年进口美国大豆达到3285万吨，占美国大豆出口量的62%。2018年，我国自美国进口大豆1664万吨，仅为上年的一半。2019年第一季度我国自美国进口大豆256万吨，这与正常年份同期相比，进口量骤减8成以上。美国大豆库存急剧上涨，期末库存已达到有史以来的峰值。2018—2019年度，美国大豆丰产加上上年度结转库存，当年美国大豆供给量高达1.36亿吨。从期末情况看，即使考虑到国内压榨消费和出口市场转移等因素，2018—2019年度美国大豆期末库存也创下历史新高，同比翻一番多（是上年的2.4倍），占全球库存23.9%。如果这一局面持续恶化，美国庞大的大豆库存可能需要数年来消化。加之大豆不耐储藏，储存期一般只有两年左右时间，这无疑更加剧了库存消化矛盾。美国大豆市场价格暴跌，创10多年来的历史新低，曾一度跌破种植成本线。芝加哥期货交易所（CBOT）大豆价格自 2018 年 3 月以来开始下跌，2018 年 9 月均价已达到近 10 年来历史最低值 833 美分 / 蒲式耳（306.6 美元 / 吨）。2019 年 1 月至 3 月大豆价格维持 900 美分 / 蒲式耳（330 美元 / 吨）左右，仍在 2009 年以来的低位徘徊。2019 年 5 月以来，大豆价格跌破 800 美分 / 蒲式耳（294.5 美元 / 吨），降到 794 美分 / 蒲式耳（292.2 美元 / 吨），再创近 10 多年来（2008 年 12 月）的历史新低，已明显低于 855 美分 / 蒲式耳（314.7 美元 / 吨）的种植成本线，充分反映出市场信心严重不足。这种状况维持下去，势必引发农场主大规模亏损甚至破产蔓延的局面。在农产品出口减少、价格低迷的情况下，美国农场收入大幅缩水。2018 年美国农场净收入为 631 亿美元，同比下降 16%，已跌至 10 年前金融危机时的收入水平。当时预计 2019 年这一数据约为 694 亿美元，扣除通货膨胀因素后较 2018 年增长 8.1%，比 2013 年创下的历史高位（1361 亿美元）回落 49%，较 2017 年特朗普上任初期下降 11.1%。

在农产品整体面临过剩问题的形势下，美国大规模调减大豆种植改种其他作物的余地是非常有限的。根据之前美国农业部发布的种植意向报告，与往年相比，美国农民出于无奈，依然选择较大规模的大豆种植，2019—2020 年度美国农户打算种植 8460 万英亩（5.1 亿亩），仅比 2018—2019 年度的 8920 万英亩（5.4 亿亩）略降 5%，仍居近 15 年来的第三高位。美国政府新一轮农业救助计划只是临时性应对措施，既难以弥补短期内美国农户的全部价格损失，也无法从长期解决出口市场销路问题。据美媒报道，特朗普 2018 年签署了 120 亿美元美农援助法案，但这种临时方案并不足以解决贸易摩擦对农产品出口市场造成的持续伤害，即使补助全部到位，也无法抵消美国农民因中美贸易摩擦遭受的损失。国际农产品市场的培育往往需要数十年的时间，贸易摩擦将可能导致市场恢复变得越来越难，美国行业协会和农场主更需要的是恢复正常的农产品贸易。

在不稳定性不确定性因素增加的情况下，随着企业采购主体预期的改变，未来国际市场可能形成新的平衡，全球大豆贸易流量流向将出现重大改变。美国大豆与巴西、阿根廷等南美大豆存在季节性差异，俄罗斯等国家也具有较大的生产潜力，我国大豆进口无论在时间和空间上都有腾挪转换余地。目前，中国大豆进口量占全球总出口量的 2/3，其中 90% 以上来自美国、巴西和阿根廷。从现实情况看，单纯依靠一个国家的供应能力和实际出口量难以满足中国巨大的市场需求，必须拓宽进口来源渠道。

正所谓"东方不亮西方亮"，我国贸易企业和加工企业在市场化原则引导之下，单一化的进口渠道有可能悄然改变，多元化的来源渠道将随之逐步拓展。无论是北美、南美还是黑海等其他地区，都可能成为商业化采购的现实目标选择；无论是豆粕、菜粕、葵花籽粕还是肉类等品种，都可以发挥不同品种之间的协同替代作用。与之相应，国内供求关系在新的市场条件下也将会实现新的动态平衡。过去 10 年里，我国大豆进口量累计增长 2.1 倍，而同期国内猪肉产量仅增加 21%，这一鲜明反差充分显示出在市场化条件下通过调减豆粕使用比例、调整饲料配方结构等，可以减少对进口大豆的需求。由此可见，在全球化和市场化背景下，通过统筹内外资源市场、供需两端调控同时发力，大豆多元替代是有巨大挖潜空间的，也完全可以在动态均衡中实现油料和饲料市场供需基本平衡。

第四节 农业"走出去"和大粮商

——统筹国际国内两个市场两种资源

从20世纪90年代开始，国际四大跨国粮商就在我国农业领域进行商业布局，以谷物、油脂油料等大宗农产品贸易为切入点，逐步延伸到油料加工、谷物加工、饲料加工、食品配料加工等行业。国际大粮商的竞争优势主要体现在全球化布局、风险管理能力以及研发创新实力方面。四大粮食在全球重要粮食主产区拥有筒仓、中转站、码头、港口等仓储物流设施，农产品贸易网络覆盖众多国家，垄断了全球80%的粮食贸易量，并逐步渗透到粮食主要消费国的加工领域。

外资是把"双刃剑"，在涉足我国农业领域的过程中，不可否认，也带来了先进技术、管理理念和运作方式，促进了我国企业的快速壮大成长。国际四大粮商通过整合全球化的市场信息，建立全面风险管理体系，利用期货套保等方式规避经营风险，在研发上大规模投入，以保持竞争优势。与之相比，国内企业在产业布局、产业链延伸、风险控制、运营水平、研发投入等方面依然处于竞争劣势。在日益开放和市场化的大背景下，为应对四大粮商竞争和冲击，国内企业只有自我加压、负重前行、加快壮大，打造宏观调控的可靠载体，才能积极迎接挑战与之相抗衡，立于不败之地，防止操纵价格暴涨暴跌，稳定市场供给和运行秩序。

外资不是要不要的问题，关键是风险能否承受、是否可控，本质上是统筹发展与安全的关系问题。国内企业应当适应"与狼共舞"，在竞争和合作中"为我所用"、倒逼改革、跨越赶超。我国农业领域对外资实施更大范围、更宽领域、更深层次的开放，这是构建农业开放新格局的重要内容，是新发展阶段培育具有国际竞争力的大粮商的必由之路，也体现了中国主动扩大对外开放的决心。我们的全球大粮商的铸造过程，绝不会一路坦途，必然历经大风大浪、暗礁险滩，注定是适应并驾驭激荡起伏的国内外市场形势的过程。在因循封闭的世界里，大粮商是不可能壮大起来的，必须面向世界抢抓机遇，面对各种风险挑战不断育新机开新局，在全球视野中不断实现自身的发展壮大。由此，这既是我们在全球化中面临的挑战，也是孕育的机遇，更是发展的逻辑。

早在1995年，我国就提出了农业"走出去"的研究构想。2007年中央一号文件正式提出，要加快实施农业"走出去"战略。自2010年以来，中央一号文件多次强调，要构建农业对外开放新格局，创造良好农产品国际贸易环境。积极支持农业走出去，加强国际农业科技和农业资源开发合作，支持农业企业开展跨国经营，建立境外生产基地和加工、仓储物流设施，培育具有国际竞争力的大企业大集团。党的十九大报告提出，要以"一带一路"建设为重点，坚持引进来和走出去并重，遵循共商共建共享原则，加强创新能力开放合作，形成陆海内外联动、东西双向互济的开放格局。

自古以来，农业交流和农产品贸易就是丝绸之路上的主要合作内容。借道古丝绸之路，中国从西方引入了胡麻、石榴、苜蓿、葡萄等作物品种，并把掘井、丝绸、茶叶等生产技术和产品带到中亚，促进了相关国家间农业技术和产品的传播交流，亚欧非的农业文明沿着古丝绸之路交流互通，不断发扬光大。

时至今日，农业发展仍然是"一带一路"相关国家国民经济发展的重要基础。"一带一路"贯穿亚欧非大陆，一头是活跃的东亚经济圈，农业发展历史悠久，一头是发达的欧洲经济圈，现代农业优势明显，中间广大腹地农业资源丰富，发展潜力巨大。沿线农业大国形成了各具特色的农业体系，对加强与中国的农业合作有强烈需求。推进"一带一路"农业合作、扩大农产品贸易往来，是相关各国农业发展与合作的共同愿景。其中，大部分国家对解决饥饿和贫困、保障粮食安全与营养的愿望强烈，深化农业贸易合作是相关国家的共同诉求。

目前，中国正以开放的姿态、合作的诚意，积极与相关国家和地区开展农业合作和农产品贸易，在"一带一路"上贡献中国智慧。近10年来，我国与沿线国家的农产品进出口贸易总额翻了一番，由2007年的1437.8亿元增长至2017年的3103.2亿元。2017年，我国与"一带一路"沿线64个国家农业贸易快速增长。从资源禀赋和科技装备看，我国与"一带一路"沿线国家在农业发展和贸易方面互补性很强，农业合作有很大的空间。在资金技术上，"一带一路"沿线遍布很多发展中国家，受资金和技术等多方面因素制约，无论是农业劳动生产率还是土地产出率普遍较低。如，蒙古、哈萨克斯坦、土库曼斯坦等国单产仅相当于中国的1/4。吉尔吉斯斯坦农业用地超过全国领土的一半，由于农业生产技术较为落后，近100万公顷耕地仍未开发。我国拥有杂交水稻、节水灌溉等众多先进的农业技术，在作物栽培、土壤改良、小型农机具、农副产品深加工等方面具有优势，能够帮助沿线国家提高农业发展水平。在土地资源上，"一带一路"沿线分布着大量地广人稀的国家，很多国家水土资源充足、农业特色明显，是全球农业用地分布比较集中的地区。我国农业劳动力资源丰富，气候条件和自然资源多种多样，能够生产各类农产品，但人均耕地面积仅0.1公顷，远低于世界平均水平，适合发展劳动密集型农业，与沿线国家开展合作具有很大潜力。在产品结构上，我国跨越亚热带和温带，劳动力资源丰富，在高附加值的蔬菜、水果生产方面具有优势，近年来"两水一菜"（水果、水海产品、蔬菜）农产品出口保持两位数增速，国际竞争力较强。尤其是反季节蔬菜出口，在中亚、俄罗斯等市场潜力广阔。

面向未来，要以"一带一路"建设为契机，深化农产品贸易和农业对外合作，聚焦重点区域、重点产品和主要国家完善贸易政策，进一步拓展进口的来源渠道，推动共建"一带一路"农产品贸易通道，合作开展运输、仓储等农产品贸易基础设施一体化建设，提升贸易便利化水平，扩大贸易规模，拓展贸易范围。同时，鼓励建设多元稳定的"一带一路"农产品贸易渠道，发展农产品跨境电子商务。加强"一带一路"相关国家农产品检验检疫合作交流，共建安全、高效、便捷的进出境农产品检验检疫监管措施和农产品质量安全追溯系统，规范市场行为。

应要看到，农业"走出去"任重道远，需要加强对外投资战略布局和政策设计。为满足经济社会发展对农产品持续增长的需求，在立足国内的基础上，还需要充分发挥好国际市场和国际资源的作用。农业海外投资作为优化完善农业全球结构布局的重要途径，主要目的在于实现农业资源的全球配置，应着眼长远，以推动农业走出去为契机，加强农业产业链整合，依托贸易、资本和技术优势，协同提升全球农业产业链的韧性和确定性，从长远上稳定国内粮食供给来源渠道。

目前，在全球各地都能看到中国农业海外投资的存在，但是很多仍然集中在附加值不高、技术含量低的劳动密集型行业和传统领域，没有建立起农产品加工、仓储、物流和贸易一体化的全球农产品供应链。未来一个时期，农业"走出去"仍将面临国际投资新规则、海外农业经营风险等不确定性因素。民粹主义兴起和反全球化的抬头，可能会加剧这种不确定性。部分国家劳工政策是企业"走出去"的现实瓶颈。为保护本国劳动力，一些国家制定严格的劳动签证政策，阻碍了中方人员进入。而多数沿线国家农业技术人才相对缺乏，对农业合作开展造成不利影响。"海归"农产品回运难、成本高，境外粮食回运和大中型农机过境的境外手续烦琐，存在的监管风险也值得关注。

从黑龙江、新疆和云南等地情况看，积极扩大与周边国家农业合作，农业走出去取得初步成效，可进一步发挥地方政府在实施农业对外战略合作中的作用。黑龙江毗邻俄罗斯远东地区，对俄境外农业开发初具规模，境外农业投资企业120家，并逐步由农业种植向畜牧养殖、仓储加工、物流运输等领域延伸。中国与俄罗斯农业合作的优先选择地区是远东地区，该地区总面积620多万平方公里，人口600多万，占俄罗斯总人口的4.9%。俄罗斯实施远东大开发战略，为农业合作提供了新的机遇。可针对"走出去"从事农业生产、加工经营的农业企业，实施差异化的农产品贸易支持政策举措。新疆是未来与中亚农业合作的重点区域，农产品加工对哈萨克斯坦具有明显优势，特色农业优势突出，农产品精深加工基础较好。通过深化中哈农业合作，加快发展新疆农产品加工业，形成面向内地和中亚国家的农产品加工与贸易基地，有助于改善当地就业和民生发展环境，是新疆地区长治久安的必要举措，可建立持续长效的农业经贸合作机制。云南边境地区与周边国家贸易量大、互补性强，适当增加边境地区农产品进口有利于促进国际分工合作。目前，缅甸和老挝分别有1.38亿亩和1.2亿亩未开发的耕地资源，柬埔寨、泰国的耕地后备资源也很丰富，应把这些周边国家作为云南农业企业"走出去"的优先方向。

要着眼于国际国内两个市场两种资源，积极推动农业"走出去"，打造农业贸易战略的承载主体。支持我国有条件的企业开展跨国经营，重点在农产品加工、仓储、物流、贸易等产业链关键环节上加大投入、加速布局，培育若干具有国际竞争力的大粮商和农业企业集团，通过海外投资、并购、资本运作，提升在全球农业价值链中的地位。对于在海外大规模直接购买土地问题，要引导企业谨慎对待。这种投资行为，需要在水利建设、品种繁育、机械购置、加工和储运等方面进行巨额投资，风险较大。出于国家主权、国民心理、国际政治经济利益等方面的考虑，一些国家对此采取限制性甚至禁止性政策。要引导企业借鉴跨国农业公司与当地农民合作的方式，通过提供融资、农资、技术培训等生产性服务，建立与当地农民的稳定合作关系，重点将盈利模式放在非生产环节。

与此同时，要努力扩大本土特色优势农产品出口，提升农产品附加值和出口效益。我国劳动密集型及部分深加工农产品具有现实和潜在竞争优势，比如水产、蔬菜、水果等特色优势农产品出口，对于实现农业增效、农民增收发挥着越来越重要的作用。截至2020年，山东省农产品出口总值连续22年位居全国第一，占全国近1/4，2016年首次突破1000亿元（2019年开始突破1200亿元），带动了1900万人就业，对农民增收的贡献率达到了25%。总结山东农产品出口领跑全国的经验，主要有以下几条。

立足本土特色优势，坚持走规模化、标准化、集约化发展道路。山东省蔬菜、水果、水海产品等特色优势农产品出口居全国首位。实践表明，提高农业质量效益和竞争力，必须坚持适度规模化发展、强化标准化支撑、狠抓集约化生产，以市场为导向调整优化种养结构，进一步彰显本土农产品"特色优势"。坚持引进第三方认证机构,制定了涵盖主要出口国家地区、覆盖全产业链的全程标准体系。截至2016年,示范区共建立标准化基地5946个,比2007年增加了两倍以上,示范区内80%以上的出口农产品实现标准化基地生产。

培育多元市场主体,坚持激发农业产业化发展的内生动力。山东省民营企业已经超越外资企业成为出口主力军,农产品出口内生动力增强,国际市场竞争力进一步提升。坚持走产业化发展道路,注重培育农业产业化龙头企业并发挥其引领带动作用,形成了若干具有较强竞争力的特色产业集群。

聚焦加工技术创新,坚持推动产业链、价值链向中高端延伸。山东农产品制成品出口比重占3成左右,高附加值出口产品份额逐年提升。如大蒜出口中,脱水蒜产品的附加值是新鲜大蒜的5~10倍,黑蒜产品的附加值比保鲜大蒜高20倍以上。山东紧紧围绕农业"提质增效"这个核心目标,通过政策扶持引导、搭建服务平台,着力提升农产品精深加工水平,加快产业技术改造升级,推进三产深度融合,实现"全环节升级、全链条升值",提高出口农产品附加值和市场竞争力。金乡县组建了润丰种业公司、成功生物科技两个院士工作站,研制开发出黑蒜制品、硒蒜胶囊等60余种深加工产品,始终占据大蒜科研最前沿,形成了较强加工能力、冷藏能力,企业抵抗市场风险能力显著增强。邹平市西王集团有"中国糖都(淀粉糖)""中国玉米油城"之誉,年加工玉米300万吨,在果糖结晶和色谱技术两项关键技术上攻关突破,率先在国内实现结晶果糖规模化生产。

建强质量监管体系,坚持"产出来"和"管出来"两手抓两手硬。坚持政府主导、部门协作的运行机制,坚持标准先行、全程监管的推进路径,建立了"政府主导、部门联动、社会共治"的工作机制,搭建了"省级质量安全公共信息和国内外市场开拓平台"以及"市级区域性农产品集散中心和检验检测中心"两个平台,构建了示范区标准化体系、农业化学投入品控制体系、可追溯体系、监控评估预警体系、安全诚信体系和多元化国际市场体系等六大体系,建成全国首个"出口食品农产品质量安全示范省",创新农产品质量监管模式。

塑造整体品牌形象，坚持在出口新旧动能转换上不断加力。山东有4000余家农产品出口企业，产品销往全球200多个国家和地区，日本、欧盟、美国和韩国是传统出口市场，占农产品出口的6成左右。近年来，山东省搭建了"国内外市场开拓平台"，扶持农产品出口企业参加境外知名展览会，培育出53个农产品国际知名品牌。大力推进"农业＋互联网"深度融合，加快培育农产品出口新业态新模式，积极引进国内知名食品领域跨境电商平台，建设食品垂直跨境电商园区，为山东农产品走向世界开辟了新途径。

要加大对农产品出口支持力度，瞄准出口国农产品市场需求，结合我国农业资源特点，增强优势出口农产品有效供应能力，巩固农产品出口传统优势，扩大特色和高附加值农产品出口。鼓励支持优势农产品出口示范基地建设，推进出口基地转型升级，支持农产品出口企业加强保鲜、储藏、加工和物流设施建设，加强产品研发、检验检测，建立健全可追溯体系。进一步优化农产品出口环境，对接"一带一路"建设，深度拓展国际新兴市场。指导企业积极有效应对国外农产品领域的技术性贸易壁垒和国际贸易摩擦，改善贸易自由化便利化条件，切实解决出口环节制度性成本高、检验检疫和通关流程烦琐等突出问题。充分发挥行业协会作用，鼓励企业积极参加国际认证和注册，推进农产品认证结果互认工作。打造一批农产品出口龙头企业和一批拳头出口产品，稳步提高产品附加值和出口效益。要继续强化出口农产品质量安全监管，充分发挥政府作用，在"产出来"和"管出来"上狠下功夫，把优质、安全和绿色标准挺在前面。开辟农产品出口"蓝海"，支持出口农产品宣传推介。加大中华饮食文化的宣传力度，增强中国特色农产品的国际影响力及其出口带动力。大力拓展农产品品牌国际营销渠道，鼓励"互联网＋农业"融合发展，支持特色优势农产品出口企业进驻国际知名电商平台，加快实现"买全球、卖全球"。

第五节 "确定性"和"不确定性"

——多元替代"不把鸡蛋放在一个篮子里"

历史经验表明，受到外部不确定性因素冲击，国际经济贸易往往会出现波动并发酵放大，尤其是容易引发大宗农产品市场剧烈震荡。近些年，全球粮食产量稳步增长，消费保持平稳，国际贸易比较活跃，供给总体宽裕。但受新冠肺炎疫情全球大流行的影响，叠加极端天气、病虫灾害、金融风险等多重因素，不稳定性不确定性明显上升，未来全球经济前景引发普遍忧虑，多国经济活动处于停摆或半停摆状态，国际粮食市场在供需两端和贸易流通等方面受到明显冲击，"断粮""缺粮"恐慌情绪迅速扩散，粮食供求平衡状态更加紧绷，新一轮全球粮食危机担忧甚嚣尘上，对国内输入性通胀的影响需要高度关注。

尽管目前全球粮食供求形势总体好于前两轮粮食危机，但国际社会疑虑甚至恐慌情绪仍在加重，世界粮食供求平衡的脆弱性正面临严重考验。回顾前两轮世界粮食危机产生的背景，均是在全球粮食供给大于需求"并非实质性缺粮"的情况下发生的，诱发危机的根源在于外部不确定性，"风吹草动"引起预期急剧变化，骤然抬升短期内粮食需求，打破了原本脆弱的粮食供求平衡状态。

1972—1974年全球粮食危机时，由于连续几年自然灾害导致世界粮食歉收，1974年世界粮食总产量13.4亿吨、库存量1.78亿吨、消费量12.7亿吨，全球粮食库存消费比降至14%。苏联等国进入国际市场大量购买粮食，世界粮食库存量、贸易量和援助量锐减，造成国际粮价暴涨2倍多，部分贫困国家陷入灾难、人口非正常死亡率急剧上升，引发"二战"以来最严重的粮食危机。2007—2008年全球粮食危机时,美国和澳大利亚等粮食主产国因旱减产,2007年世界粮食总产量21.2亿吨、库存量3.53亿吨、消费量21.1万吨,全球粮食库存消费比降至17%以下。21个粮食出口国采取限制出口措施,在市场恐慌、油价上涨拉动燃料乙醇用途粮食需求增长等多种因素影响下,2007年全球粮价上涨24%、2008年前8个月上涨50%、局部地区米价飙升超过100%,由此导致食品价格联动暴涨、放大区域供求失衡,引发部分国家社会动荡甚至政权更替,这次危机波及范围更大、影响程度更深,已经超过上一轮粮食危机。综合有关国际机构预测,当前全球主要农产品供需形势相对宽松。据联合国粮农组织(FAO)预计,2020—2021年度全球谷物产量27.4亿吨、贸易量4.55亿吨,同比分别增加1.3%、3.4%;大豆产量3.61亿吨、贸易量1.69亿吨,同比分别增加7.3%、2.7%,期末库存均处于历史高位。2020年底全球谷物库存量约达到8.66亿吨、消费量28.03亿吨、库存消费比为30.9%,整体好于前两轮全球粮食危机的情况。

前两轮世界粮食危机产生的共同逻辑是,全球粮食出现减产、主产国出口收紧、经济形势预期悲观,导致社会恐慌"抢粮""囤粮",急遽放大粮食短缺矛盾,国际粮食和食品价格暴涨,进而演变为全球性粮食危机。历次全球粮食危机的引爆并不是因为市场供求关系发生逆转造成的,更多是由各国应对危机时政策过度干预而放大引起的。如粮食出口大国采取限制或禁止粮食出口的非理性贸易管控措施,就极容易引发价格大涨甚至暴涨,带动其他产品价格连锁反应并冲击实体经济。历史上,国际投机资本多次借用减产、干旱等预期炒作农产品价格,典型案例是2008年国际资本利用澳大利亚、阿根廷等国减产预期大肆炒作,引发国际市场恐慌和价格全面上涨,最终导致全球性粮食危机。全球80%的粮食流通掌握在四大粮商手中,需要警惕国际粮食供应商通过调减全球生产或库存预期操控期货市场,迫使农产品进口面临更高价格的可能性。

世界粮食供需和贸易格局一般是根据资源禀赋等比较优势长期形成的。正常情况下,全球谷物贸易量占产量的11%～16%,大豆贸易量占产量的 40%～45%。从当前情况看，农产品贸易受疫情大流行的影响较为有限。尽管当前全球粮食供需形势明显好于前两轮粮食危机，但生产环节作为基础性因素并非先决条件。当然，如果生产领域出现硬缺口，将会导致更加灾难性的危机。粮食是关系国计民生的重要战略物资，一旦国际关系发生重大变化、市场预期发生改变，生产、库存、物流、贸易等整个粮食供应链条的脆弱性将会随之显化，世界农产品贸易受各种复杂因素冲击甚至可能出现禁运风险，即使在供给充裕的情况下也会引发价格暴涨、贸易中断甚至大范围的粮食危机。从现实危机的诱因来看，更多源于流通贸易和恐慌预期，在各国面临灾害减产、经济衰退、出口限制、流通阻滞、社会恐慌、投机炒作等多重因素的外部冲击持续加大的背景下，全球粮食供需平衡的脆弱性就会更加凸显，诱发全球粮食危机的不确定性仍需密切跟踪观察。

当前国际粮食市场价格波动加剧风险仍未消退，发生新一轮世界性粮食危机尚存在不确定性，现在下结论还为时尚早。这一轮国际农产品市场波动，既有原油价格暴跌、天气和病虫害等因素，也有疫情影响、市场预期变化、主产国出口限制措施、恐慌性抢购等因素，尤其是全球疫情大流行的持续时间仍存在不确定性，是居于主导地位的影响因素。截至2020年下半年，已有10多个国家出台限制粮食等农产品出口措施，部分国家争相采购、增加战略储备、民众恐慌性囤积，既反映出各国"自保"供应趋紧，也凸显粮食保护主义加速抬头。全世界只有约5%的国家能够实现粮食自给自足，只有6个粮食出口量较大的国家，绝大多数国家和地区需要进口粮食，已超过40个国家受到影响。国际农产品价格出现不同程度上涨，农产品贸易风险虽处于较低等级，但引发粮食危机的先兆性指标和苗头性倾向需要引起警惕。

随着全球经济衰退风险加大，国际货币基金组织预计，2020年全球经济将出现大幅负增长，对未来2年经济前景作出悲观预测，需对大萧条以来最严重的经济后果做好准备。在全球新冠肺炎疫情大流行和沙漠蝗灾情多国爆发的情况下，各国粮食"自保"情绪加重、出口管控升级、波及范围扩大、市场价格剧烈波动,局部粮食短缺和市场恐慌扩散为世界范围粮食危机的风险仍在积聚、尚未消退。如果后期各国疫情管控不力,不排除世界性恐慌情绪可能进一步加剧,并由粮食物流停摆等供应链局部断档向生产及上下游链条蔓延,主产国贻误农时导致的减产效应可能超过预期,粮食成为各国争抢的战略物资,出口国主观上管控出口叠加客观上流通停摆,粮食贸易出现大范围中断,将可能诱发国际食品价格飙升,导致世界粮食市场出现严重混乱。2020年因巴西、阿根廷疫情防控出现封港和罢工传言,国际大豆和豆粕市场出现较大波动,国内资本借机炒作豆粕价格已有明显迹象。新冠肺炎疫情全球大流行背景下,多国为刺激经济纷纷超发货币,应警惕巨额游资伺机炒作大宗农产品市场,推动全球农产品价格从结构性波动转向全面上涨。

总体来看,我国口粮连年产需结余、绝对安全有保障,谷物基本自给、对外依存度总体较低,粮食储备调控体系日臻完备,保供给、稳粮价具备坚实的物质基础。短期内国际粮食市场剧烈波动对我国粮食安全冲击较为有限。过去的2020年,在遭遇疫情冲击、天气灾害和病虫害频发重发的复杂形势下,我国毫不松懈抓好农业生产,早稻生产扭转了连续7年下滑态势,东北地区克服连续遭遇3场台风不利影响,粮食生产实现"十七连丰",连续6年稳定在1.3万亿斤以上,市场调控应急调拨及时有力有序,主动利用国际市场满足国内紧缺农产品需求,社会预期保持基本稳定,保障粮食和重要副食品供给安全的基础进一步夯实。我国谷物年度进口数量不大,2019年净进口1468万吨,仅占我国谷物消费量的不到2%,主要用于调剂国内需求结构,更好满足人们个性化、多样化的消费需求。

目前,国内粮食价格基本稳定,粮食市场运行总体保持平稳,国际粮价上涨对国内输入性通胀的影响仍待跟踪观察。研究表明,食品烟酒价格在我国CPI中的权重约为1/3,在全球农产品市场联系日益紧密的情况下,国际大豆、玉米和肉类等农产品的大幅波动会引发国内农产品价格同向变动,对CPI的影响明显加大。当前,我们需要重点关注的是大豆及其他饲料用粮供给,避免对国内市场稳定和产业链有序运行带来负面外溢效应。应重视国内外不稳定性不确定性因素及其对世界农产品市场形势的影响,持续抓好农业生产和重要产品保供稳价,积极应对各种潜在风险并提前化解可能产生的堵点,确保粮食和重要副食品安全不出问题。

加入世贸组织以来,我国农产品贸易规模不断扩大,部分农产品对外依存度不断提高,国内农产品供求格局与市场变化受国际农产品市场的影响持续加深。我国对国际农业资源尤其是粮食等重要农产品的掌控能力还较为有限,进口渠道相对单一化,在国际粮食市场上的话语权、定价权与贸易大国地位还不相称。随着以美国政府推行"美国优先"、英国脱欧为标志的逆全球化趋势进一步抬头,贸易保护主义蔓延,通过国际市场进口粮食,弥补国内产需缺口的不稳定性不确定性更加突出。

当然,巴西、阿根廷等世界主要出口国大豆供给充裕、库存处于高位,寻求出口积极性较高,主动宣布出口禁令的可能性不大。历史上,美国曾于1980—1981年对苏联因入侵阿富汗实施粮食禁运(禁止商业出口)。据美中情局当时估计,这次禁运将使苏联饲料供给降5%～14%,肉类生产降12%,消费降7%,但没有成功阻止国际市场产品进入苏联,阿根廷、澳大利亚、加拿大在苏联市场份额增加,主要原因是禁运措施难以在出口国之间达成一致的共识和行动。尽管当前全球大豆供应总体充足,主要出口国库存压力大、出口动力强,但如果出口大国出现物流即时性停摆,有可能对我国大豆供应的连续性和稳定性造成一定影响,并导致价格出现阶段性大幅上涨。随着疫情持续时间拉长、波及范围扩大,不仅会助涨农产品原料价格,而且会推动国内畜禽和食用植物油及相关副食品价格上涨,造成国内输入性通胀,并进一步对整个产业链产生负面影响。

当今世界正经历百年未有之大变局,国际环境错综复杂,不稳定性不确定性因素日益增加。历史表明,一旦发生大饥荒,有钱也买不到粮食。对像我国这样一个拥有14亿人口的大国而言,必须牢固树立底线思维,增强风险意识,坚持立足国内办好自己的事,以我为主保供稳价,坚决稳定粮食生产基本盘,充实储备调控资源,多措并举化解国际市场传导性压力。加强与主要国家和国际组织的粮食安全与贸易政策协调,推动消除贸易壁垒、畅通国际物流、维护多边贸易体制，稳定国际粮食市场预期，努力推动全球农业与粮食供应链安全有效运转，增强供应链的稳定性可靠性和韧性。积极支持和参与联合国机构开展的援助低收入、贫困国家粮食安全的国际合作，降低全球粮食危机风险，更好地树立负责任大国形象。加快构建开放条件下农产品多元化进口保障体系，着眼长远拓宽进口渠道、丰富调控工具、备好替代选项，做好紧急情形下应对农产品贸易不确定性预案，牢牢把握粮食和重要副食品供应安全主动权。

第七章

食物需求前景

面向未来，开启农业农村现代化的新征程，我国将经历"两个峰值"。第一个是"人口峰值"，2021年5月公布的第七次全国人口普查结果显示，我国人口总数为14.1亿人，比2010年增加了7200多万人，增长5.38%。据预计，到2028年前后达到14.3亿人口峰值。第二个是"城镇化率峰值"，截至2020年11月，我国居住在城镇的人口占63.89%，比2010年增加了14.21个百分点。据预计，到2035年前后将迎来75%左右的城镇化率峰值。从东亚发达国家和地区居民膳食消费升级的规律来看，未来我国还将迎来"粮食消费峰值"，但这一峰值会明显滞后于上述"两个峰值"。今后15年内，我国将经历人口增长带动粮食消费刚性增加、收入增长和城镇化率提升引致食物消费升级、弥合户籍人口和常住人口城镇化率缺口拉动食物消费增长等几个阶段，食物消费需求仍将处于高位攀升区间。由此来看，预计2035年以前，我国粮食消费需求仍将处于增长期，总体规模超过8.5亿吨将是大概率事件，估计出现拐点时间可能延迟，2035年之后将逐渐趋于稳定并迎来峰值。未来相当长的一个时期内，我国粮食供求紧平衡格局依然不会改变，保障国家粮食的压力仍然巨大，须臾不可放松。

第一节　粮食过关了吗？

——供求"紧平衡"将是长期态势

改革开放以来，我国粮食总产量不断迈上新台阶，实现了由"吃不饱"到"吃得饱"并且"吃得好"的历史性转变，成功解决了14亿中国人的吃饭问题，为全球粮食安全作出了重大贡献，取得了举世瞩目的历史性成就。

近40多年间，全国粮食产量翻了一番多，从1978年的6095亿斤增加到2019年的13277亿斤，增长了117.8%。1996年首次突破1万亿斤，2010年突破1.1万亿斤，2012年突破1.2万亿斤。我国粮食综合生产能力稳步提升，2015年迈上1.3万亿斤新台阶，粮食产量连续5年稳定在1.3万亿斤以上。2019年，我国粮食产量13277亿斤，创历史新高，其中水稻产量4192亿斤、小麦2672亿斤、玉米5215亿斤。稻谷、小麦两大口粮自给率100%，三大谷物自给率稳定在95%以上。粮食单产水平显著提升，亩产增加了一倍多。我国粮食单产从1978年的168.5公斤提高到2019年的381.3公斤，增长了126.3%，成为粮食总产量持续增长的重要动力。

粮油肉蛋奶人均占有量大幅增加，食物供给充足。人均粮食年占有量是衡量粮食安全程度的一项重要标准。按照我国现有粮食产量和人口计算，2019年我国粮食人均占有量已达到了474公斤，如扣除大豆人均亦达到461公斤，约是我国改革开放初期的1.5倍，远高于世界人均330公斤的水平，创造了世界农业史上的奇迹。我国肉类、奶类、水产品人均占有量2019年分别达到55.4公斤、23.6公斤和46.3公斤，分别是改革开放初期的5.1倍、17.0倍和9.6倍。其中，肉、禽、蛋、水产品全国人均占有量130公斤，高出日本、韩国、我国台湾地区人均120公斤的水平，比美国人均150公斤的水平少20公斤；蔬菜全国人均540公斤以上，相当于人均一天有3斤以上蔬菜，是世界平均水平的3.6倍；水果人均占有量也达到190公斤，是世界平均水平的两倍左右；食用植物油人均占有量22.2公斤，日本是18.9公斤、墨西哥21公斤、印度12.5公斤、美国46.2公斤。

应当说，我国粮食连续十七年丰产丰收的局面确实来之不易，这是在积极应对自然灾害频发、资源约束趋紧、生产成本攀升、疫情冲击等诸多挑战的形势下取得的。今后一个时期，粮食问题并非"高枕无忧"，而是"稳中有忧"，新老矛盾问题叠加、近忧远虑交织错杂、挑战更加复杂多元，我国粮食安全基础仍不稳固，粮食安全形势依然严峻，农民种粮和地方抓粮积极性下降，部分粮食品种产需形势已出现逆转倾向，粮食生产任何时候都不能轻言过关了。

从粮食安全框架体系看，必须着眼长远持续保障粮食供需总量动态平衡，这是实现粮食安全的基本前提。实际上，保障国家粮食安全的过程，是一个在动态中实现供求平衡的过程，历经由供不足需的短缺性失衡状态，到相对低水平的供求均衡状态，再到相对高水平的供求均衡状态的转变。几十年来，我国粮食供求形势由过去供给短缺，转变为阶段性"总量大体平衡，丰年有余"的格局，随着经济社会发展，粮食需求日益大幅刚性增长，中长期粮食供求形势"紧平衡"的格局依然不会改变，保障粮食安全的压力依然巨大。历史经验表明，只有保持粮食供求的基本平衡，才能具备持续保障粮食安全的物质基础，较长一段时期的供过于求和供不足需两种失衡状态都会直接或潜在危及粮食安全。如果粮食供给水平明显低于消费需求水平，则存在粮食短缺风险，"米贵伤民"影响低收入群体的粮食可及性，甚至有可能逐渐演变成全局性的粮食不安全问题；如果粮食供给水平明显高于消费需求水平，则存在粮食过剩风险，"谷贱伤农"挫伤农民种粮积极性，有可能加速粮食供给周期性下行拐点的来临，从而对粮食安全埋下潜在的威胁因素。

应要看到，这些年我国粮食消费增长的速度明显快于产量的增长速度，粮食供需在更高层次、更高水平上不断实现新的动态平衡。近年来，口粮产需相对平稳，小麦产需平衡有余、稻谷产大于需较多，玉米和大豆持续出现产需缺口，尤其是大豆主要依靠进口满足国内食用油消费和饲料加工需求。2020年国内大豆产量已经增加到1960万吨的历史最高水平，但与以大豆压榨为绝对消费主体的上亿吨消费量级相比，仍然存在巨大的产需缺口，常年进口已经增加到1亿吨以上。2005—2018年全国玉米产量从1.39亿吨快速增加到2.57亿吨，接近翻了一番，但玉米消费规模更加快速增加到2.7亿吨，近几年持续出现产需缺口。总体看，我国水稻、小麦完全能够保障自给，但优质专用型品种长期供不应求，越来越不适应农业高质量发展的要求。我国大豆生产自给满足食用消费是可以实现的，但是随着大豆压榨需求量继续高位攀升，油用大豆仍将是粮食供给中的突出短板。目前玉米产需受饲用和加工需求快速增加影响，国内产需形势逆转之后缺口进一步扩大，对保障谷物自给水平将造成较大压力。

研究表明，全世界范围内碳水化合物摄入在逐步下降，脂肪和蛋白质摄入逐步提升。根据联合国粮农组织数据，从1978年到2017年，我国人均每天食物热量消耗从2080千卡增加到3194千卡，增长了53.6%，人均每天蛋白质供应量从51.44克增加到101.35克，增长了97.0%，人均每天脂肪供应量从28.37克增加到97.58克，增长了2.4倍，三项指标均已高于世界平均水平，但与美国、欧盟等西方发达国家还存在一定差距。未来我国居民在营养摄入上仍存在着系统优化提升的空间。热量、蛋白质和脂肪等营养指标的提升主要来源于动物性产品消费的增加，生产动物性产品比生产植物性产品需要更多的农业资源，在衡量我国粮食消费时需要从大食物的格局来考虑，有必要将动物性产品消耗的饲料粮折算进来。按照谷物当量形态，即各类食物消费对农业资源产出的需求量来计算，我国的粮食消费量仍然具有较大的空间。据测算，2017年我国人均谷物当量达到1320公斤，比世界平均水平（1224公斤）高6.1%。世界上人均谷物当量最高的为丹麦达到3511公斤，其次是美国，人均谷物当量消耗达到3128公斤。总体来看，以谷物当量来衡量，我国与发达国家相比仍存在较大的差距。

如何看待迈向高收入发展阶段的中国食物需求前景，需要放在国际国内大的发展环境中去考虑。预计到2035年前，随着经济发展、人口增长、城镇化率提升，城乡居民生活水平改善，我国仍处在食物消费结构持续转变过程之中，整个农产品的消费总量还有较大增长空间。一是从经济发展看，总体上人均GDP达到2万美元时，饮食结构才基本定型。韩国和我国台湾地区在人均GDP达到1.3万美元附近，出现了人均食物需求峰值，而日本直至人均GDP达到3万美元左右，才迎来人均食物需求峰值。2019年我国人均GDP刚刚突破1万美元大关，未来食物消费结构升级还存在巨大的调整空间。二是从人口增长看，2019年我国人口突破14亿大关，较改革开放初增长了45.4%，未来10年左右，人口规模仍将在高基数上继续增长，这将在总量上拉动粮食消费需求刚性增加。三是从城镇化水平看，2019年我国城镇化率60.6%，随着农业转移人口市民化的推进和推动1亿非户籍人口在城市落户、中小城市和小城镇取消落户限制等一系列政策的实施，未来15年左右，城镇化进程还将持续推进，预计将达到75%左右的峰值。而且，我国城镇化发展不平衡不充分的问题较为突出，常住人口城镇化质量相比户籍人口还有较大的提升空间。也就是说，有相当一部分城镇常住人口，在城镇化率达到峰值之后，食物消费结构升级还将持续较长一段时间，食物需求总量还会继续随之增长。

在我国加快农业农村现代化的新征程中，面对人口继续增长和居民膳食结构不断升级的叠加效应，尤其是城镇化水平提高和居民收入增加带来的消费结构升级，我国粮食需求总量仍将继续刚性增长。统筹考虑老龄化程度和粮食节损减耗等因素，全国粮食需求每年大致增加1000万吨左右。除了口粮消费会继续下降外，肉蛋奶等农副产品的食用消费都还有较大提升空间，大部分需求增长将来自对畜产品和食品加工消费的增长。据估算，2005—2018年全国粮食消费增加4736亿斤，95%以上的消费增量来自饲料用粮和工业用粮增加，其中饲料用粮增量占65%，工业用粮增量占31%。与此同时，个性化、多元化、绿色化、功能化食品消费增长趋势更为明显。未来15年左右，我国粮食消费需求仍将处于高位增长期，之后才能进入相对稳定的平台期，目前我国粮食产量历史高点尚处于6.5～7.0亿吨区间。今后很长一个时期，我国粮食供需紧平衡的格局依然不会改变，而且结构性问题将更加凸显。面对国内资源环境约束加剧、种粮比较效益偏低、"谁来种地"等时代课题，以及世界粮食贸易不确定性增加、全球供应链脆弱性显现等国际问题的挑战，满足不断增长的粮食消费需求、保障粮食和重要副食品供给安全的压力仍然巨大。

党中央、国务院始终高度重视保障粮食安全。习近平总书记指出，对粮食问题，要善于透过现象看本质。"粮食多了是问题，少了也是问题，但这是两种不同性质的问题。多了是库存压力，是财政压力；少了是社会压力，是整个大局的压力。对粮食问题，要从战略上看，看得深一点、远一点"。"越是面对风险挑战，越要稳住农业，越要确保粮食和重要副食品安全"。党中央提出扎实做好"六稳"工作，落实"六保"任务，明确强调要把保粮食安全作为重要内容，进一步凸显了解决好吃饭问题对稳定大局的极端重要性。

党的十八大以来，以习近平同志为核心的党中央坚持把确保粮食安全作为治国理政的头等大事，实施"以我为主、立足国内、确保产能、适度进口、科技支撑"的国家粮食安全战略。粮食生产根本在耕地，命脉在水利，出路在科技，动力在政策。必须牢固树立底线思维，紧紧围绕粮食安全"国之大者"抓主抓重，以我为主、立足国内，深入实施新型国家粮食安全战略，统筹处理好短期和长远、生产和流通、数量和质量、政府和市场、国内和国际的关系。实行地方党委政府粮食安全党政同责，毫不放松抓好粮食生产、年年抓紧，落细落小、落实落地，着眼长远树立粮食安全"义利观"，构建"辅之以义、辅之以利"长效机制。综合考虑各地农业资源禀赋等因素，制定粮食等重要农产品生产力布局和结构调整规划，明确粮食分品种、分区域发展目标、方向、路径和政策措施，合理引导形成各品种与区域优势相匹配的生产格局。要坚持把粮食产能建设作为根本，深入落实藏粮于地、藏粮于技，牢牢抓住耕地和种子两个要害，严防死守耕地红线，建设旱涝保收、稳产高产高标准农田，坚持农业科技自立自强，有序推进生物育种产业化应用，稳定和加强种粮农民补贴，强化产粮大县政策支持，调动地方抓粮和农民种粮两个积极性，确保谷物基本自给、口粮绝对安全，努力实现更高水平、更高质量的粮食供需平衡，牢牢把住粮食安全主动权。

第二节　食物消费演进趋势

——需求规模和结构的历史性变化

一般而言，粮食消费按用途划分，包括口粮消费、饲料用粮、工业用粮和种子用粮四大部分。口粮以直接消费为主，主要包括稻谷（大米）、小麦（面粉）两大品种，分别占口粮消费的4成、6成左右。饲料用粮是养殖业对能量和蛋白转化需求的主要来源，主要包括玉米、大麦、高粱、大豆、薯类及替代品种等，当然受比价关系和养殖习惯影响，也会有少量小麦和稻谷用作饲料。其中，玉米是最重要的饲料能量供应品种，大豆（豆粕）是最重要的饲料蛋白供应来源。工业用粮主要是指食品加工、淀粉、油脂、酿酒、燃料乙醇等行业消费的原粮，近些年以玉米淀粉、乙醇及其衍生产品为代表的深加工业，对转化粮食的消费增长也较为快速。

直至21世纪初期以前，整个粮食消费结构以直接口粮消费为主体，这些年口粮消费占比已经逐步下降到40%以下，而间接饲料粮消费超过口粮成为主体。我国正由中等收入迈向高收入国家行列，未来很长一段时间内，我国城乡居民膳食结构仍在转型升级，主要表现为对肉蛋奶等动物性产品的消费量增加，并进一步形成对直接粮食消费的替代。从国际经验看，日本、韩国、新加坡等国家在人均GDP处于1～3万美元阶段，主要动物性产品的人均消费量出现峰值，之后保持相对稳定略降的趋势。随着人口增长总体趋稳，预测人均动物性产品消费带来的饲料粮需求峰值，在很大程度上成为研判整个粮食需求形势的关键点。

开启农业农村现代化新征程，我国将经历"两个峰值"。一个是"人口峰值"，预计未来我国人口每年平均净增加300万人左右，到2028年前后达到14.3亿人口峰值。另一个是"城镇化率峰值",预计未来我国每年平均新增城镇人口1400万人左右,到2035年前后将迎来75%左右的城镇化率峰值。此后一个时期,我国还将迎来"粮食消费峰值",但这一峰值来临的时间既明显滞后于"人口峰值",人口数量继续增长带来消费总量增加,也将滞后于"城镇化率峰值"。在城镇化率峰值到来之前,人口规模保持相对稳定,居民食物消费升级带来人均消费水平提高,粮食消费总量继续增加。而且在城镇化率峰值之后,还存在一个户籍人口城镇化与常住人口城镇化的弥合进程,也会带动粮食消费增长。

当前的城镇化率是以常住人口为口径统计的,也就是说,如果一个人在一个地方居住超过6个月,就成为当地的常住人口,这意味着在我国2.9亿农民工中有相当规模人口被统计为城镇人口。事实上,目前我国常住人口城镇化率超过60%,而户籍人口城镇化率明显偏低(45%左右),两者存在15个百分点差距。到2035年城镇化率达到峰值之后,农民工市民化进程还将持续,仍存在户籍人口和常住人口城镇化率之间填平缺口的过程。在这一过程中,也贯穿着整个食物消费继续升级演进的进程,粮食需求还有较大的增长潜力。当然,粮食消费峰值的出现,与工业用粮发展趋势也有一定关系,还面临不确定性因素影响。总体来看,我国粮食消费总体上还将维持在巨量规模基础上持续增加的大趋势,预计在2035年之后很长一段时间才能出现峰值,并呈现稳中缓降的态势。也就是说,未来相当长时期内,我国粮食供求紧平衡格局依然不会改变,保障国家粮食安全的压力仍然巨大。

我国人口基数庞大,今后5～10年左右,中国人口仍将在庞大的基数上继续增长,总规模进入维持在14亿人口之上的平台期,将比1949年增加9亿人左右,由此带来的粮食需求规模也是长期的、巨大的。随着城乡居民收入水平不断提高,在未来很长一段时期内,将继续推动食物消费升级,导致转化类粮食消费持续增长。在城镇化过程中,大量农村人口将成为城市人口,饮食结构也会逐渐升级。城市化是由以农业为主的传统乡村社会向以工业和服务业为主的现代城市社会逐渐转变的历史过程。改革开放以来我国城镇化进程加快推进，特别是进入20世纪90年代中期以来，城镇化进程进一步提速，1978年我国城镇化率仅为17.92%，城镇人口大约是5765万人，2019年突破60%，城市常住人口数量接近8.5亿人，到2035年将达到并稳定在75%左右。大量农村人口随着工业化城镇化进程将会转化为城市人口，而粮食消费结构随着城市居民的增多，也将发生较大的变化。城市化导致人均直接消费的粮食减少，但对肉禽蛋奶等动物性食品的间接粮食消费需求将显著增加，这将使得饲料粮占粮食需求的比重大幅度上升。

按照联合国对生活水平的划分标准，恩格尔系数在60%以上是绝对贫困，50%～60%是勉强度日，40%～50%是小康水平，30%～40%是富裕，30%以下是最富裕。从收入水平与食物消费关系的演进阶段来看，在第一阶段当收入处于较低水平时，为解决温饱问题，消费以粮食为主；在第二阶段当收入跨越了第一阶段后，谷物、薯类所减少的份额逐步由畜产品替代，畜产品消费呈上升趋势；在第三阶段当恩格尔系数下降到一定程度时，畜产品消费稳定、停滞或减少。目前，我国食物消费正处在由第二阶段向第三阶段迈进的时期，未来10～15年，我国饲料粮需求在达到峰值之前仍将继续保持高位增长的趋势。

随着人口增长和生活水平的提高，粮食需求呈现出持续刚性增长的趋势。在消费领域，粮食的直接消费量将进一步下降。按照社会经济发展规律，一个地区人均国民收入达到1000美元以后，在粮食消费形态上代之而起的是食品加工和饲料用粮等间接粮食消费的急剧增加。我国人均国民收入已超过10000美元，目前人们的食品消费结构已经明显升级，粮食二次消费品增加，肉蛋奶等食品消费比例快速扩大。随着口粮消费持续平稳下降，饲料用粮和工业用粮消费需求的增长已经成为我国粮食消费需求增长的绝对主体，粮食消费规模和结构都发生了深刻的变化。

据调查，1995年，全国粮食消费需求总量为4.53亿吨左右，其中，居民口粮27427万吨，占粮食需求总量的61%，饲料用粮12913万吨，占粮食需求总量的28%，工业用粮3800万吨，占粮食需求总量的8%，种子用粮 1320 万吨，占粮食需求总量的 3%。到 2005 年，粮食总消费需求增加到 4.94 亿吨，其中，居民口粮 27107 万吨，占粮食需求总量的 55%，饲料用粮 15818 万吨，占粮食需求总量的 32%，工业用粮 5335 万吨，占粮食需求总量的 11%，种子用粮 1180 万吨，占粮食需求总量的 2%。据 2008 年发布的《国家粮食安全中长期规划纲要（2008—2020 年）》估计，2020 年全国粮食需求总量达到 5.725 亿吨，其中，居民口粮达到 24750 万吨，占粮食需求总量的 43%，饲料用粮 23550 万吨，占粮食需求总量的 41%，工业用粮及种子用粮等占粮食需求总量的 16%。

从实际情况看，随着人口数量高位增长、城镇化水平提高、居民收入快速增加，人们对食品的消费结构持续升级，粮食消费需求的增长速度远远超出了我们的预期。综合之前研究发现，对于未来我国粮食消费需求的预测，基本上都大幅低于实际消费规模。2020 年我国粮食产量超过 6.69 亿吨，进口量接近 1.43 亿吨，如果不考虑国内库存变化等因素，整个粮食的表观消费总量就达到 8.12 亿吨，大大高于当时预测的 5.725 亿吨。据 2014 年发布的《中国食物与营养发展纲要（2014—2020 年）》预测，到 2020 年全国粮食产量将稳定在 5.5 亿吨以上。按照当时的预想，5.5 亿吨的粮食产量满足国内消费需求应该是基本有保障的，但是消费总量却比预期多出 2.4 亿吨左右。从消费增长规律的一般性趋势来看，主要是饲料消费和工业消费这两大部分的快速增长超乎预期。据推算，当前的实际口粮消费比重已经大幅低于 43% 的预测值，可能在 35% 左右，而饲料消费比重高于 41% 的预测值，可能达到 44% 左右，除种子消费外，工业消费比重估计达 18%～20%。也就是说，目前，我国饲料消费已经超过口粮，成为粮食总消费需求的大头，饲料消费加上工业用粮占全部粮食消费的比重已经达到 60%～65%，粮食消费的快速增长也几乎全部来自这两部分。

由此也反映出，这些年来，尽管我国粮食生产连续高位攀升跨越新台阶，但供求紧平衡格局却越来越紧。究其原因，就是粮食消费需求的增长大幅高于国内产量的增长，而且是以超预期的速度在快速增加。这也充分说明，粮食稳价保供任务的艰巨程度是超乎想象的，当前粮食安全的好形势确实来之不易。实际上，保障国内粮食生产供给面临的挑战，远远超出了10多年前所能预测的范围。

尽管我国居民口粮直接消费已经开始出现下降，但消费量基本保持平稳，大致是一个平缓趋降的态势，近30年来仍大致维持在2.7亿～2.8亿吨区间。口粮消费的区域结构也发生明显变化。有的省市粮食调入量增加，流动人口增加是重要原因。现阶段全国农民工数量大约2.9亿人，其中外出农民工1.7亿人左右，跨省流动农民工数量占外出农民工比例达到40%～45%（超过7000万人），口粮消费区域结构和城乡结构发生了深刻调整。从1990年到2006年，农村人均口粮消费量下降了56.5公斤，下降幅度为21.5%，平均每年下降1.5个百分点，城镇居民人均口粮消费量下降了53.7公斤，下降幅度为41.1%，平均每年下降3.26个百分点，下降速度均大幅高于人口增长率，这也反映出我国城乡居民米面等口粮消费总量逐步减少的总体性趋势。尤其是，随着饲料和工业用粮等间接消费大幅增加，口粮消费比重明显趋于降低，1995年居民口粮的比重为61%，到2010年前后已经下降到50%以下，占粮食主体地位的格局发生了重大变化，目前进一步降至35%左右，未来还将进一步下降。另外，随着粮食产销格局变化，商品率持续提高，各地粮食流通"大进大出"形成了全国统一大市场。2018年全国粮食商品量增加到9205亿斤，比2005年翻了一番多，粮食商品率超过70%。农户存粮数量总体减少，总体上由"存稻谷小麦"转向"买大米面粉"或加工制成品。

饲料用粮已经成为推动粮食消费的主要因素。随着我国居民收入和生活水平的提高，人们对肉、蛋、奶类等粮食转化品的需求量越来越大，对畜牧业生产加快发展也提出了更高要求，饲料用粮需求总量大幅增加，消费比重逐步提高，大大改变了我国的粮食消费结构。从1990年到2003年，饲料粮需求量大幅跃升，1990年饲料粮需求量为7590万吨，到2003年增加到12840万吨，增加了69%，平均每年增加5个百分点；从人均消费水平来看，1990—2003年，饲料粮消费由66公斤/人增加到99公斤/人，增加了近50%，平均每年增加3.8个百分点。在饲料粮消费的构成中，玉米的比重从 1990 年的 80.7% 稳步上升到 2003 年的 87.3%，大米、小麦和其他谷物的比重分别从 1990 年的 11.7%、3.3% 和 4.3% 下降到 2003 年的 7.1%、2% 和 3.6%。[①]

自 2008 年东北玉米临时收储政策开始启动，进口、生产和库存"三量齐增"，到 2016 年临时收储制度取消后，优结构、调生产、去库存"多措并举"，再到 2020 年玉米政策性库存消化基本清零见底，社会预期悄然发生改变，国内玉米供求关系也从相对宽松转向"偏紧平衡"格局。前一个时期，随着生猪生产发展稳定恢复，饲料需求持续增加，玉米产需缺口进一步扩大，供求紧平衡状态引起各方高度关注。过去 5 年，全国玉米播种面积和产量出现下降，2020 年 6.19 亿亩、产量 2.61 亿吨，分别比 2015 年减少 5556.6 万亩、432.2 万吨，连年形成的产需缺口也在逐步累积。前一段时间，企业和农户主动存粮意识明显增强，大量玉米从种粮农民手中转移到中间渠道，政策性临储库存拍卖在保障正常消费的同时，企业库存需求也大大增加，在中间环节形成"堰塞湖"。其中有不少粮食没有直达终端消费，在特定时段内由"不合理需求"转为"无效供给"。部分贸易商囤粮待价而沽，强化了市场紧张预期，进一步加剧了供求紧平衡态势。

在历史上，富商大贾伺机大量囤积粮食，操纵价格暴涨暴跌从中渔利，阻碍粮食正常流通，类似现象并不鲜见。清朝康熙曾屡下诏令严禁囤积粮食，"如有富豪人等将市米囤积者，即令在囤积之处，照时价发粜，不许囤积，违者以光棍例治罪"[②]。新中国成立前后，粮食自由购销、供应紧张，私商大量投机贩运粮食有机可乘。新生的人民政权采取了一系列宏观调控措施，取缔了投机活动。

在城市化持续推进过程中，今后相当长的时期内，农村居民和城镇居民对肉蛋奶等动物性农产品的消费需求仍会有较大增长。目前我国城乡居

[①] 王健、陆文聪：《市场化、国家化背景下中国粮食安全分析及对策研究》，浙江大学出版社 2007 年版。因统计口径不同，数据存在一定差异，但是不影响对饲料粮变化趋势的反映。

[②] 《清康熙实录》卷 238，中华书局 1985 年版。

民的日蛋白质摄入量与发达国家相比还存在不小差距，现阶段饲料粮较快的增长趋势还将继续，这也是拉动我国粮食消费增长的主要动力之一。在粮食供求紧平衡格局下，特别是玉米、大豆等饲料粮的保供压力将进一步加大。

从饲料替代消费看，实际上，小麦不仅所含能量与玉米相当而且蛋白含量更高，在饲用消费中具有较强的替代性，替代程度主要取决于性价比是否合理。目前，全球玉米产量的64%、小麦产量的18%以上被用作饲料，欧盟小麦产量的30%左右用于饲料。随着我国农产品市场化程度不断提高，以及供求形势的阶段性变化，不同粮食品种价格波动性也相应增强，一旦比价关系发生逆转，就容易引致饲料消费结构的改变。在正常情况下，小麦价格常年高于玉米，饲用替代消费约1000万吨。据测算，如果我国玉米和小麦价差缩小到每吨100元左右，小麦替代玉米用作饲料就会具有性价比优势。2011—2012年小麦饲用消费曾达到2400～3000万吨的历史高位，约占当年小麦产量的20%～25%。

尤其是2020年以来，受玉米供求形势偏紧、全球新冠肺炎疫情、资本投机炒作以及市场主体预期看涨等因素叠加影响，国内玉米市场价格持续攀升，小麦和玉米比价开始低于替代临界值，并出现了价格"倒挂"现象，玉米价格已经普遍高于小麦。随着粮食比价关系发生逆转，小麦饲用经济价值明显高于玉米，且具有耐储存特性，越来越多的养殖企业愿意采购小麦替代玉米满足饲料消费。如果这一形势延续下去，预计小麦替代玉米饲用消费有可能超过3000万吨，约占小麦产量的14%左右（仍低于全球18%的平均水平），稻谷替代玉米饲用消费也将明显增加。在这种情况下，需要统筹权衡、综合施策、拿捏好度，把握好城乡居民口粮、饲料用粮和工业用粮保障优先序，使粮价保持在合理区间波动，有保有压保障供求结构平衡。一方面，要适当提高市场价格波动的容忍度，发挥好市场价格信号对增加粮食生产的引导作用，防止过度打压市场价格对稳定恢复发展生产形成抑制。另一方面，要加强玉米和口粮消费联动调控，防止饲料替代消费向口粮消费传导引发价格"跟风"上涨，避免饲料价格大幅上涨向畜牧养殖业过度传导，确保饲料"不与人争粮"。

粮食需求更大的压力来自加工用粮的迅速增长，工业用粮超过了饲料用粮的增长速度。近十多年来，全球范围内化石能源供应趋紧，生物质能源迅速发展，以玉米淀粉、乙醇及其衍生产品为代表的玉米深加工业①不断扩张，成为拉动粮食需求的重要动力。玉米加工产品逐渐由传统的初级产品淀粉、酒精向精深加工扩展，氨基酸、有机酸、多元醇、淀粉糖和酶制剂等产品所占比重不断扩大，产业链不断延长。玉米是最主要的饲料原料，深加工业过度发展将会挤占饲料玉米的正常供应，进而可能影响到肉禽蛋奶等居民生活必需品的正常供应。玉米深加工产业主要集中在产区，主要调出省份外调原粮数量减少。2006年，8个玉米产区（黑龙江、吉林、辽宁、内蒙古、山东、河北、河南和安徽）深加工消耗玉米量合计2965万吨，占全国深加工玉米消耗总量的82.6%。部分主产区玉米深加工项目低水平重复建设现象严重，一些产区已经出现加工能力过快扩张、原料紧张的倾向。2005年东北地区粮食外运量为5500万吨，约占产量的44%；2006年虽有陈粮销售支撑，但是东北地区粮食外运量仍下降至4600万吨，而其中主要的下降动力就来自玉米，玉米的调出量已经由原来的1000多万吨下降至目前的100多万吨。②

进入21世纪以来，我国对粮食特别是玉米的需求量大增，以粮食为原料的深加工业迅速扩张，国内玉米精深加工发展很快。2004—2006年我

---

① 玉米深加工产业是指以玉米初加工产品为原料或直接以玉米为原料，利用生物酶制剂催化转化技术、微生物发酵技术等现代生物工程技术并辅以物理、化学方法，进一步进行加工转化的工业。玉米深加工产品主要有四类：一是发酵制品，包括氨基酸（味精、饲料用赖氨酸、苯丙氨酸、苏氨酸、精氨酸）、强力鲜味剂（肌苷酸、鸟苷酸）、有机酸（柠檬酸、乳酸、衣康酸等）、酶制剂、酵母（食用、饲用）、功能食品等；二是淀粉糖，包括葡萄糖（浆）、麦芽糖（浆）、糊精、高果葡糖浆、啤酒用糖浆、功能性低聚糖（低聚果糖、低聚木糖、低聚异麦芽糖）；三是多元醇，包括山梨糖醇、木糖醇、麦芽糖醇、甘露糖醇、低聚异麦芽糖醇、乙二醇、环氧乙烷、丙二醇等；四是酒精类产品，包括食用酒精、工业酒精、燃料乙醇等。

② 《东北玉米加工发展对粮食供求的影响》，商务部网站，2006年12月26日。

国深加工消耗玉米由 1650 万吨提高到 3598 万吨，年均增长 29.5%，远高于玉米产量 7.9% 的平均增长速度。截至 2008 年前，我国东北三省建成和在建的玉米加工能力在 3500 多万吨，而这三省实际玉米产量也只有 3800 万吨。按照当时这种玉米加工业发展的势头，玉米调出量占全国 80% 的东北三省，将很快面临无玉米可调出的问题。[①] 到 2004 年底前，国家确定的 3 个变性燃料酒精生产试点项目相继投产，总产能超过 100 万吨，新增工业用粮 300 万吨。与 2001—2002 年度相比，2005—2006 年度酒精用玉米（工业用酒精、食用酒精、燃料乙醇）数量增长 95%，淀粉用玉米增长 62%，饲料用玉米只增长 5%。

我国燃料乙醇产业起步较晚，但发展较为迅速。2000 年我国决定将燃料乙醇的开发生产、使用列入"十五"计划。最初，我国的燃料乙醇生产主要是消化陈化粮玉米和小麦等。近年来陈化粮彻底退出历史，随着燃料乙醇产业在国内的快速增长，生产乙醇燃料的原料逐渐转向以玉米为主。截至 2006 年，我国已经批准建设四家定点乙醇燃料企业，分别是吉林乙醇燃料有限责任公司、黑龙江华润酒精有限公司、河南天冠集团和安徽丰原生物化学股份有限公司，其中有两家企业在东北地区。据不完全统计，东北三省乙醇燃料消耗玉米量从 2003—2004 年度的 200 万吨增加到 2005—2006 年度的 427 万吨，增长了一倍多。"十五"期间，我国玉米深加工产能增长幅度超过玉米产量增长水平。我国玉米深加工转化消耗玉米数量累计增长 94%，年均增长 14%；而同期玉米产量仅增长了 31%，年均增长率仅为 4.2%，远低于工业加工产能扩张的速度[②]。

可见，工业用粮消费发展空间是很大的，但这种较快增长的趋势在一定时期内会得到一定程度的控制，这既有原料价格上涨的市场调节原因，也有政府出于保口粮和饲料用粮的调控因素。比如，2005 年我国工业用粮已经达到 5335 万吨，比 2000 年增长了 18.2%，比 1995 年增长了 40.4%，

---

① 国务院发展研究中心:《调查研究报告》，第 39 号（总 3151 号），2008 年 3 月 31 日。
② 国家发展改革委:《关于促进玉米深加工业健康发展的指导意见》，2007 年 9 月。

2007年工业用粮总量约为6500万吨，占粮食需求总量的13%。当时，各地建设燃料乙醇项目的热情空前高涨，一些地区存在产业过热倾向和盲目发展势头，以生物燃料乙醇或非粮生物液体燃料等名目提出的意向建设生产能力达到千万吨量级。为加强生物燃料乙醇项目建设管理，维护粮食市场和价格基本稳定，2006年12月，国家发改委等部门先后发布《关于加强玉米加工项目建设管理的紧急通知》《关于加强生物燃料乙醇项目建设管理促进产业健康发展的通知》，要求严格市场准入标准与政策，严格项目建设管理与核准，立即暂停核准和备案玉米加工项目，并对在建和拟建项目进行全面清理，从战略上统一筹划并正确引导生物燃料乙醇产业发展，坚持"非粮为主"原则，重点支持以薯类、甜高粱及纤维资源等非粮原料产业发展。遵循"不与人争粮、不与粮争地"的原则，优先保障居民口粮和饲料用粮供给，2008年国家开始严格控制深加工消耗玉米数量，由玉米作为主要原料转为支持发展以木薯、红薯、甜高粱等非粮作物生产燃料乙醇，我国玉米深加工业盲目过快扩张的势头得到了阶段性遏制。

随着粮食供需形势进一步发生变化，2017年9月，国家发改委等15部门联合印发《关于扩大生物燃料乙醇生产和推广使用车用乙醇汽油的实施方案》，提出在全国范围内推广使用车用乙醇汽油，逐步实现全覆盖。目前，国内已建成7家生物质乙醇生产企业，包括中粮肇东、吉林燃料乙醇、中粮安徽丰原、中粮广西、河南天冠、中兴能源、山东龙力，封闭推广地区覆盖河南、安徽、黑龙江、吉林、辽宁、内蒙古等省份。目前，我国生物燃料乙醇生产原料8成以上来自玉米，而纤维质乙醇和煤制乙醇两类非粮化生产方式发展还不充分。总体来看，现阶段燃料乙醇发展既面临市场机遇，更面临现实困惑。"汽车不能与人畜争粮争地"，国家根据粮食供求形势变化，必须对粮食燃料乙醇规模采取相机调控粮食政策，在特定阶段必然严控玉米用于生产燃料乙醇，而在口粮和饲料用粮优先保障导向下，产业通过"迂回发展"发挥蓄水池调控作用也是必然的。未来生物燃料乙醇产业发展的关键在于，统筹考量国内粮食形势和国际贸易等因素，在战略上确立产业发展思路，摆脱过度依赖粮食原料，着眼长远优化调整技术主攻方向和路线，强化非粮燃料乙醇技术的创新实践应用，否则这一产业将难以迈上大规模持续健康发展之路。

从长期看，由于粮食价格相对低廉，而且加工用途广泛，随着石油和煤炭等不可再生能源的日趋短缺，酿酒、医药、燃料等行业扩大粮食消费规模的趋势难以改变。随着科技进步和粮食加工技术的不断革新，食品加工行业等对原料用粮的消费也会进一步增加。如果我们在前述基础上，再把时间拉长一点，玉米工业消费这种迅猛增长的趋势更为明显。2000年全国玉米产量1.06亿吨，经过持续不懈的艰苦努力，到2020年增加到2.65亿吨，是20年前的1.5倍。但与之相比，2000年我国玉米深加工消费为850万吨，到2020年估计已达8200万吨，大约是20年前的10倍。从2020年玉米深加工消费结构来看，估计淀粉产品消耗玉米2000万吨、发酵制品4000～5000万吨、酒精产品1500～2000万吨（其中燃料乙醇600万吨），当年玉米深加工消费总量大致在7500～9000万吨。由此，2020年仅玉米深加工消费一项，就占到2000年全国玉米产量的70%～85%，无论消费规模还是增长速度都是非常巨大的。另外，近几年油脂工业生产能力急剧提高，对大豆的消费需求迅速增长，2020年我国大豆进口超过1亿吨，几乎全部用于压榨消费，而2001年大豆进口只有1394万吨，近20年增长了6倍多。从城乡居民对食用植物油需求情况看，城市居民消费水平趋于稳定，农村居民还有较大的上升空间。今后一段时期，油脂工业对大豆需求仍将在高水平之上持续稳定增长。

种子用粮需求比重较小，数量也相对比较稳定。从长期看，随着良种普及率提高和作物栽培技术不断更新，以及耕作和种子加工技术的不断进步，平均每亩种子用粮数量将呈稳中略减的趋势，基本维持在1100万吨左右。

如前所述，2020年我国粮食产量超过6.69亿吨，进口量接近1.43亿吨，如果不考虑国内库存变化等因素，全国粮食表观消费总量就达到8.12亿吨。未来15年，预计粮食消费规模总体仍处于持续攀升期，但增速将可能明显趋缓。如果按照每年平均增长300万吨测算，2035年粮食消费需求将达到8.57亿吨；如果按照每年平均增长500万吨测算，2035年粮食消费需求将达到 8.87 亿吨。当然，这只是对未来粮食消费前景作出的趋势推演，在实际发展过程中，受工业用粮、肉类进口增长趋势不确定性等各种因素的影响，可能会出现一定程度的波动。

总体来看，随着人口增加、收入水平提高和消费结构升级，我国粮食需求尤其是饲料用粮需求仍将保持增长态势，同时粮食损耗浪费也不容忽视。如果这种趋势继续发展，到 2035 年，我国粮食消费需求总量将极有可能跨入 8.5 亿吨以上区间，之后将逐渐趋于稳定并迎来峰值。这对持续抓紧抓实国内粮食生产、适度扩大进口供给，都提出了新的更高要求。综合考虑今后粮食需求总量的增加趋势和消费结构的演进规律，未来提高粮食生产能力，稳定拓宽多元进口渠道，确保我国粮食供给安全，仍将是一项长期艰巨的任务，决不能掉以轻心。

第三节 崇农爱粮节约减损

——"丰年不忘歉年""温饱不忘饥寒"

食物损耗和浪费①是世界各国普遍面临的问题,一直广受关注。联合国粮农组织(FAO)报告显示,全球范围内供人类食用的食物中,每年在生产和消费过程中损耗或浪费的数量达到13亿吨,约占食物供给量的1/3,包括谷物、肉类、乳制品、蔬菜和水果等,经济损失超过1万亿美元。全球粮食系统总能源消耗的38%,被用于生产损失或浪费掉的粮食。

在不同经济发展阶段,食物损耗和浪费在整个食品链中的分布情况不同,世界不同国家和地区之间具有明显的差异性。联合国粮农组织报告指出,欧洲和北美人均粮食损失和浪费最高,人均每年280～300公斤,撒哈拉以南非洲和南亚、东南亚人均粮食损失和浪费较低,人均每年120～170公斤②。发展中国家的问题更多是供给端的食物损耗,受收获、储藏、加工、物流等科技和设施等因素制约,造成很多食物在供应链上就损失掉了,主要表现为有效供给量的减少。据美联社报道,发展中国家有23%的易腐烂食品因冷藏不当而被损失,而发达国家这一比例仅

---

① 据联合国粮农组织(FAO)定义,原始农产品分为食品和非食品,而食品又分为可食用和不可食用部分,食物损失与浪费是指,在食品链从收获到消费所有环节中,无论因何种原因原本供人类食用的食物出现的数量减少。其中,食物损失是指在食品链消费层面之前各环节中,无论因何种原因原本供人类食用的食物出现的数量减少;食物浪费是指在消费层面,无论因何种原因原本供人类食用的食物被丢弃或任由产品变质。

② 世界粮食安全委员会粮食安全和营养高级别专家组:《可持续粮食系统背景下粮食损失与浪费》,2014年。

为9%。相比之下，发达国家的问题更多是需求端的食物浪费，受消费习惯、经济社会、地域文化和法规制度等因素影响，很多食物被丢弃，没有得到充分利用，主要表现为无效需求量的增加。据美国农业部数据，美国30%~40%的食物被浪费，其中31%集中在零售和消费环节。美国食物浪费问题严重，食物浪费量是东南亚或撒哈拉以南非洲国家的10倍。全球约70%的淡水资源用于农业生产，水土资源面临的压力也越来越大，每年因浪费食物造成的温室气体排放约占全球温室气体排放量的8%。

联合国粮农组织（FAO）研究表明，如果将损耗浪费粮食的1/4节约下来，在供给量上就可解决全球饥饿问题。减少食物损失和浪费，不仅可以缓解全球粮食供求矛盾，带来直接经济效益，也能够减轻土地和水资源承载压力，减少温室气体排放应对气候变化。2015年，联合国可持续发展峰会通过的《改变我们的世界——2030年可持续发展议程》设定了减少粮食损失和浪费的战略目标，到2030年将零售和消费环节的全球人均粮食浪费减半，减少生产和供应环节的粮食损失。法国2016年出台全球首个《反食物浪费法》，欧盟2018年修订《废物法》减少食物废弃，日本2019年通过《食物浪费削减推进法案》，美国2019年推出《食品日期标签法案》，并建立了食品回收体系。尽管世界多国已经制定了2030年前食物浪费减少50%的目标，但目前绝大多数国家与实现这一目标相比还有很大差距。

我国粮食从田间到餐桌的全产业链中，在生产、收获、储存、加工、运输、消费等各个环节都存在着不同程度的损失和浪费。在粮食供求紧平衡格局下，全产业链各环节的损耗浪费更是加剧了粮食供求压力。联合国粮农组织（FAO）估计，中国每年在收割、运输、储备、加工过程中损失的粮食超过6%，除产后损耗以外，粮食消费环节的浪费尤为严重。据研究估算，我国在生产、仓储（含农户储粮和城镇家庭储粮）、运输、加工（含深加工、饲料、工业用粮加工等）、餐饮及家庭消费等诸多环节，造成损耗浪费合计达1~1.3亿吨，是目前全国粮食产量的15%~20%，明显好于世界平均水平。但即使如此，我国每年仅损耗浪费的粮食数量，就相当于荒废了3亿亩左右的种植面积，大致与两个河南省的粮食面积和产量差不多。这一规模是相当惊人的，也反映出我们减少粮食损失浪费的潜力是非常巨大的。

一是在田间收获环节，我国积极推动主要农作物全程机械化，三大粮食作物生产已基本实现机械化，收获减损能力逐步提高，收获机械在损失率性能方面基本过关。但土地细碎、机耕道窄影响机械化作业等问题长期存在，如遇自然灾害出现大面积倒伏等情况，容易造成收获损失较高。机械稳定性不高、操作技术不好、服务作业超载等问题仍然存在，产地烘干设施不足，收获期间一旦出现连阴雨，容易发生霉变或发芽，造成丰产难以到手，在很大程度上也造成产后损失。近年来，我国小麦、水稻、玉米的机收水平已分别达到96%、93%和77%，机收作业损失率平均在2%以上。据此估计，我国粮食产后田间损失大致在1300～1700万吨。

二是在加工转化环节，由于成品粮过度加工和片面追求精度，既造成出品转化率降低，也导致营养成分损失，不利于健康饮食消费，每年因此造成损失达700～800万吨。由于不少消费者喜欢精细白大米，有些企业每加工100斤稻谷只产出50斤左右的大米，出米率大幅低于70%左右的正常出米率。据中国粮食行业协会测算，以20%的大米被过度加工成特制米为例，我国每年就损失大米约400万吨，相当于2000多万人一年的口粮，如果任由精制米市场份额持续扩张，大米损耗量最高将达到2000万吨，相当于1.3亿人一年的口粮，接近4000万亩农田一年的产量。不仅如此，每年粮食加工产生稻壳、麦麸等加工副产物有5.8亿吨，平均利用率不到40%，也造成较大的原粮辅料资源浪费。

三是在仓储库存环节，农户存粮"量大面广"，而且科学储粮意识不强、储备条件差、缺乏储备技术，储粮损失率在8%～10%。按照农户储粮比例占全国粮食产量20%～30%测算，每年由此造成的损失达1300～2000万吨。受仓储设施老化陈旧和库存调运轮换等因素影响，企业库存也存在一定程度的损失，但损失率要明显低于农户储粮水平。

四是在物流运输环节，随着粮食商品化程度快速提高，全国粮食物流总量已经达到4.8亿吨，其中跨省物流量2.3亿吨，是21世纪初期的2.3倍。

但我国粮食现代物流发展还比较落后,现代化散粮运输比例只占25%左右。大多数粮食运输沿袭传统的包粮运输方式,其间经过多次包装、多次拆卸、多次转运,"抛洒遗漏"损失较为普遍,平均撒漏率约5%,与国家规定的2.5%的损耗要求差距很大。据此测算,如果仅考虑跨省运输因素,每年在物流环节损失的粮食就超过700~1100万吨。

五是在餐饮浪费环节,我国城市餐饮每年食物浪费总量约1800万吨,城市餐饮业食物浪费率约为12%,中小学食物浪费率达22%,有的地方宴席和自助餐等浪费率高达40%以上。城乡居民家庭造成的食物浪费率接近10%,主要表现为多做少吃剩洒等,每年食物浪费总量达1500万吨左右。另据专家测算,我国食物浪费数量在很大程度上被低估了,每年浪费的食物折成粮食约达6000万吨,占全国粮食总产量的9%。从世界发达国家情况看,尽管粮食产后损耗比例低于发展中国家,但食物浪费数量仍然较为严重。

"谁知盘中餐,粒粒皆辛苦","一粥一饭,当思来之不易"。自古以来,崇尚勤俭节约一直是中华民族的传统美德与优良家风。在资源和环境双重约束下,粮食持续稳产增产的压力越来越大。我们不能前面"大水大肥"抓粮食夺丰收,加大农田投入、消耗水土资源,加剧生态资源压力,后面"大吃大喝"搞浪费高损耗,增加不合理消费,加剧粮食供需矛盾,这种现象必须切实加以改变。厉行节约,科学减损,就相当于绿色增产,开发了"无形良田",增加了食物有效供给、降低了无效需求。如前所述,我国在2015—2019年这5年间平均进口的植物性农产品(除肉类和奶类外),相当于每年在境外使用了9.3亿亩的播种面积,同期我国农作物5年平均播种面积25亿亩左右,折合我国每年消费了大约34.3亿亩的播种面积,由此测算我国农产品自给率为73%。如果我们在遏制浪费降低损耗上下大力气,力争将粮食损耗浪费数量减少一半,就相当于我国农产品自给率提高4~5个百分点,这对缓解粮食供需紧平衡格局、保障国家粮食安全的贡献无疑是非常巨大的。可以算一笔账,按我国现有14亿人口计算,如果每人每年浪费1斤粮食和1斤食用油,总共就是14亿斤粮食和14亿斤食用油,反过来讲,如果我们都能从点滴做起,每人每年在合理消费的基础上再节约1斤粮食和1斤油,又是14亿斤粮食和14亿斤油,两者相加是28亿斤粮食和28亿斤油,就相当于开发良田约1400万亩,远高于2010—2020年这10年间我国粮食播种面积年均761万亩的增加量。

"丰年不忘灾年","温饱不忘饥寒"。党中央、国务院高度重视厉行节约和反对粮食浪费。2013年1月,习近平总书记就作出重要指示,要求厉行节约、反对浪费,扎实培养学生勤俭节约的良好美德。同年12月,习近平总书记在中央农村工作会议上强调,"节约粮食要从娃娃抓起",要"从餐桌抓起","从每个家庭抓起","注重解决粮食在收储、销售、加工过程中的浪费"。2020年8月,习近平总书记再次强调,尽管我国粮食生产连年丰收,对粮食安全还是始终要有危机意识。要坚决制止餐饮浪费行为,切实培养节约习惯,在全社会营造浪费可耻、节约为荣的氛围。开展粮食节约行动,减少损失浪费,绝不是基于短期粮食产需形势变化作出的权宜之计,而是在实施新型国家粮食安全战略框架下需要开展的长期工作,彰显了党中央一贯厉行节约、反对浪费的鲜明态度和坚定决心,必须常抓不懈、落细落小、落地见效。

近年来,国家就食物损耗浪费问题专门印发文件,采取一系列鼓励节约、遏制浪费和减少损耗的政策举措,取得了显著进展。各地区各部门联动协作推动落实,全社会统一认识宣传教育,减少粮食损耗浪费工作正全面推向深入。2009年,我国开始实施农户科学储粮专项行动,改善主产区农户储粮条件,减少粮食产后损失。2010年,国办印发了《关于进一步加强节约粮食反对浪费工作的通知》;2013年,我国发起倡导节约的"光盘行动";2014年,中办国办印发《关于厉行节约反对食品浪费的意见》;2016年,我国发布《中国落实2030年可持续发展议程国别方案》,其中包括为落实"到2030年,将零售和消费环节的全球人均粮食浪费减半,减少生产和供应环节的粮食损失"而采取的相关行动;2019年,我国发布《中国的粮食安全》白皮书,进一步阐述倡导节粮减损的政策主张;2021年年初,党中央发出一号文件,明确提出"开展粮食节约行动,减少生产、流通、加工、存储、消费环节粮食损耗浪费";4月,《反食品浪费法》颁布实施,以法律法规形式规范消费者和餐饮行业行为，节约资源保护环境，促进经济社会可持续发展。

2021年9月，习近平主席向国际粮食减损大会致贺信，呼吁各方携手合作推动粮食减损，为实现"零饥饿""零贫困"目标贡献力量。此次国际粮食减损大会的召开恰逢其时，聚焦"减少粮食损失浪费，促进世界粮食安全"主题，探讨国际粮食减损挑战、合作、责任和治理等重大议题，发布了《国际粮食减损大会济南倡议》和《山东粮食减损行动方案》，彰显了中国反对粮食浪费的信心决心和促进世界粮食安全的责任担当，具有重要的现实意义和战略意义。2021年10月，中办、国办印发《粮食节约行动方案》，提出到2025年，粮食全产业链各环节节粮减损举措更加硬化实化细化，推动节粮减损取得更加明显成效，节粮减损制度体系、标准体系和监测体系基本建立，常态长效治理机制基本健全。

目前，我国农作物耕种收综合机械化水平超过70%，主要粮食产区基本实现农业机械化，一批绿色防控技术和药剂逐步推广应用，为全国范围内粮食减少损耗浪费提供了有力科技支撑。在流通环节，攻克了一系列粮食储藏保质、虫霉防治和减损降耗关键技术难题，系统性解决了"北粮南运"散粮集装箱运输成套应用技术问题，一批安全储粮、营养健康、加工转化、现代物流等领域科研成果也得到广泛应用。与此同时，全社会浪费可耻、节约为荣的氛围正在形成，节约粮食意识日益深入人心，并逐步成为全社会的自觉行动。

中国深入开展粮食节约行动，对保障国家粮食安全、弘扬传统美德、缓解资源环境压力具有重要意义，也可为世界其他国家和地区提供经验借鉴。下一步，要建章立制、宣传引导、持续推动，重点聚焦"降低粮食产后损耗"强化科技支撑，紧紧围绕"倡导健康消费观念"营造舆论氛围，采取针对性、操作性和指导性强的一系列措施，实现短期举措和长效机制协同推进，加强有效供给和合理消费同步调控，确保环环相扣、久久为功。一要加快建立健全法规制度、标准体系，深入贯彻落实《反食品浪费法》，将节粮减损作为重要内容，在执法层面遏制浪费行为，完善相关配套支持政策。二要加快推进农业机械化全程全面发展，科学制定农机作业流程规范，加快构建标准化、区域化、规模化的粮食机械化收获模式，减少产后收获环节的损失。三要加快实施绿色仓储提升行动，积极推广运用绿色环保、智能实用的仓储新技术新设备，实现粮食储存高品质高效益、低污染低损耗。普及推广经济适用、防虫防霉储粮新装具新技术，切实减少农户储粮损失。四要加强节粮减损技术改造，推广节粮节能降耗工艺技术和设备，推进粮食资源科学高效利用。严控粮食过度加工，鼓励引导企业科学适度加工，制定粮食加工精度规范标准，从供给端引领健康消费饮食，减少粮食流通环节的损失损耗。五要加快完善现代粮食物流体系，全面加强粮食物流主要通道、重点路线和节点能力建设，提升粮食"四散化"（散装、散运、散储、散卸）程度，提高运输组织化、规范化、标准化水平和物流效率，适应粮食跨省域"大进大出"大流通格局。大力发展现代冷链物流产业，建设全程化全封闭的冷链物流体系。六要建立遏制"舌尖上的浪费"长效机制，积极推行简餐和标准化饮食以及自助用餐适量取餐，倡导适量、节俭、健康的消费方式，减少餐桌上的浪费。七要深入开展宣传教育活动，充分利用"世界粮食日""全国爱粮节粮宣传周"等平台，倡导健康消费观念，增强勤俭节约、爱粮节粮意识，引导形成科学合理的膳食结构，抑制不合理消费需求，全面营造浪费可耻、节约为荣的社会氛围，逐步将"敬惜粮食"从认识上转化为全社会的集体自觉行为。同时，积极宣传粮食安全持续向好形势，加强粮食安全信息监测引导，防止引发社会"缺粮"误读和预期炒作，确保涉粮舆论平稳有序。

第八章

粮食强国之路

第八章 粮食强国之路

自新中国成立以来,解决人民吃饭问题就始终成为我国治国安邦的首要任务。经过几代人的艰苦努力,我国在农业基础十分薄弱、人民生活极端贫困的基础上,用不足全球 1/10 的耕地、1/15 的淡水资源,养活了世界近 1/5 的人口,彻底告别了百姓食不果腹和粮食长期短缺的历史,牢牢端稳了 14 亿中国人的饭碗。人民生活质量和营养水平显著提升,实现了由"吃不饱"到"吃得饱"进而转向"吃得好"的历史性转变。时至今日,我国粮食产量稳居世界第一,谷物产量比美国高出 40% 以上,包括大豆在内的粮食总产量比美国高 20% 以上。全国人均粮食占有量已经达到 474.2 公斤,比新中国成立初期翻了一番多,也大幅高于国际人均 400 公斤的谷物安全标准线,粮食安全取得了举世瞩目的伟大成就。放眼全球,我国已是世界粮食大国,但距离建成粮食强国还有很长的道路要走。与发达国家相比,我国粮食信息发布系统建设尚处于追赶阶段,在粮食"大数据"信息整合共享和全球信息掌控方面仍然较为滞后,大宗农产品定价缺乏话语权的局面尚未得到根本改变,与世界粮食贸易大国地位还很不相称。尤其是对全球粮食治理体系包括制定国际贸易规则、市场规则的参与度有待进一步提升,农产品期货对外开放程度和国际影响力仍待增强,国际大粮商的培育壮大依然任重道远,农业"走出去"还缺乏强有力的支撑载体,在全球农产品加工、仓储、物流等产业链关键环节上存在明显短板。展望未来,要正视差距,借鉴吸收发达国家经验,抢抓战略机遇期,瞄准重点领域关键环节补短板强弱项,加快推进由世界粮食大国向世界粮食强国迈进。

第一节 粮食安全信息系统

——联合国粮农组织和美国的经验

鉴于我国的基本国情以及错综复杂的国际形势,从整体上把握粮食安全的发展趋向,根据不同社会经济条件下粮食供求的规律,适应国家粮食与农业领域宏观管理现代化与决策科学化的需要,建立健全符合我国国情的粮食安全预警系统,进一步解决好粮食安全与社会经济发展的关系是非常必要的。

粮食安全预警工作的开展在世界范围内受到普遍重视。早在1975年,联合国粮农组织(FAO)就已经建立了"全球粮食和农业信息及预警系统"(GIEWS),对全球粮食情况进行持续考察和评估,定期发布世界粮食安全预警情况,预测世界作物前景与粮食形势,监测全球粮食价格,对存在潜在粮食危机的国家提供早期预警,及时提供未来粮食展望信息。1991年7月,FAO召开了"加强亚太地区国家早期预警和食物信息系统"的工作会议。印度曾在美国农业部(USDA)的帮助下建立了一个耗资100万美元的粮食预警系统。中国过去主要进行了部门性的预测预报工作,如原农业部和中国农业科学院等有关部门所进行的粮食和农业发展趋势的年度定期预测和较为系统的中长期发展预测,中国人民大学于1992—1994年间发布了农业经济预警研究报告,1996年原农业部市场信息司受FAO委托就中国粮食安全预警及其组织机构与职能运作进行了分析研究。1997—2000年,中国农业科学院农业信息研究所受国家自然科学基金委员会委托主持的"九五"重点项目"粮食与食物安全早期预警系统研究",提出了我国粮食与食物安全预警原型系统,对我国食物安全状况进行了预警分析和判断。通过建立健全粮食安全预警系统，可以从整体上动态研判粮食安全基本走势，并根据相关动态预警指标的变化对我国粮食安全的潜在风险提前预警预报，为政府决策提供较为准确可靠的预测信息，为采取紧急调控措施以及设计中长期粮食安全框架提供科学依据，以实现有效保障国家粮食安全的目标。

正由于粮食安全问题的系统性、复杂性和动态性，对于粮食安全问题的认识还有待于进一步深化，如我国粮食安全状况到底处于什么程度？粮食安全面临哪些近忧远虑和机遇挑战？粮食安全很难用某一个指标来反映和衡量，很多专家学者一直在探索更为科学、更为有效的度量方法，但目前国际上尚没有公认的粮食安全评价指标和测度方法，粮食安全预警机制还有待继续攻关研究。如何科学确定我国粮食安全的预警指标体系，构建符合我国国情的粮食安全预警模型，进一步提出我国粮食安全的保障体系意义重大，势在必行。随着国家经济管理职能的转变以及粮食安全面临的新情况，准确判断目前国家粮食安全的形势，完善监测指标体系，建立健全我国粮食安全预警机制，是适应农业领域宏观调控现代化与决策科学化的战略要求。因此，如何全面系统地认识粮食安全问题，实证分析粮食安全面临的近忧远虑，客观衡量粮食安全的程度，如何在早期对粮食安全进行有效预测，建立科学的粮食安全预警机制，无疑都具有十分重要的理论价值和政策价值。

近年来我国粮食安全在信息基础设施、现代技术应用和统计服务等方面取得积极进展，但与全球农业大国和贸易大国地位相比，我国在数据获取、监测预警、信息发布和贸易话语权方面仍然较为滞后。全球新冠肺炎疫情爆发以来，全面准确把握国际国内粮食供求形势的重要性进一步凸显。新形势下，我国迫切需要加快粮食安全信息系统建设，建立起覆盖国际国内主要粮食品种，促进粮食生产、流通、贸易到终端消费全产业链条信息共建共享、互联互通、协作协同，打造粮食大数据平台和监测预警体系，为实施新型国家粮食安全战略提供科学的决策依据，为实现农业农村现代化提供有力的基础支撑。

从国际经验看，粮食安全信息系统是基于大数据资源库，以现代信息技术为支撑、以信息分析预警为重点、以信息发布和服务为主导，由专门机构管理运维的宏观系统。其主要功能涵盖统计分析、监测预警、信息发布、应急保障和宏观调控等重要模块，基本目标是通过全产业链监测预警以及分析展望和信息服务，统筹实现粮食供求总量和结构、国内和国外、当前和长远的动态管理和科学决策，以信息化驱动引领粮食安全治理能力现代化。

以联合国粮农组织的粮食安全信息系统为例。联合国粮农组织（FAO）是全球粮食安全信息收集、整理和发布的"中枢系统"，重点围绕数据标准、数据收集、系统建设和数据传播，强化粮食安全信息系统建设。FAO专门成立首席统计师办公室，组建统计部际工作组作为内部协商协调平台，统筹整个粮食安全信息管理和顶层设计。为加强应对全球粮食危机，2011年又组建成立了全球农业市场信息系统（AMIS）和地球观测组织——全球农业监测行动（GEOGLAM），分别协调全球的粮食市场和遥感信息。

为及早预警粮食危机，FAO构建了全球粮食和农业信息及预警系统（GIEWS），为世界各国提供有关粮食生产和灾害风险预警信息。在统计全球粮食产量方面，FAO主要通过国家问卷报表上报，同时还采用了智能采集终端、卫星遥感等技术手段辅助测产。在粮食数据交换与信息共享方面，FAO还先后制定了商品名单（FCL）、中心产品分类（CPC）、协调商品名称及编码制度（HS）等标准规范和分类方法。在开放数据许可政策框架下，FAO建设并开放了统计数据库等8个数据库，并发起了世界农业普查计划和改善农业农村统计全球战略。

总体来看，FAO在粮食安全信息资源和系统建设方面，起步早、经验多、数据资源丰富，已经形成了一套系统完善的运行机制。FAO依靠经济分析专家、信息技术人才以及世界智库专家队伍，定期发布短期《粮食展望》《作物前景与粮食形势》和中长期《FAO–OECD农业展望报告》，为分析研判全球粮食安全状况提供了全方位的信息支撑。

美国作为世界最大的粮食生产国和贸易国，粮食出口量达到全球出口总量的50%左右，对全球农产品贸易包括粮食安全信息系统建设尤为重视。经过数十年的努力，美国已构建起通过农业部（USDA）进行数据化决策、期货市场保障定价权、跨国企业掌控供应链的粮食信息系统运行机制，牢牢把控着世界粮食市场定价权和话语权。

首先，依靠信息监测预警体系提升全球影响力。在USDA的29个机构和办公室中，有14个机构涉及粮食信息系统建设。其中，首席信息官办公室负责统筹协调各方信息，首席经济学家办公室负责加工信息服务国家决策。2017年，USDA专门进行机构调整，增设了服务对外贸易和农业事务的副部长，以提升美国农业对外出口能力。

在这一组织框架下，USDA建立起一整套系统完备的粮食信息监测预警体系，其主要内容为"信息监测、分析预警、信息发布、信息服务"四大支柱。一是在数据监测上，形成了以美国农业部信息收集办公室为纽带，国家农业统计局（负责国内）、海外农业服务局（负责国外）等为主，非政府组织（如美国谷物协会、美国大豆协会等）为辅的农业数据收集体系。二是在数据分析上，主要依靠部内研究机构（世界农业展望局、经济研究局、国家粮食和农业研究所等）、大学和研究机构（伊利诺伊大学、康奈尔大学、国际食物政策研究所等）和专业咨询公司（欧睿咨询、彭博社、汤森路透等）。三是在信息发布和服务上，定期发布美国及全球的主要农产品展望，形成了《作物进展周报》《世界农产品月度供需报告》《未来10年农业展望报告》等系列化、专业化的研究报告，形成对世界农产品供需形势的信息垄断。通过建立数据开放门户网站（Data.gov），表面上看推动粮食等产品的数据开放共享，实际上则是提升了美国农业部报告发布的影响力和控制力，大大加深了世界各国对其信息体系的依赖程度。

其次，借助期货市场形成国际贸易定价权体系。美国芝加哥期货交易所（CBOT）和洲际交易所集团（ICE）是全球农产品的定价中心，交易的大豆、小麦、玉米、白糖、棉花等期货价格成为国际农产品贸易的定价基准。巴西、阿根廷等世界主要农产品出口国均参考"美国期货价格＋升贴水"定价方式开展国际贸易。同时，ICE将电子化、网络化技术融入清算、数据服务等业务，并将实时价格数据提供给彭博、路透等数据分销商，引导世界范围内的交易者。总的来看，美国借助 USDA 发布粮食信息流和期货市场资金流，构建起一个具有主导权的国际性大宗商品定价中心，不断扩大其粮食资源控制力、商品定价话语权，以及由此衍生出的规则制定权和政治经济影响力。

再次，通过大型跨国企业掌控世界粮食供应链。美国的农业跨国公司牢牢掌控着世界粮食产业链和供应链，在粮食产业链上游，以孟山都、科迪华（陶氏杜邦农业事业部）、道化学公司为代表掌握着种子、化肥等农资技术和专利，在产业链中下游，以 ADM、邦吉、嘉吉公司为代表掌控着粮食生产、物流、仓储和销售。这些跨国公司处于"微笑曲线"的两端，凭借强大的信息分析、资本运作和风险管理能力，并结合期货、期权衍生品市场操作，在世界粮食市场居于主导性地位。

此外，世界粮食计划署（WFP）开发了粮食安全分析——脆弱性分析和制图系统，欧盟开展农作物长势遥感监测并定期发布《欧盟农业展望报告》，澳大利亚、加拿大、巴西等出口大国纷纷采用农业展望等市场化手段引导其粮食贸易发展。可以预见，未来一个时期，世界主要国家对全球粮食治理体系和农业贸易话语权的竞争将会更加激烈。

第二节　粮食监测预警体系

——市场预期管理

近年来,我国不断完善粮食统计制度,进一步健全粮食供需数据分析和定期发布制度,初步形成了较为系统的粮食预警监测、市场信息会商和宏观调控体系。

一是粮食供需分析数据较为系统,粮食宏观调控体系不断健全。农业农村和粮食部门形成了一套以信息为核心的粮食供需分析研判体系。农业农村部市场预警专家委员会于2016年起每月发布《重要农产品供需平衡表》。中国农业科学院从2014年开始,定期发布未来10年包括粮食在内的18个品种的《中国农业展望报告》。国家粮油信息中心从1998年开始定期对外发布粮食市场信息和月度供需平衡表。相关部门和单位也不断健全会商协调机制,加强粮食安全宏观调控。

二是粮食生产统计制度日臻成熟,数据信息系统完备开放透明。气象部门定期发布粮食气象变化和防灾减灾等信息。国家统计局负责粮食产量的统计,主要通过"科学抽样"和"实割实测"获得。我国粮食产量调查的对象包括农业生产经营单位(产量不到全国的5%,通过统计报表收集)和农业生产经营户(占全国粮食产量95%以上,采用抽样方法调查)。其中,对农业生产经营户,国家统计局在全国抽选了约850个国家调查县和9000多个样本村48万农户的6万多个地块,分别在夏粮、早稻和秋粮的播种季节,对稻谷、小麦、玉米等主要粮食作物抽样调查,推算获得省级播种面积数据。然后,在抽取的面积调查范围内,选择5000多个样本村近3万个地块,抽样采用实割实测的方法推算出省级单位面积产量数据,再通过"播种面积×单位面积产量"测算获得粮食产量。农业农村部遥感应用中心加强国际合作，开展全球粮食主产国遥感监测。中国农业科学院遥感与数字地球研究所建立了全球农情遥感速报系统（Cropwatch），系统评估全球作物长势和产量等信息，按季度发布《全球农情遥感速报》中英文报告。

粮食部门建立了全国粮油信息统计系统和重点粮食批发市场信息报送等信息系统，对主要粮食通道的粮食流量和流向等进行动态监测，并设立了国家粮食电子交易平台，对外开放政策性粮食拍卖交易等信息。

三是粮食消费以调查估计为主，不同测算口径存在较大差异性。国家统计局每年发布《中国住户调查年鉴》，主要依靠住户调查获取年度粮食消费数据。农业农村部预警专家委员会发布粮食月度平衡表，其中涉及玉米和大豆消费估计数据，但没有分省测算数据。国家粮油信息中心对全国及各省份不同粮食品种消费数据进行估算。目前在外就餐消费统计尚未形成系统的监测体系，中国科学院地理所和中国农业科学院信息所等研究机构对粮食浪费数据开展了调查研究。总体看，我国粮食消费数据较为缺乏且以面上数据为主，不同估算结果也存在较大差异，目前国内多数研究机构采用USDA和FAO估算的消费数据。

四是粮食贸易数据定期发布，分品种分国别统计体系较为健全。海关总署负责粮食进出口贸易统计数据的收集、整理、编制和发布，分月度发布统计快讯、统计月报以及在线查询数据，分年度公开发布统计年鉴，其中海关统计月报和年鉴均按中英文发布。对粮食进口价格按到岸价格（CIF）统计，出口价格按离岸价格（FOB）统计。自2015年起，将边民互市进出口贸易纳入海关统计范围。

总体来看，与国际组织和世界发达国家相比，我国粮食安全信息系统建设起步较晚，目前尚处于追赶阶段，尤其是在粮食信息获取、数据整合共享、全球信息掌控方面还存在明显短板，与实施新型国家粮食安全战略的要求仍不相适应。

首先，全产业链条数据统计相对分散，信息发布缺乏统筹协调。无论是 FAO 的首席统计师办公室，还是美国、欧盟等发达国家的首席信息官办公室，都设立专门的信息协调机构，负责整个粮食信息系统的顶层设计和统筹对接。我国粮食信息涉及生产、流通、加工、贸易等多个环节，分散在不同部门，整个链条信息分段管理，缺乏统一的协调平台和会商机制，"信息孤岛""九龙治水""数据打架"问题较为突出。各相关部门和单位协同性不强，产业链各环节信息错配，信息加工发布滞后，在很大程度上制约了粮食信息的权威性、及时性和有效性。

其次，统计数据获取精准性尚待提升，信息开放共享程度不足。长期以来，我国粮食信息数据的获取手段较为落后。一方面，依赖传统的人工手段层层上报较多，基于移动终端的直报技术应用不足。另一方面，小样本、典型抽样调查较多，全样本、大数据监测不足。我国全面取消农业税后，实行种粮农民直接补贴制度，有些地区上报的土地面积与统计数据出现了一定差异。第三次农业普查利用无人机和卫星遥感等现代信息技术采集处理数据，摸清了粮食生产的最新底数，但在当年度既定的粮食供求格局下，也侧面反映出粮食消费数据测算的精准度不够，引发了对数据协同性的关注。从数据指标来看，粮食生产、贸易、流通、价格等数据相对完整，但消费和库存等数据缺乏监测和透明度，整个粮食信息公益性不足、共享度不够的问题仍然较为突出。

再次，全球粮食信息资源掌控不够，对外战略布局缺乏基础支撑。在我国现行统计口径下粮食包括谷物、豆类和薯类，与世界粮食概念（仅指谷物）不同。这种情况既在很大程度上掩盖了我国谷物自给率水平，不利于国内粮食安全预期管理，也没有与国际惯例接轨，容易与全球粮食信息统计分析形成一定偏差。国际四大粮商（美国的 ADM、邦吉、嘉吉和法国的路易·达孚）已经布局中国粮油产业，随着我国农业领域对外资开放程度进一步加深，尤其是在外资负面清单放宽农业领域准入后，我国对外资进入粮食领域情况跟踪监测统计滞后的问题更加突出。我国对世界粮食数据（月报）的使用受制于人，基本全部来自 FAO 和 USDA，由国内研究机构进行收集整理、加工"二手"数据，对全球粮食信息的发布引导处于空白，对"一带一路"沿线国家的粮食资源底数仍然不清，农业"走出去"缺乏有效信息支撑。

2020年以来，随着国际不稳定性不确定性因素明显增加，资本投机炒作面临的驱动性因素也在增加。应当说，粮食价格阶段性上涨与国内供给充裕的基本面并不吻合，价格走势在很大程度上背离了供求关系。其中，既有受疫情持续蔓延等外部因素冲击的原因，导致社会预期急剧变化，也有受全球流动性过剩影响的原因，不排除资本投机炒作的可能性。一是国际农产品价格总体上仍处于2008年金融危机以来的历史低位区间，粮食等大宗农产品具有较为明显的抗风险和抗通胀属性，无论从资本投机还是保值避险出发，炒作粮食价格都有较大的套利空间。2020年以来，资本市场对粮食价格的变化关注度大大提升，社会各界对粮食价格上涨预期普遍看好，这就为资本投机炒作埋下了伏笔，加剧了粮食价格大起大落的风险。二是世界各国纷纷大规模向市场注入资本流动性，以应对突如其来的新冠肺炎疫情影响。全球金融市场流动性骤增后，开始伺机寻求释放资金出口，这就为投机炒作粮价提供了充足弹药。而粮食作为大宗农产品，吸纳流动性的能力是比较强的。全球流动性过剩叠加农产品价格低位，也就为大量资本涌入粮食市场推高价格提供了时间窗口和可能性。三是全球疫情蔓延、自然灾害频发、病虫害多发重发，部分国际媒体借机大肆渲染诱导舆论，引起多国民众恐慌情绪和社会预期的恶化，这就为资本投机炒作提供了土壤。实际上，借以气候灾害、虫害流行、贸易摩擦、政策调整等因素作为炒作题材，并不是投机资本的新招数新花样，但屡试不爽，总能引起国际国内市场不同程度的连锁反应，而这种反应在很多时候往往会超出理性预期。在农产品贸易往来日益紧密的形势下，国际农产品价格大幅上涨，将会对国内造成通胀输入的潜在风险。2020年以来，国内部分涉农股票、期货以及现货市场，也因此出现了一波阶段性上涨行情。据监测，2020年2月4日至3月5日，种植业、农产品加工业分别上涨22.92%、21.58%，重点公司上涨26.25%。3月24日至4月7日，种植业、农产品加工业分别上涨17.78%、21.62%，重点公司平均上涨35.59%。在越南宣布禁止大米出口后，3月下旬至4月上旬，国内大米板块成为市场炒作的热点。

党中央明确提出，要实施重要农产品保障战略，加快实现由农业大国向农业强国转变。必须坚持问题导向和目标导向，立足当前、着眼长远，统筹谋划农业农村领域"新基建"工作，加快构建数字化粮食全产业链服务体系，完善农业信息监测预警体系，积极运用现代信息手段，应对当前全球疫情、灾情和市场波动叠加的风险挑战。"积跬步、至千里"，深入实施数字乡村战略，积极推动大数据、云计算、人工智能等新一代信息技术与粮食产业深度融合，逐步建成系统规范、运转高效、技术先进、安全可靠的现代粮食安全信息治理体系，实现以信息化推动粮食治理能力现代化，在战略上引领农业高质量发展。

第一，要瞄准全产业链构建粮食信息监测体系，增强宏观调控决策的科学性和精准性。一是加强组织保障，探索建立粮食首席信息官制度，健全部际信息管理协调机制，整合各部门单位资源信息和科研力量，不断提高科学性、协同性和影响力。二是建设大数据平台，统筹覆盖粮食生产、收储、加工、流通、消费、贸易等重要环节，聚焦数据标准、数据共享、数据监测、数据分析和数据发布等关键要素，加快构建粮食信息监测预警体系。统筹推进跨部门数据信息对接工作，基于移动终端直报技术、物联网感知技术、卫星遥感监测等技术，加快构建统一高效协调的粮食信息采集体系和分析发布体系，选取重点省份推动开展粮食安全信息系统试点应用。三是强化制度建设，下大力气摸清搞准粮食全产业链数据家底，从源头上建立起完备的基准数据资源体系。加快粮食行业数据共享开放目录和数据交换共享机制建设，强化粮食信息法律法规建设，完善粮食信息发布制度和信息解读机制。健全粮食安全应急管理机制，完善应急预案并加强预案之间的衔接，确保非正常状态下粮食有效供给。

第二，要统筹实施粮食"大数据"和农业农村"新基建"规划，加强粮食安全关键信息技术提速攻关。要着眼国家粮食安全长治久安，从更高层次、更全维度把握农情粮情变化新趋势，紧盯关键领域、聚焦薄弱环节、突出工作重点，针对科技支撑和信息引领加快补短板、强弱项，加强5G、大数据、人工智能、数据中心等"新基建"与粮食全产业链的融合创新，全面协同推进粮食安全信息系统建设。一是统筹考虑粮食安全监测预警及信息系统建设布局，加快研究将相关基础数据建设及关键技术、系统、设备研发与应用列入科技专项，启动粮食信息监测与采集设备研发、国家粮食大数据研究与应用、中国粮食监测预警系统建设等重大研究。二是加快建立高效统一的粮食展望信息会商与发布平台，加强国际粮食贸易流量流向跟踪监测关键技术研究，加快3S、智能感知、模型模拟、智能控制等新技术集成应用。三是积极推动建设涵盖全球粮食信息资源的中国粮食安全信息系统，力争到2035年实现全球粮食安全状况的实时监测和预警，对外发布世界主要国家的粮食安全信息和展望报告。

第三，要紧盯国际国内两个市场加强信息预警，积极引导市场预期并及时防范粮食危机传导效应。一是加强国际动态监测，建立全球粮食市场价格监测预警机制，强化世界粮食生产和贸易形势跟踪研判，充实监测分析的品种和指标，注重对境外农产品生产、消费、库存、贸易、物流全产业链信息进行定期调度和分析研判，实时掌握全球信息动态。二是健全国内预警机制，完善粮食和重要副食品市场信息监测预警体系，提高监测频率，适应形势动态变化编制发布供需平衡表，有效服务调控决策和市场预期管理。支持构建适合我国国情的粮食安全中长期预测模型，制定分级预警与响应机制，做到预防在前、及时预警。充分利用大数据技术，搜集分析电商交易、社交平台、搜索引擎等相关信息，及时发现粮油市场苗头性倾向性问题并提出应对措施建议。三是提高信息发布及时性和权威性，紧盯国际粮食供求形势变化，加快健全国内外农业信息采集分析和预测体系，加快占领粮食权威信息发布制高点，防止美国农业部等外部机构操控"中国需求"信息，以期逐步走出国内数据"受制于人"窘境。四是强化市场预期管理。维护重要农产品市场正常交易秩序，严厉打击非法囤积居奇等投机炒作行为，妥善处置突发情况，保障市场平稳有序供应。

第三节 贸易大国的话语权

——迈向粮食强国的必由之路

目前,我国已成为世界最大的农产品进口国,包括大豆、棕榈油、食糖和棉花等产品在内,我国都是全球最大的买家。与此同时,我国大宗农产品对外依存度屡创历史新高。据测算,大豆自给率已从入世初期的53%下降到目前的13%,食用植物油自给率从74%下降到36%,食糖自给率从91%下降到55%,棉花自给率从99%下降到63%,乳制品自给率从95%下降到76%,农业对外开放程度持续提高。

但是作为全球最大的农产品进口国,我国并没有取得与贸易地位相对应的话语权。巨大的购买力未能改变我国企业被动接受国际市场价格的尴尬境况,这与农业贸易大国地位确不相称。以大豆市场为例,少数几家跨国粮商掌握着美国、巴西和阿根廷等主产国大豆的收购、仓储和出口码头等设施,控制着全球70%以上的大豆货源,世界大豆贸易基本被跨国粮商垄断。2016年我国大豆进口规模高达8391万吨,占世界贸易量的65%,但我国在国际市场交易价格上话语权较弱,只能被动接受不公平的定价机制。从全球大宗农产品基准价格看,定价权是由期货市场决定的,而国际期货市场基本分布在欧美等国外市场。目前,几乎所有的大宗农产品都已在国际市场上形成其定价中心,如大豆、玉米、小麦的价格主要由芝加哥期货交易所确定,棉花价格形成于利物浦,天然橡胶定价主要以日本价格为基准等。近些年来,我国期货市场建设取得了积极进展,如大连成为芝加哥之外重要的玉米期货市场,郑州小麦和棉花期货交易在一定程度上构建了"中国价格",但距离全球定价中心目标还有很长的路要走。

期货市场的发展和完善是一国拥有国际话语权的重要前提。改革开放以来，我国把重点放在引外资、上项目和发展货物商品的出口上，争取国际定价权的"忧患意识"不强。国外关于期权的思想，最早可以追溯至公元前7世纪，亚里士多德著作中提到，古希腊思想家、科学家、哲学家泰勒斯预测第二年将迎来橄榄的丰收年，于是就支付了一些费用，这笔费用可以理解为"期权费"，用此购买了第二年的许多榨油器使用权。一年之后，如预测所料橄榄大丰收，泰勒斯在低价买进榨油器使用权后，择机高价卖出，获得了丰厚收益，成为历史记载的第一个期权交易者。在19世纪国际农产品价格剧烈波动的背景下，农场主、贸易商和加工商通过签订远期销售协议的方式，保护买卖各方主体的利益，减少季节性价格波动，降低潜在市场风险。随着农产品风险管理需求的上升，期货交易应运而生。芝加哥地处美国中西部平原和密歇根湖区域，是美国最大的谷物集散地。1848年，由83位商人发起并成立了芝加哥商品交易所（CBOT），这是世界上第一家期货交易所，最开始主要进行现货商品和现货中远期合约的买卖。20世纪中期以来，随着农产品贸易周期长、价格风险大的问题越来越突出，全球大宗商品价格紧盯期货价格，期货价格成为大宗商品国际贸易的基准价格，"期货价格+升贴水"定价模式成为国际贸易的主流模式。这种定价方式改变了传统定价模式，金融产品（期权、保险等）也以此作为定价依据，一些国际知名的期货交易所已经成为全球大宗商品定价中心。

从国际趋势看，粮食已由商品单一属性向商品、金融和能源多重属性转变，粮食市场化、金融化、能源化的倾向越来越明显，整个粮食市场价格与货币市场、外汇市场、期货市场和金融衍生品市场的联动性也越来越紧密，与原油价格也高度联动。在主要经济体普遍采取宽松货币政策、全球流动性增加的背景下，粮食价格通过期货市场向现货市场传导，市场波动更加频繁剧烈。据美联储数据，在2008年全球金融危机发生后，2009年农产品期货市场每月投入资金超过9.7亿美元，指数基金大量涌入芝加哥农产品期货市场，控制着超过一半的农产品贸易合约。当前，国际国内农产品市场深度融合，国际输入性传导压力明显增加。在国际粮食市场金融化的背景下，我国粮食期货投机交易规模和范围也快速扩大，不同品种之间的替代关系也容易造成联动"跟风"，一旦调控管理不当，恐会对粮食市场运行和价格形成过度扭曲。

我国期货市场建立于20世纪90年代。自1990年以来，我国先后成立了郑州商品交易所、上海期货交易所和大连商品交易所，其间经历1993—2000年的清理整顿，经过40多年的发展，走上了持续规范健康发展之路。截至2021年5月我国已经上市26个农产品期货品种，形成了谷物、油脂油料、饲料养殖、木材、软商品等五大板块。大连商品交易所上市品种涵盖玉米（玉米、玉米淀粉）、大豆（黄大豆1号、黄大豆2号）、稻谷（粳米）、油脂油料（豆油、棕榈油）、饲料养殖（豆粕、鸡蛋、生猪）、木材（胶合板、纤维板）等五大系列12个品种。其中，棕榈油是国内唯一纯进口商品的期货品种，开创了"国外生产、国内交易"的新模式；鸡蛋是国内首个涉及畜牧行业的鲜活品种，填补了国内畜产品的空白。郑州商品交易所上市品种涵盖小麦（普麦、强麦）、稻谷（早籼稻、晚籼稻、粳稻）、油脂油料（油菜籽、菜籽油）、饲料养殖（菜籽粕）、软商品（棉花、棉纱、白糖、红枣、苹果）等四大系列13个品种。上海期货交易所上市天然橡胶1个品种。

我国的农产品期货市场上市品种，已经覆盖了粮食大宗和棉油糖肉蛋等重要农副产品，市场交易不断活跃，国际影响力也越来越大。农产品价格发现、套期保值和风险规避功能日益彰显，对保护农业生产发挥了重要作用，对相关涉农行业产生了深远影响。农产品期货交易在期货市场中占有重要地位。2019年，全国涉农期货产品的成交量、成交额、持仓分别达11.59亿手、52.69万亿元、840.27万手，分别占国内期货市场的29.27%、18.13%、43.89%。在我国商品期货成交量排名前二十位品种中，农产品就有豆粕（大连商品交易所）、棕榈油（大连商品交易所）、天然橡胶（上海期货交易所）、白糖（郑州商品交易所）、豆油（大连商品交易所）和棉花（郑州商品交易所）6个品种，农产品期货交易总体趋于活跃。我国农产品期货市场规模已位居世界前列，国际影响力不断提升。在2019年全球农产品期货及期权成交量排名中，我国有12个品种进入全球前20位，前4

位的品种均为我国的期货品种，分别是豆粕（大连商品交易所）、菜籽粕（郑州商品交易所）、棕榈油（大连商品交易所）、白糖（郑州商品交易所），尤其是豆粕、菜籽粕和豆油已经连续多年在全球农产品期货成交量中名列前茅。大连商品交易所大豆、棕榈油等品种的"大连价格"对国际相关市场具有重要影响，使大连成为全球农产品的价格传导中心之一。

农产品期货价格是发现未来价格的望远镜。我国农产品期货价格和现货价格相关性保持较高水平，尤其是豆粕、菜籽粕、豆油、棕榈油、天然橡胶的期现价格相关度更高。在前几年农产品收储制度改革期间，大豆、棉花和玉米期货价格迅速传递了市场价格形成机制变化的信号，也传递出"托市底价"将被打破、市场价格波动增加、国内外价差缩小的市场预期。东北大豆收储政策调整前后，通过比较分析黄大豆1号期货价格的变化趋势，总体也反映出了国内大豆现货价格波动加大的特点。2008—2015年，在实施玉米临时收储政策期间，玉米期货主力合约价格波动率约为10%，2016年初玉米临储政策调整后，玉米期货主力合约价格波动率增加至35%。2016年1—4月，大连商品交易所玉米期货与美国芝加哥期货交易所玉米期货主力价差由1000元/吨左右缩小至800元/吨左右，郑州商品交易所1号棉花期货与洲际交易所2号棉花期货价差由约8000元/吨缩小至约3000元/吨。这反映出政策调整后国内外农产品价差缩小的市场预期，也有效传递了市场供求预期和政策调控信号。

我国农产品期货合约品种历经多年发展，产业链上中下游的各类产业企业普遍积极参与。目前，中粮、中储粮等大型国有企业，益海嘉里、嘉吉、邦基、路易·达孚等国际大粮商，海大、温氏、新希望、双胞胎等民营企业都是农产品期货市场的重要参与者。其中，以国际大粮商ABCD为代表的外资企业在豆粕等品种主力合约上的持仓量已经占该品种法人持仓量的20%左右。总体看，我国农产品交割业务运行平稳，与现货市场联系密切，期货市场通过顺畅的实物交割使期货价格最终收敛于现货价格，实现了期货市场与现货市场的有效对接。

随着我国农产品期货市场的发展，粮油和饲料企业完全基于现货合同进行贸易的方式逐渐发生变化。基于期货价格,以期现价差签订购销合同的基差定价模式正逐步成为现货贸易的主流方式。期货价格发现功能日益提升,改变了现货贸易定价模式,"期货价格+基差"成为合同约定的购销价格。在我国油脂油料行业中,大约70%的棕榈油、50%的豆粕以及40%的豆油现货贸易,均已采用大连商品交易所相关价格进行基差定价以锁定货源。与此同时,我国农产品期货市场风险管理功能逐步发挥,为现货企业提供了有效的避险工具,提高了油脂油料等企业产业链稳定性。目前,我国多数农产品套期保值效率超过50%,也就是说,企业通过期货市场对冲掉50%以上的现货价格波动风险。在日压榨能力在1000吨以上的油脂油料企业中,90%以上的企业参与油脂油料期货交易,国内85%以上的棕榈油进口企业参与棕榈油品种国内期货市场交易,全国30强饲料企业集团约有半数参与国内期货市场交易。

应当看到,我国农产品期货发展取得了显著成效,对提升贸易定价权发挥了积极作用,但与农产品贸易大国的地位相比,我国大宗农产品定价缺乏话语权的局面尚未得到根本改变。究其原因,主要是我国企业在国际贸易链条中处于劣势,国内期货市场影响力依然偏弱,全球定价中心基本在国外,而在贸易规则方面国内企业"客场"作战不利,信息数据被国外垄断,国内价格只能被"牵着鼻子走"。

进入21世纪以来,通过比较分析国际大豆市场价格三次大幅下跌对国内企业影响的鲜明差异,可以反映出这些年来期货市场风险管理功能日益发挥,行业应对风险的意识和能力已显著提升。2003—2004年,在美国农业部报告的引导下,国际大豆价格先暴涨后暴跌,走了一轮"过山车"行情。2004年4—11月,国际大豆价格下跌超过45%～50%,面对国际市场价格剧烈波动的输入性冲击,国内油脂加工企业亏损严重,全行业陷入破产境地,损失达到80亿元,被称为"大豆风波"事件,一度造成国内大豆产业危机。这既折射出美国农业部供需报告信息的影响力,我国企业处于被动境地,也反映出我国大豆压榨企业缺乏风险管控意识。当今全球商品期货价格开始显著影响现货价格,而大宗商品的国际定价权归属于世界著名的商品期货交易所，比如，芝加哥期货交易所的农产品价格成为定价基准。这些定价中心影响甚至操纵着商品的国际贸易价格，跨国粮商积极参与套期保值，影响交易价格，而国内企业因处被动局面而蒙受巨大经济损失。2008年7—11月，国际大豆价格下跌接近50%，整个行业与2004年相比损失明显减少，体现出了我国大豆压榨企业运用金融衍生品市场管理价格风险的意识明显增强。当前，国际贸易规则和市场规则主要由西方国家制定，我国仍处于被动接受状态。世界大豆贸易基本被跨国粮商垄断，中国作为一个占全球60%的大豆进口大国，却没有话语权，仍不得不接受不合理的定价机制。2014年6月至2015年12月，国际大豆价格下跌40%，随着全行业风险应对能力和精细化经营水平的跃升，再次面对国际市场的剧烈冲击，我国油脂压榨企业运行基本平稳，输入性影响总体可控。但长期以来，我国缺乏权威公开的农产品供需信息，期货市场国际化程度低，国内企业不能对大宗商品价格形成有效预期，难以掌控价格。尽管我国大连商品交易所成为芝加哥商品期货交易所之外的全球重要玉米期货市场，郑州商品交易所的小麦和棉花也在一定程度上构建了"中国价格"，但与全球定价中心的目标相比，影响力还相当有限。

未来一个时期，是中国加速形成全球定价中心的重要机遇期。要全面增强全球粮食安全治理水平，加速海外战略布局提升国际影响力和话语权。一是积极参与国际组织信息系统和数据库建设，加强与联合国粮农组织、经合组织、二十国集团全球农业市场信息系统等国际组织建立信息人员互访机制、技术合作机制和国际市场会商机制。二是加大农业"走出去"支持力度，重点培育具有国际竞争力的大粮商，聚焦加工、仓储、物流和贸易等产业链关键环节，加大投入、加速布局、加快推动，通过海外投资、并购、资本运作，提升在全球农业价值链中的地位和农产品国际贸易话语权。三是加强与"一带一路"沿线及周边国家和地区的农业贸易合作，全面摸清相关区域粮食资源情况，定期跟踪监测粮食贸易和市场动态，制定有针对性的农业对外合作规划，进一步挖掘合作潜力，拓宽进口来源渠道，形成我国长期稳定的供应基地。四是扩大我国期货市场对外开放，支持国内商品交易所在市场准入和技术标准方面做大做强，加快大豆期货国际化进程，吸引境外中介机构和投资者参与国内期货市场，着力打造"中国价格"与贸易标准。加强期货合约设计与研发支持，完善我国食品安全法规和标准体系，积极参与国际标准制修订工作，推动我国逐步成为国际大宗农产品定价中心。五是加快健全国内外农业信息采集分析和预测体系，占领农产品权威信息发布制高点，防止外部机构操控"中国需求"信息。

参考文献

白美清:《粮食安全:国计民生的永恒主题——关于国家粮食安全课题系列研究报告》,经济科学出版社,2013年版。

白美清:《中国粮食储备改革与创新(1978—2013)》,经济科学出版社,2015年版。

班固:《汉书·食货志》,中华书局,2000年版。

财政部、农业农村部、银保监会、林草局:《关于加快农业保险高质量发展的指导意见》,2019年9月19日。

陈锡文:《读懂中国农业农村农民》,外文出版社,2018年版。

陈锡文:《论中国的粮食进出口》,《粮食科技与经济》,1997年第3期。

陈锡文:《我国粮食安全问题绝不可忽视》,《改革内参》,1995年第18期。

陈锡文:《中国粮食供需前景》,《中国农村经济》,1995年第8期。

陈锡文、赵阳、陈剑波、罗丹:《中国农村制度变迁60年》,人民出版社,2009年版。

陈锡文、赵阳、罗丹:《中国农村改革30年回顾与展望》,人民出版社,2008年版。

陈云:《陈云文选》(第二卷),人民出版社,1995年版。

陈永福:《中国食物供求与预测》,中国农业出版社,2004年版。

程国强、陈良彪:《中国粮食需求的长期趋势》,《中国农村观察》,1998年第3期。

邓亦武:《粮食宏观调控论》,经济管理出版社,2004年第8期。

邓云特:《中国救荒史》,商务印书馆,2011年版。

丁声俊：《关于我国粮食安全及其保障体系建设》，《粮食问题研究》，2004年第1期。

杜润生：《杜润生自述：中国农村体制改革重大决策纪实》，人民出版社，2005年版。

杜鹰：《完善重要农产品价格形成机制》，中国粮食与食品安全战略峰会，2016年11月。

杜鹰：《中国的粮食安全战略》，《农村工作通讯》，2020年第22期。

樊胜根等：《中国未来粮食供求预测的差别》，《中国农村观察》，1997年第3期。

高帆：《中国粮食安全的理论研究与实证分析》，上海人民出版社，2005年版。

光明网基因科普团队：《别上当了，你必须知道的转基因问题》，光明网，2021年3月25日。

国务院：《国家粮食安全中长期规划纲要（2008—2020年）》，2008年11月。

国务院办公厅：《中国食物与营养发展纲要（2014—2020年）》，2014年1月28日。

国务院发展研究中心：《我国粮食生产能力与供求平衡战略研究》，《调查研究报告》，2009年4月30日。

国务院发展研究中心课题组：《我国粮食生产能力与供求平衡的整体性战略框架》，《改革》，2009年第6期。

国务院新闻办：《关于中美经贸磋商的中方立场》，人民出版社，2019年版。

国务院新闻办：《关于中美经贸摩擦的事实与中方立场》，人民出版社，2018年版。

国务院新闻办公室：《中国的粮食安全》白皮书，2019年10月。

国家发展改革委：《关于促进玉米深加工业健康发展的指导意见》，2007年9月。

国家发展改革委等:《粮食收储供应安全保障工程建设规划（2015—2020年）》,2015年6月。

国家粮食和物资储备局党组:《积极应对疫情影响 扛稳国家粮食安全重任》,《求是》,2020年12月。

韩长赋:《坚决扛稳国家粮食安全重任》,《人民日报》,2020年8月。

韩俊:《14亿人的粮食安全》,学习出版社、海南出版社,2012年版。

韩俊:《实施乡村振兴战略五十题》,人民出版社,2018年版。

韩俊:《新中国70年农村发展与制度变迁》,人民出版社,2019年版。

韩俊:《中国食物生产能力与供求平衡战略研究》,首都经济贸易大学出版社,2010年版。

韩俊:《中国粮食安全与农业走出去战略研究》,中国发展出版社,2014年版。

何昌垂:《粮食安全:世纪挑战与应对》,社会科学文献出版社,2013年版。

何兰生:《一切都回到吃饭问题》,《中国青年报》,2020年9月11日。

何松森:《中国粮食英语教材》,经济管理出版社,2011年版。

何秀荣等:《中国国家层面的食物安全评估》,《中国农村观察》,2004年第6期。

胡春华:《加快农业农村现代化》,《人民日报》,2020年12月1日。

胡小平等:《我国粮食安全保障体系研究》,经济科学出版社,2013年版。

黄季焜:《中国农业的过去和未来》,《管理世界》,2004年第3期。

黄季焜:《中国的食物安全问题》,《中国农村经济》,2004年第10期。

黄季焜等:《发展生物燃料乙醇对我国区域农业发展的影响分析》,《经济学（季刊）》,2009年第1期。

黄祖辉:《市场化、国际化背景下中国粮食安全分析及对策研究》,浙江大学出版社,2007年版。

冀名峰:《国有粮食企业行为研究》,博士学位论文,中国农业大学,2003年。

江涌:《直面世界粮食危机:一场沉默的海啸不期而至》,《求是》,2008年7月。

焦建:《中国粮食安全报告》,《财经》,2013年12月。

亢霞等:《我国粮食现代储备体系建设探析》,经济管理出版社,2019年版。

亢霞:《中国粮食流通效率和现代流通体系构建初探》,中国农业出版社,2014年版。

柯炳生:《中国粮食市场与政策》,中国农业出版社,1995年版。

莱斯特·布朗:《谁来养活中国》,《世界观察》,1994年9月。

李超民:《大国崛起之谜——美国常平仓制度的中国渊源》,中央编译出版社,2014年版。

李成贵:《中国的粮食安全与国际贸易》,《国际经济评论》,2002年第5期。

李文明、罗丹、陈洁、谢颜:《农业适度规模经营:规模效益、产出水平与生产成本—基于1552个水稻种植户的调查数据》,《中国农村经济》,2015年3月。

李文明、王秀清:《中国东北百年农业增长研究(1914—2005)》,中国农业出版社,2011年版。

李文明:《大国粮食安全的底线思维:预警机制与实现路径》,中国农业出版社,2014年版。

李文明:《粮食安全预警机制与调控方略—基于系统层级和全产业链视角》,中国农业出版社,2013年版。

李文明:《中国农民发展的现实困境与改革路径》,《农业经济问题》,2014年6月。

李淑娟:《日伪统治下的东北农村(1931—1945年)》,当代中国出版社,2005年版。

联合国:《改变我们的世界——2030年可持续发展议程》,2015年9月。

联合国粮食及农业组织编著:《粮食安全与国际贸易:争议观点解析》,

梁晶晶等译，中国农业出版社，2018年版。

粮食安全干部读本编写组：《粮食安全干部读本》，人民出版社，2021年版。

刘鹤：《两次全球大危机的比较研究》，中国经济出版社，2013年版。

刘甲朋：《中国古代粮食储备调节制度思想演进》，中国经济出版社，2010年版。

刘奇：《树立绿色化新理念 构建乡村治理体系现代化》，《中国发展观察》，2015年。

刘奇：《中国农业现代化进程中的十大困境》，《中国发展观察》，2015年。

刘昫：《旧唐书·崔祐福传》，中华书局，1986年版。

林毅夫：《入世与中国粮食安全和农村发展》，《农业经济问题》，2004年第1期。

卢锋：《我国粮食贸易政策调整与粮食禁运风险评价》，北京大学中国经济研究中心，1997年8月。

卢良恕、王健：《粮食安全》，浙江大学出版社，2007年版。

罗伯·贝利、劳拉·韦尔斯利：《全球贸易中的堵塞点》，英国查塔姆研究所，2017年6月27日。

罗丹、陈洁等：《新常态时期的粮食安全战略》，上海远东出版社，2016年版。

罗丹、李文明、陈洁：《种粮效益：差异化特征与政策意蕴——基于3400个种粮户的调查》，《管理世界》，2013年7月。

毛英萍：《略论民国时期东北的农业经济政策》，《北方文物》，1997年2月。

梅方权、张象枢、黄季焜、方瑜等：《粮食与食物安全早期预警系统研究》，中国农业科学技术出版社，2006年版。

马九杰、张象枢、顾海兵：《粮食安全衡量及预警指标体系研究》，《管理世界》，2001年第1期。

马晓河等：《中国粮食贸易的不稳定性及其影响》，《管理世界》，1998

年第1期。

聂振邦：《现代粮食流通产业发展战略研究》，经济管理出版社，2008年版。

宁高宁：《以全球视野审视中国的粮食安全》，《求是》，2013年8月

农业部农业贸易促进中心：《粮食安全与农产品贸易》，中国农业出版社，2014年版。

农业农村部农业贸易促进中心：《农业贸易研究（2016—2019）》，中国农业出版社，2020年版。

农业农村部农业转基因生物安全管理办公室：《思维上的困惑：公众关心的转基因问题》，中国农业出版社，2018年版。

商鞅：《商君书·垦令》，上海人民出版社，1974年版。

商鞅：《商君书·农战》，上海人民出版社，1974年版。

商鞅：《商君书·外内》，上海人民出版社，1974年版。

世界银行：《2009年全球经济展望：处于十字路口的商品》，中国财政经济出版社，2009年版。

世界粮食安全委员会粮食安全和营养高级别专家组：《价格波动与粮食安全》，2011年。

世界粮食安全委员会粮食安全和营养高级别专家组：《可持续粮食系统背景下粮食损失与浪费》，2014年。

世界粮食安全委员会粮食安全和营养高级别专家组：《水资源与粮食安全和营养》，2015年。

司马迁：《史记·平准书》，中华书局，1959年版。

司马迁：《史记·货殖列传》，中华书局，1959年版。

宋洪远：《丰年不忘灾年 坚决遏制"舌尖上的浪费"》，《人民日报》，2020年10月27日。

孙冶方：《财政资本的统治与前资本主义的生产关系》，《中国农村》，1卷12期，1935年9月。

唐仁健等：《破解农民增收难题的"金钥匙"——山东农村新产业新业

态发展的调研与思考》,《农民日报》,2016年8月30日。

庹国柱、张峭:《论我国农业保险的政策目标》,《保险研究》,2018年7月。

王和:《保险的未来》,中信出版社,2019年版。

王健、陆文聪:《市场化、国家化背景下中国粮食安全分析及对策研究》,浙江大学出版社,2007年版。

汪洋:《深入推进农业供给侧结构性改革加快培育农业农村发展新动能》,《求是》,2017年3月。

唯明:《华莱士在华言论集》(*Wallace in China*),世界出版社,1944年版。

吴海鹏:《粮食安全的背后:美国"粮食战略"对我国农业产业发展的影响》,中国社会科学出版社,2016年版。

吴慧:《历史上粮食商品率商品量测估》,《中国经济史研究》,1998年4月。

《在中央农村工作会议上的讲话》(2013年12月23日),载《十八大以来重要文献选编》(上),中央文献出版社,2014年版。

谢颜、李文明:《从消费需求角度探索保障我国粮食安全的新途径》,《中国粮食经济》,2010年第5期。

辛贤:《加强粮食生产支持 保护农民种粮积极性》,《人民日报》,2020年10月28日。

许道夫:《中国近代粮食经济史》,中国农业出版社,2010年版。

严瑞珍、程漱兰:《经济全球化与中国粮食问题》,中国人民大学出版社,2001年版。

于春英、衣保中:《论近代东北农业历史的变迁(1860—1945)》,吉林大学出版社,2009年版。

袁纯清等:《农情:农业供给侧结构性改革调研报告》,人民出版社,2017年版。

袁纯清等:《让保险走进农民》,人民出版社,2018年版。

张超:《储粮备荒:中国历史上的常平仓》,《澎湃新闻》,2020年4月

7日。

张培刚、廖丹清：《二十世纪中国粮食经济》，华中科技大学出版社，2002年版。

张务锋：《解决好中国人自己的"饭碗"问题》，《求是》，2021年8月。

张云华：《从小农迈向家庭农场——中国农业走出"小农困境"之路》，《农民日报》，2014年10月10日。

张祖荣：《当前我国农业保险发展的主要问题及对策建议》，《河北农业大学学报（农林教育版）》，2006年9月。

赵鹏：《苏伊士运河世纪大堵船 给全球供应链敲响警钟》，《羊城晚报》，2021年3月30日。

赵阳：《公有与私用：中国农地产权制度的经济学分析》，生活·读书·新知三联书店，2007年版。

赵阳、张征：《当前的粮食形势与政策选择》，《中国发展观察》，2016年4月。

中共中央党史和文献研究院：《习近平关于"三农"工作论述摘编》，中央文献出版社，2019年版。

中国保险学会课题组：《农业保险服务"三农"发展研究报告》，《保险理论与实践》，2021年1月。

中国金融博物馆：《图说中国保险史》，中国金融出版社，2018年版。

中国粮食研究培训中心：《国家政策对粮食产业发展的绩效评价》，国家粮食局软科学课题，2009年。

中国营养学会：《中国居民膳食指南科学研究报告》，2021年2月。

钟甫宁：《世界粮食危机引发的思考》，《农业经济问题》，2009年第4期。

中国农业博物馆：《五千年农耕的智慧：中国古代农业科技知识》，中国农业出版社，2018年版。

周建波：《范蠡的平粜思想与封建国家干预经济的早期实践》，《东岳论丛》，2010年。

朱晶：《贸易、波动、可获性与粮食安全》，博士学位论文，南京农业大学，2000年。

朱镕基:《朱镕基讲话实录》(第二卷)，人民出版社，2011年版。

朱镕基:《朱镕基讲话实录》(第三卷)，人民出版社，2011年版。

朱希刚:《跨世纪的探索：中国粮食问题研究》，中国农业出版社，1997年版。

朱泽:《中国粮食安全问题：实证研究与政策选择》，湖北科学技术出版社，1998年版。

《粮食流通管理条例》，中国政府网，2021年2月15日。

《清朝文献通考》卷36，上海古籍出版社，2000年版。

《清康熙实录》卷238，参见《清实录》第6册，中华书局，1985年版。

《清世宗实录》卷7，中华书局，1985年版。

《中央储备粮管理条例》，中国政府网，2016年2月6日。

后 记

回首过往,我在三农领域工作整满廿载。这是进入新世纪以来的20年,我国粮食生产经历了2003年低谷前后的鲜明走势,农业农村发展逐渐进入历史上最好的时期。这也是中国加入世贸组织以来的20年,保护国内产业和农民利益,用好国际国内市场资源,面临的机遇和挑战也都是前所未有的。

尤其是近10多年来,世界百年未有之大变局加速演进,国际政治经济博弈升级,全球粮食危机自2008年以来再次成为焦点。在这10多年来,国内粮食产需关系和收储形势经历阶段性变化,大宗农产品价格由长期低迷转入新一轮看涨周期,以"以我为主""统筹内外"为特征的新型粮食安全战略框架越来越清晰。在快速变化之中,不变的逻辑在于,大国农业的基础性重要地位没有变,大国粮食这一永恒课题没有变,重农抓粮稳产保供的底线思维没有变。

也正是这10多年来,我开始专注跟踪粮食安全理论和政策研究,并由此扩展到农业补贴、国际贸易和金融保险领域。该书是基于之前著作《大国粮食安全的底线思维》的研究而创作完成的,原书稿大部分数据和内容已过去了10多年,可谓"时过境迁"。结合这几年理论政策研究中的所思所悟,自2020年8月份开始,又重新对章节框架提纲组织梳理架构,对书稿内容进行了大篇幅修订,对新形势新情况新变化进行了补充,突出贯穿了粮食安全这条主线,也算"历久弥新"。该书从古往今来的粮食说起,研究提出了粮食安全"三部曲"理论,阐述了生产根基、市场化方向、天下粮仓和统筹内外战略,对未来我国食物需求的一般性规律和前景作出展望,并进一步探讨了新发展阶段迈向粮食强国的政策走向。该书的创作研究,是在中央农办、中国农业再保险工作期间完成的,感谢领导和同事们的支持和帮助。经常性的思想交流、观点碰撞和研讨会商,为写作启发了研究思路、提供了丰富营养。该书的修订新版,要感谢人民日报出版社对新时期粮食安全重大课题的策划选题和约稿采撷,曹腾同志的业务水准、敬业之心及亲和热情令人感动,既提供了新著出版的机会,也提供了系统研究的平台。同时,书稿也博采众家,参考借鉴了有关领导和专家学者的著述,为书稿提供了珍贵素材、拓宽了研究视野。在此一并致谢。

我国古代以农立国,粮食是一项永恒的课题。世情农情粮情存异,历史现实未来交织,供应链条主体多元,研究没有止境。坦率地讲,真正学懂、弄通中国粮食问题,对我是一次不小的考验,而深入浅出地说清楚、讲透彻,则更是一项很大的挑战。本书以"读懂中国粮食"为题,内心实是忐忑,但"廿年如一日",不忘初心,权当一部阶段性的总结之作。目前,虽书稿初成、拙作新版,但深感差距很大,认知仍在深化,期待各位读者专家不吝赐教,使之完善。